艺术影响世界

ART INFLU THE WORLD

万芬芬 著

瓷韵流光

雍乾时期外销粉彩瓷的造型设计与装饰艺术研究

人民美术出版社
北京

图书在版编目（CIP）数据

瓷韵流光：雍乾时期外销粉彩瓷的造型设计与装饰艺术研究 / 万芬芬著. -- 北京：人民美术出版社，2025.4. -- (艺术影响世界). -- ISBN 978-7-102-09506-6

Ⅰ.K876.34

中国国家版本馆CIP数据核字第2024MN4195号

艺术影响世界
YISHU YINGXIANG SHIJIE

瓷韵流光：
雍乾时期外销粉彩瓷的造型设计与装饰艺术研究
CI YUN LIUGUANG：
YONG-QIAN SHIQI WAIXIAO FENCAICI DE ZAOXING SHEJI YU ZHUANGSHI YISHU YANJIU

编辑出版	人民美术出版社
	（北京市朝阳区东三环南路甲3号　邮编：100022）
	http://www.renmei.com.cn
	发行部：（010）67517611
	网购部：（010）67517604
著　　者	万芬芬
责任编辑	徐　见
装帧设计	翟英东
责任校对	姜栋栋
责任印制	胡雨竹
制　　版	人民美术出版社印制设计部
印　　刷	天津裕同印刷有限公司
经　　销	全国新华书店

开　本：787mm×1092mm　1/16
印　张：17
字　数：200千
版　次：2025年4月　第1版
印　次：2025年4月　第1次印刷
ISBN 978-7-102-09506-6
定　价：89.00元

如有印装质量问题影响阅读，请与我社联系调换。（010）67517850

版权所有　翻印必究

出版说明

人类文明的发展，离不开不同文明之间的交流与互鉴，习近平总书记指出："文明因交流而多彩，文明因互鉴而丰富。"中华文化一方面吸收外来文化的精华以滋补本民族的文化血脉；另一方面，在与域外他国文化系统的交流中，也闪耀着中华文明独有的艺术之光，对人类文明的发展做出了自己独有的贡献。今天，在全球化的进程中，科技、贸易的壁垒并不能阻挡不同地域间人文精神的交流与互鉴。

在艺术史研究领域，理论探讨越来越具有跨学科、跨地域、跨种族的特点，艺术研究的边界不断拓宽、学科不断交叉。中国艺术史学者的研究视角、提出的问题得到越来越广泛的关注，愈发具有世界性，引起全球汉学界和艺术学界的广泛关注。"艺术影响世界"丛书策划的初心，是编辑出版一批能反映我国优秀传统文化艺术对其他国家艺术和生活产生影响的学术专著，集中体现中华文化的感召力和吸引力，同时关注文化在交流中的相互助益。不同文明的交流互鉴，不是单方面的文化输出，而是一个文化综合创新的过程，就像费孝通先生所说的"各美其美，美人之美，美美与共，天下大同"。这是基于中华文明内在精神的话语表达，也折射出中国人一以贯之的整体思维方式。

本套丛书的作者多采用新材料、新角度、新观点进行论述，叙事尽量还原事物发展的文化语境和历史背景，让读者在网状的艺术史生发与延展中感受文明交流互动的点点滴滴，给热爱传统文化的人们更多的力量和启发。

人民美术出版社

序

  在人类文明的宏大叙事中，不同文明间的交流与互鉴始终是推动其发展演进的核心动力之一。正如习近平总书记指出的："文明因交流而多彩，文明因互鉴而丰富。"这一理念深刻地揭示了人类文明发展的内在规律，也为我们在艺术史研究领域的探索指明了方向。

  在陶瓷艺术发展的历史长河中，18世纪的中国外销粉彩瓷无疑占据着极为重要的地位，其作为国际文化交流之关键媒介，承载着彼时极为丰富且深邃的文化内涵。当是时也，中国的釉上彩工艺已然居于世界之巅，而外销粉彩瓷更是脱颖而出，成为18世纪中欧文化交流历程中的璀璨亮点。它所代表的乃是中欧文化交流于物质文化层面所达成的最为杰出之成果，宛如一座桥梁，将中国博大精深的传统文化以及精妙绝伦的美学思想向整个世界尽情展示。在此时期，中国文化源源不断地向欧洲输出，且其影响颇为深远，深刻地烙印于欧洲文化发展之脉络。于中欧交流不断推进的进程之中，外销粉彩瓷以其独特之姿，作为文化载体欣然接纳并融入了西方文化之特征，从而呈现出中西合璧的卓越艺术特点。观其形，18世纪的外销粉彩瓷色彩艳丽夺目，造型复杂多样，装饰更是丰富且巧妙地融合了中西元素，这一切皆彰显出雍乾时期外销粉彩瓷登峰造极的高超工艺水平，使之当之无愧地成为彼时世界陶瓷领域中崭新且拥有最高水准的品类，亦是继外销青花瓷之后又一极为重要的瓷器大类。

《瓷韵流光——雍乾时期外销粉彩瓷的造型设计与装饰艺术研究》这本书引用翔实的文献资料，并与实物相互印证、细致对比，深入剖析这一时期外销粉彩瓷的造型与装饰。此类造型与装饰既蕴含着中国传统审美特征之韵味，又能贴合欧洲时尚生活之品位。进而，作者运用图像学与叙事学之方法，抽丝剥茧般地剖析外销粉彩瓷装饰设计风格的演变过程。其风格之变，乃是从植根于中国传统民俗文化，逐步拓展至广泛吸纳域外文化之典型特征，此中变化，脉络清晰可辨。同时，作者细致分析了在中欧海上贸易蓬勃开展之际，中国外销粉彩瓷作为文化载体，于其艺术装饰之上所呈现出的中欧文化交流与融合之状貌，以及18世纪欧洲社会时尚品位那快速更替与发展之态势。虽本书聚焦于外销粉彩瓷之研究，但借此以点带面之方式，立足国际视角，全面且深入地审视了18世纪中欧文化交流之宏大进程及其所蕴含的国内外政治、经济、文化等各方面发展之诸多问题。本书秉持严谨的学术态度、广阔的全球视野与深入的文化洞察，让读者能够清晰地领略不同文明在艺术领域交流互鉴的精彩历程与丰硕成果，为推动人类文明的交流与发展贡献了一份力量，也为陶瓷艺术史研究领域的进一步拓展与深化提供了丰富的资源与崭新的思路。

宁钢
2024年12月1日于景德镇

目录

绪　论 1

第一章　雍乾时期粉彩瓷的工艺与特征 22
  第一节　粉彩溯源 22
  第二节　粉彩瓷的工艺特性 32

第二章　雍乾时期外销粉彩瓷的品类与造型设计 50
  第一节　雍乾时期外销粉彩瓷的品类与品种 50
  第二节　雍乾时期外销粉彩瓷的造型设计 53
  第三节　雍乾时期外销粉彩瓷造型设计的总体特点 115

第三章　雍乾时期外销粉彩瓷的装饰设计 119
  第一节　雍乾时期外销粉彩瓷装饰的主题与类别 119
  第二节　雍乾时期外销粉彩瓷装饰的构成与方法 185
  第三节　雍乾时期外销粉彩瓷装饰设计的艺术特征 217

第四章　雍乾时期外销粉彩瓷发展的历史路径与动因 223
  第一节　雍乾时期外销粉彩瓷发展的历史路径 223
  第二节　雍乾时期外销粉彩瓷发展的社会动因 239
  第三节　景德镇陶瓷产业的壮大与工艺技术的提升 251

结　论 255
参考书目 258
后　记 264

绪 论

在历史的长河中，一些时期因其独特的文化成就和艺术创新而熠熠生辉。清雍乾时期是中国陶瓷艺术发展的黄金时代，尤其是外销粉彩瓷，不仅展现了中国陶瓷工艺技术的巅峰，更是中欧文化交流的重要纽带。本书将展开对这一时期外销粉彩瓷艺术的深入探讨与研究。因清雍乾时期陶瓷艺术的发展及影响基本跨越18世纪，所以本书的研究，实则聚焦于整个18世纪。

18世纪中国外销粉彩瓷的世界地位

本书以18世纪中国外销粉彩瓷为研究主题，是出于以下几个方面原因：第一，外销粉彩瓷代表了当时中国釉上彩工艺的最高水平；第二，外销粉彩瓷作为18世纪中欧文化交流的一个亮点，代表了中欧文化交流在物质文化方面最杰出的成果，向世界展示了中国的传统文化以及美学思想。这一时期，中国文化对欧洲输出并且影响深远。而在中欧交流的进程中，外销粉彩瓷作为一个文化载体也融入了西方文化特征，具有中西合璧的艺术特点。第三，虽然国内外有关于外销瓷的研究不少，然而目前以外销粉彩瓷为研究主题的专著和博士论文稀少。18世纪的外销粉彩瓷作为中外文化交流重要的、有代表性的陶瓷，其艳丽的色彩、复杂多样的造型以及丰富多样、中西结合的装饰都代表了雍乾时期高超的工艺水平，成为当时世界上最高水平的陶瓷新品种，也是继外销青花瓷之后的又一个大类的瓷器品种。本书立足于引用文献与实物进行互证、对比，分析这一时期既具有中国传统审美特征又符合欧洲时尚生活品位的粉彩瓷造型与装饰，并且用图像学与叙事学方法，剖析外销粉彩瓷的装饰设计风格从中国传统民俗文化逐步扩展到广泛吸收域外文化的典型特征的变化过程；分析在中欧海上贸易时期，外销粉彩瓷作为文化载体，在其艺术装饰上体现的中欧文化的交流和融合，以及18世纪欧洲社会时尚品位的快速更替和发展。本书虽然是对外销粉彩瓷的研究，但是在研究的过程中一定会涉及官窑粉彩瓷、民窑粉彩瓷以及雍乾时期国内和国外的政治、经济、文化的发展情况，以点带面，站在国际视角去看待雍乾时期中欧文化交流的进程问题。

我们在欧亚历史往来发展的历程中可以发现，陆上丝绸之路和海上丝绸之路是其发展贸易往来的两条主路线。自唐代以来，中国陶瓷就成为商品出现于对外贸易中。到了宋代，瓷器的外销也已经非常普遍，海外贸易市场也得到了初步的拓展。到明代的永乐、宣德年间，郑和七次下西洋，实现了中国与亚非各国文化、政治、经济等多方面的交流与发展，同时古丝绸之路进一步巩固与延伸，使得陶瓷在海上贸易中的地位得到进一步稳固。当然，这一时期的海上贸易仅仅局限于官方主导的朝贡贸易以及小规模的走私贸易，并没有开放私人贸易。直到"隆庆开关"，私人贸易才得到合法化，为景德镇成为陶瓷贸易之都奠定了坚实的基础。① 龚农民在《景德镇历代诗选》中提道："陶舍重重倚岸开，舟帆日日蔽江来。工人莫献天机巧，此器能输郡国材。"这正是对景德镇陶瓷贸易的"海上丝绸之路"又被誉为"陶瓷之路"的清晰描述与赞誉。瓷器作为艺术的载体和文化交流的媒介，通过"陶瓷之路"向欧洲输出，传播中国文化观念，也实现了中外文化的交融与碰撞。它受到广泛的域外民族的欢迎与喜爱，从而演变成中国

---

① 聂文静：《明代海洋贸易研究述评》，载《卷宗》，2016年6期，418页。

的代名词"China"。从17世纪左右开始,欧洲开始了大量的对华贸易。18世纪成为贸易的黄金时代,尤其是自粉彩出现以来,逐步取代了五彩在彩瓷中的地位,与青花瓷平分陶瓷外销贸易的天下,如《陶雅》所述:"前无古人,后无来者,鲜娇夺目,工致殊常。"景德镇粉彩是陶瓷中的一种非常优秀的工艺品种。它自康熙晚期在景德镇御窑厂创烧以来,直到现在,都是景德镇的"四大名瓷"之一。这种在康熙时期五彩的基础上吸收了西方珐琅彩颜料和工艺特点的粉彩瓷,到了雍正时期已经得到较大的发展。乾隆时期更发展成陶瓷工艺技术中的珍品,不仅继承了雍正时期轻盈精巧、清新细腻、典雅别致的风格,而且逐步偏向于繁冗、华丽的装饰特征。许之衡在其著作《饮流斋说瓷》中讲到粉彩时指出:"至乾隆,则华缛极矣,精巧之致,几乎鬼斧神工。"② 这是对乾隆时期粉彩艺术较高的评价。在色彩方面,粉彩艺术不再仅仅局限于清早期的白地着彩,而是开始用不同色彩的色地进行装饰,如红地、青地、黑地,并且外销粉彩瓷的装饰设计上还体现出欧洲文化的内容。乾隆时期,外销粉彩瓷的设计还影响了官窑,如在官窑粉彩瓷器上出现了欧式的边饰和装饰纹样。在技法方面,粉彩在传统制瓷技术的基础之上形成了拉、印、锥、雕、镶、旋、削、拱等多种技术方式,展现出更强的工艺性,对粉彩艺术特色的凸显意义重大。在收藏方面,收藏界对清代瓷器的钟爱热度不减。在近几年的清代官窑瓷器的拍卖会中,价格持续上升,粉彩瓷器成为当前收藏市场的热点,而外销粉彩瓷近几年也成为收藏界中的黑马。就在2019年4月,由纽约佳士得举办的一场"蒂博尔收藏:贵族眼光中的中国外销艺术"(The Tibor Collection:A Noble Eye for Chinese Export)的外销瓷拍卖会,总成交额高达1004875美元。雍乾时期的外销粉彩瓷,是整个外销粉彩瓷中的精品和瑰宝,工艺精良,造型多变,特别是欧洲的订制瓷,很多是只适用于欧洲时尚生活及艺术品位的典型器,对制瓷技术以及绘制工艺要求甚高,而中国的陶工们可以非常到位地完成欧洲的特

② 许之衡:《饮流斋说瓷》,济南:山东画报出版社,2010年,12页。

别订单。这些特别订制的瓷器有一大部分被作为家族的传世珍宝遗留下来，以至于到现在，我们在研究的过程中也有历史记录可循。外销粉彩瓷造型设计的多样化以及装饰图像模块的创新组合是外销产业发展的关键环节。

清康熙二十四年（1685）到乾隆二十二年（1757），广州作为唯一的口岸，持续72年接待了来自欧美等国的几百艘商船，从而使中外贸易在一个相当长的时期内得以稳定与繁荣。乾隆始，三个口岸关闭，闭关锁国政策全面实施。然而从乾隆二十三年（1758）开始，截至鸦片战争前夕的道光十八年（1838），在这短短的80年间，广州海关贸易的商船猛增至几千艘。西方世界的"贸易全球化"进程却并没有随着清政府的闭关政策戛然而止，而是呈现势头劲猛的趋势，不断扩张。因为外销粉彩瓷工艺精湛，且在中国传统文化的基础上，又广泛吸收域外经典文化，并以此积极呼应时代风尚和市场的变化，所以外销粉彩瓷自然成为西方上层社会为之狂热的奢侈品，也因此在中欧海上贸易中占据了重要地位。但是到了18世纪70年代，欧洲国家对中国传统的设计风格渐失兴趣，欧洲社会的奢靡之风也逐渐消退。受此影响，中国粉彩瓷只能一味迁就欧洲商人所出的低价位，其结果便是粉彩瓷的工艺质量随之下滑，并跌落至低端品质的境地。

日本学者长谷部乐尔说："人类的文化，由于各地域之间进行交流才得以不断发展，这是无须赘言的。而通过陶瓷器，似乎可以更好地理解人类文化交流史……通过陶瓷器考察文化交流情况，最好的线索是中国的陶瓷器。没有任何国家的陶瓷像中国陶瓷那样历史悠久，风格多样，而且珍品众多，给予世界各地的陶瓷那么大的影响。"[①] 雍乾时期的外销粉彩瓷之所以能成为当时全世界最畅销的产品，是因为它具有鲜明的民族特色，而且这种特色恰好又与当时欧洲流行的洛可可艺术风格不谋而合。而这一特点必须依赖中国陶工精益求精的制瓷技术，这也正是工匠精神的体现。

工匠精神是中国传统艺术形成与流脉长远的重要保障。具体到

---

① （日）长谷部乐尔：《通过陶瓷器了解东西方文化的交流》，《陶瓷之路——中国、日本、中东、欧洲之间的陶瓷交流》，北京：故宫博物院，1989年。

我国传统的粉彩艺术，工匠精神当然也在其中有着明确的体现。站在今天这一新的历史台阶上，工匠精神仍然是当代陶瓷得以有效传承与创新的保障。我们仍需要保持工匠精神中所特有的一种积极的探索欲望，在现代粉彩瓷的设计与烧造中，不断掌握新材料、发现新问题、提出新观点、构建新理论，融合传统粉彩艺术特征，明确粉彩艺术的文化内涵与艺术价值，使之对中国的陶瓷艺术发展有一定的启示，从而帮助中国的民族审美艺术与工艺走向"不忘本来、吸引未来，面向未来"的发展道路，不断创造出新的艺术作品，促使中国传统艺术薪火相传、生生不息。

国内外研究现状与趋势

一、国内研究现状

"粉彩"一词最早见于清宣统二年（1910）成书的《匋雅》，即"雍正软彩。软彩者，粉彩也"②。雍正十三年（1735）唐英所著的《陶成纪事》叙述解释："洋彩器皿，新仿西洋珐琅画法，人物、山水、花卉、翎毛，无不精细入微。"③《南窑笔记》又有"今仿造者，增入洋色，尤为鲜艳……今之洋色，则有胭脂红、羌水红，皆用赤金与水晶料配成，价甚贵"④等语，表明雍正景德镇官窑器上的"洋色"多与传统材料融合在一起使用。朱琰《陶说》："陶器彩画盛于明，其大半取于锦缎，写生、仿古十之三四。今瓷画样十分之，则洋彩得四，写生得三，锦缎得一也。"⑤这实际上是对清中期官窑彩瓷纹样题材的一个总结——洋彩图案即西洋绘画风格的纹样占十分之四，写生图案即中国传统的写生、仿古纹样占十分之三，锦缎图案花占十分之一。其他研究资料还见于以下著作：《浮梁县志》《古铜瓷器考》《景德镇陶录》《饮流斋说瓷》，另外还有一系列的现代出版物，如：2000年大象出版社出版的《清代匠作则例》，2003年紫禁城出版社出版的《养心殿造办处史料辑览》，中国历史第一档案馆汇编的《各作承做活计档》，2006年上海文化出

② （清）陈浏：《匋雅.上卷》，民国静园丛书本。

③ （清）唐英：《陶成纪事》，清道光刻本。

④ （清）佚名：《南窑笔记》，善本复印。

⑤ （清）朱琰：《陶说》，济南：山东画报出版社，2010年，25页。

版社出版的熊寥、熊微编注的《中国陶瓷古籍集成》以及铁源、溪明著《清代官窑瓷器史》，巩珍著《西洋番国志》，费信著《星槎胜览》，张燮著《东西洋考》等。

以上古书籍和古代资料分别介绍了清代景德镇御窑和民窑粉彩瓷的生产发展、外销、对海外市场所产生的影响，以及海外市场对景德镇瓷器在品类和装饰上的要求。它们在一定程度上还原了景德镇官窑粉彩艺术带动民窑粉彩的崛起、民窑粉彩的外销带动了海外市场热烈响应的境况，但总结和论述显得分散而未成系统，故存在一定局限性。相关的今人论著可暂分为四类：第一，清代粉彩瓷造型、装饰专论成果；第二，陶瓷通论性（陶瓷史）著作；第三，明清瓷器与中外文化交流相关的专题研究成果；第四，从设计视角分析外销粉彩瓷的造型设计和装饰艺术相关的成果。

第一类：清代粉彩瓷造型、装饰专论成果

现代有关粉彩艺术的著作有李文跃著《景德镇粉彩瓷绘艺术》、邹晓松编著《中华文脉·中国陶瓷艺术粉彩瓷》等。两部著作对清代粉彩艺术特征都作了简单的梳理，更多的是介绍粉彩技法与工艺。汪凌川著《粉彩工艺与艺术风格的演变》[①]一书，从粉彩工艺入手，详尽探寻了其产生、发展、演化的过程，深入论述了其工艺特征、多元风格、美学风范，梳理了官窑粉彩瓷从清代康熙年间创烧以来，历经雍正时期的清雅之风、乾隆时期的繁缛纤秾、嘉道时期的删繁就简的艺术特点演变过程，并从官窑延伸到民窑，论述的内容涉及了中外文化的交流以及由清入民时期的工艺演变过程。其研究内容的重心放在清代国内粉彩瓷艺术的发展上，而对面向海外市场产品的造型、装饰等艺术特征并未涉及。开穆青著《清代民窑彩瓷》，紫都、刘超著《清代粉彩瓷》，查良峰编著《中国民间粉彩瓷画》，李美珍主编《粉彩艺术创作与技法》，景德镇陶瓷研究所编《瓷器的彩绘》，廖宝秀主编《华丽彩瓷：乾隆洋彩》，铁源主编《清代粉彩瓷器》《清代雍正瓷器粉彩卷》《清代乾隆瓷器粉彩卷》《明清民窑瓷器鉴定 雍正卷》《江

[①] 汪凌川：《粉彩工艺与艺术风格的演变》，南昌：江西高校出版社，2016年。

西藏瓷全集清代·上》，草千里编著《清代粉彩瓷器鉴定图集》，叶佩兰主编《珐琅彩·粉彩》《故宫博物院藏文物珍品全集 珐琅彩·粉彩》《明清彩瓷鉴赏与收藏》，蔡毅编著《故宫藏粉彩瓷器》，广东博物馆和南京博物院主编《瓷苑珍品：南京博物院藏清代皇家御用瓷器展览图录》，中国国家博物馆《中国国家博物馆馆藏文物研究丛书 瓷器卷 清代》，耿宝昌著《明清瓷器鉴定》，王光尧著《中国古代官窑制度》，故宫博物院编《官样御瓷——故宫博物院藏清代制瓷官样与御窑瓷器》，台北故宫博物院出版《中国文化艺术珍宝——故宫博物院图解手册》（Chinese Cultural Art Treasures——National Palace Museum Illustrated Handbook）等著作大多以清代官窑粉彩瓷器的鉴赏、收藏和官窑制度的考证为研究视角。

有关清宫珐琅彩、洋彩兼粉彩的论述，历来受到陶瓷专家或学者的重视，这方面的论文或专著主要有汪庆正的《"粉彩"即"洋彩"考》、周丽丽的《有关珐琅彩几个问题的讨论——兼述珐琅彩与洋彩的区别》和《有关洋彩与粉彩的讨论——兼述清代各朝与官窑粉彩的特征》、黄云鹏的《粉彩及其产生与发展》。以上论文或从文献的考证，或从工艺和艺术特征出发，分别对珐琅彩和粉彩作了探讨[2]。余佩瑾的《唐英与雍乾之际官窑的关系——以清宫珐琅彩瓷的绘制与烧造为例》和许晓东的《康熙、雍正时期宫廷与地方画珐琅技术的互动》两文试图从生产体制、技术交流、文化象征意义等视角对清宫画珐琅技术的发展作了分析评述。[3] 有两部全面研究清宫画珐琅的论著：一部是周思中的《清宫瓷胎画珐琅研究：1716—1789》[4]，该书对清宫瓷胎画珐琅的产生、发展直到衰落的发展历程作了全面的研究分析，并对各个阶段瓷胎画珐琅的生产体制、艺术特征以及历史文化意义进行了深入探讨；另一部施静非的《日月光华：清宫画珐琅》[5]（同时也可参考作者《十八世纪东西交流的见证：清宫画珐琅工艺在康熙朝的建立》[6]），对清宫画珐琅艺术风格的演变作了详细的类别分析。该书研究范围不仅限

[2] 分别见汪庆正：《"粉彩"即"洋彩"考》，载《上海博物馆馆刊》，1981年01期；周丽丽：《有关珐琅彩几个问题的讨论——兼述珐琅彩与洋彩的区别》，载《上海博物馆集刊》，2000年08期；周丽丽：《有关洋彩与粉彩的讨论——兼述清代各朝与官窑粉彩的特征》，载《上海博物馆集刊》，2000年10期；黄云鹏，《粉彩及其产生与发展》，载《景德镇陶瓷》，1981年01期。

[3] 余佩瑾：《唐英与雍乾之际官窑的关系——以清宫珐琅彩瓷的绘制与烧造为例》，载《故宫学术季刊》，2006年24卷01期；许晓东：《康熙、雍正时期宫廷与地方珐琅技术的互动》，《宫廷与地方：十七至十八世纪的技术交流》，北京：紫禁城出版社，2010年。

[4] 周思中：《清宫瓷胎画珐琅研究：1716—1789》，北京：文物出版社，2008年。

[5] 施静菲：《日月光华:清宫画珐琅》，台北：台北故宫博物院，2012年。

[6] 施静菲：《十八世纪东西交流的见证——清宫画珐琅工艺在康熙朝的建立》，载《故宫博物院季刊》，24卷第3期。

① 廖宝秀：《华丽彩瓷：乾隆洋彩》，台北：台北故宫博物院，2008年。

② 吴仁敬：《绘瓷学》，北京：商务印书馆，1939年。
③ 景德镇陶瓷学院：《陶瓷彩绘》，南昌：江西轻工业出版社，1960年。

④ 李文跃：《景德镇粉彩瓷绘艺术》，南昌：江西高校出版社，2004年。
⑤ 邹晓松：《传统陶瓷粉彩装饰》，武汉：武汉理工大学出版社，2005年。
⑥ 李家治：《中国科学技术史·陶瓷卷》，北京：科学出版社，1998年。
⑦ 李家治、陈显求、张福康等：《中国古代陶瓷科学技术成就》，上海：上海科学技术出版社，1984年。
⑧ Kingery. W. David and P. B. Vandier, The Eighteeth-Century Change in technology and style from the Famille-verte Palette to the Famille-rose Palette. Technology and style: Vol. 2. The American Ceramic Society, 1986.

于瓷胎这一种画珐琅材质的载体，还包括了铜胎、玻璃胎、宜兴胎画珐琅器物，而且对景德镇御窑厂制作的洋彩（粉彩）和广州制作的铜胎画珐琅（广珐琅）也作了深入分析，加之该书配有丰富的实物图片资料，所以对理解清宫画珐琅和粉彩、了解彩瓷的艺术特征及其彼此之间的联系，都具有极大的参考价值。此外，廖宝秀的《华丽彩瓷：乾隆洋彩》①结合清宫档案和台北故宫博物院收藏的实物，通过对乾隆时期粉彩（瓷胎洋彩）和瓷胎画珐琅的纹饰特征的分析，总结归纳出两者之间的区别，并试图还原粉彩原有的器物名称。

对粉彩工艺技法的研究，早期书籍中有两本值得关注，分别是民国时期吴仁敬的《绘瓷学》②和新中国成立后景德镇陶瓷学院美术系组织编写的《陶瓷彩绘》③。这两本书都对彩绘工艺中的工具、材料和具体绘瓷技法作了详细的阐述说明，不仅说明了粉彩工艺的操作程序，还兼顾了其他彩瓷品种，从而对彼此不同的工艺技法进行比较。综合来看，前一本书关于彩瓷的绘画和图案装饰的理论性分析较多，而后一本书对彩绘技法的各个工序进行了细致说明。此外，还有近年李文跃的《景德镇粉彩瓷绘艺术》④和邹晓松的《传统陶瓷粉彩装饰》⑤。两位作者在各自的书中结合自身粉彩创作经验，讲解了传统粉彩工艺技法。

从科技史角度分析研究粉彩彩绘颜料的中外论著主要有以下几种：李家治主编的《中国科学技术业·陶瓷卷》⑥和李家治、陈显求、张福康等多人著述的《中国古代陶瓷科学技术成就》⑦分别对中国釉上彩瓷工艺技术发展和特点进行了科学分析研究；国外学者在这方面的研究成果也值得重视，如Kingery.W.David, P.B.Vandiver的《十八世纪中国五彩到粉彩工艺技术与风格的转变》（The Eighteeth-Century Change in technology and style from the Famille-verte Palette to the Famille - rose Palette）⑧。以上书籍的相关部分反映了西方学者对中国古代釉上彩工艺技术发展的研究认识，重要的是这些研究向我们提供了非常有价值的有关清代粉彩颜料的化学分析数据。

第二类：陶瓷通论性（陶瓷史）著作

中国硅酸盐协会主编的《中国陶瓷史》⑨全面介绍了清代瓷器的造型及装饰艺术。清代瓷器的造型沿用历代传统的式样，官窑器好仿古，民窑器式样多种。而清代的瓷器装饰重彩绘，无论官窑还是民窑，瓷器上的装饰图案都具有吉祥的寓意。方李莉先生所著《中国陶瓷史》⑩以文化人类学的视角和方法，通过考察瓷器种类、造型与纹饰，利用大量新的文献与考古资料去挖掘陶瓷纹样的文化内涵、中国文化价值观及中国社会的变迁史。叶喆民先生的《中国陶瓷史》、余家栋先生的《江西陶瓷史》等著作，多将明清景德镇陶瓷作为论述的重点，并将景德镇陶瓷的发展历程以及所取得的成就纳入历时性的框架中阐释。郭廉夫、丁涛、诸葛铠等先生主编的《中国纹样辞典》系统详尽地论述了中国各历史时期装饰纹样的题材内容与时代风格。刘凤君先生在《中国古代陶瓷艺术》一书中集中探讨了明清彩瓷的艺术特色，精练地概括了斗彩、五彩、粉彩等瓷器的艺术特征。外销粉彩瓷为迎合多样化的市场需求，在装饰艺术中除了传递中国人的审美习惯与传统观念以外，还逐渐融入了外域文化和时尚风潮，因而它承载着中西方的文化信息。孔六庆先生著《中国陶瓷绘画艺术史》⑪将明清景德镇青花瓷绘画作为研究重心，把瓷器装饰题材分为人物、山水、花鸟等进行分别论述，其中有一个和本书相同的观点：官窑的宫廷式样画稿会长期潜移默化地影响景德镇瓷画艺人。我们从本书后面的佐证可以看到此观点。熊寥先生在《中国古代制瓷工程技术史》一书中用大量古文献资料和当代制瓷技术相佐证的办法，分析了中国历朝历代的制瓷技术和装饰工艺。陆军博士的《中国古陶瓷饰纹发展史论纲》一文"对中国古代陶瓷饰纹的发展作了通史性的考察，由此来研究中国纹饰艺术在陶瓷器物上体现的特征、发展规律及其所包含的文化特质"⑫。

第三类：明清瓷器与中外文化交流相关的专题研究成果

明清外销瓷是中外文化交流史中的主角。所谓外销瓷分为两

---

⑨ 中国硅酸盐学会：《中国陶瓷史》，北京：文物出版社，2011年。

⑩ 方李莉：《中国陶瓷史》，济南：齐鲁书社，2013年。

⑪ 孔六庆：《中国陶瓷绘画艺术》，南京：东南大学出版社，2003年。

⑫ 陆军：《中国古陶瓷饰纹发展史论纲》，北京：中国艺术研究院研究生院博士论文，2006年，1页。

类：一为中国国内普通消费瓷器品类，二为针对海外市场专门设计烧造的瓷器品类。两者的差别主要表现在不同文化质感的造型和纹饰方面。陈伟、周文姬两位先生在其著《西方人眼中的东方陶瓷艺术》[①]当中，探讨了中国瓷器对日本、欧洲艺术美学风格的影响，凸显了人文精神，而其精神主要指纹饰题材及艺术风格中的文化内涵。朱培初先生所著《明清陶瓷和世界文化的交流》[②]一书在对大量文献资料广为研究的基础上，系统地介绍了明清时期中国陶瓷对世界各国的影响，为探讨明清瓷器装饰艺术在中外文化交流中所起到的作用提供了帮助。这一类研究还有：单霁翔、杨志刚主编的《故宫博物院、上海博物馆藏明清贸易瓷》，收录了160余件来自故宫博物院与上海博物馆所藏的贸易瓷精品，反映出国内近年来明清贸易瓷研究的新成果。余春明先生所著《中国名片——明清外销瓷探源与收藏》[③]对明清外销瓷艺术进行了较全面的论述，对外销瓷装饰艺术尤其是纹饰的分类介绍尤为细致。

第四类：从设计视角分析外销粉彩瓷造型设计和装饰艺术的成果

陈之佛的《就花鸟画的构图和设色来谈形式美》，张道一的《敦煌莫高窟的装饰艺术》《论手工艺品的表现形式倾向》《设计观念——工艺美术教学的一个关键问题》《几何形图案论——装饰艺术的抽象美》，田自秉的《论工艺形象》《论"空间"》《论形式美》，范景中的《谢赫的"骨法"论》《黄金律》，杨永善的《论线在陶瓷造型中的应用》《陶瓷造型与装饰的关系》，李砚祖的《装饰之道》《纹样新探》《设计与"修补术"》，杭间的《朴素而精致的古代设计思想》《中国传统工艺的智慧与思想》，高纪洋的博士论文《中国古代器皿造型样式研究》等成果针对外销粉彩瓷造型和装饰进行了梳理，对粉彩瓷的造型和装饰艺术特征进行了归纳，并探讨其装饰风格特点和形成的原因，但没有直接针对外销粉彩瓷的造型、装饰设计展开分析研究。这些论著和论文为笔者的研究提供了方法启示。

---

① 陈伟、周文姬：《西方人眼中的东方陶瓷艺术》，上海：上海教育出版社，2004年。

② 朱培初：《明清陶瓷和世界文化的交流》，北京：轻工业出版社，1984年。

③ 余春明：《中国名片——明清外销瓷探源与收藏》，北京：生活·读书·新知三联书店，2011年。

二、国外研究现状

对外销瓷的研究，国外一直走在我国的前面。对外销粉彩瓷的研究多数集中于欧美国家，这是由两个方面的原因导致的：其一，外销瓷是由中国远销到国外去的，粉彩瓷面向的客户群体大多数是欧洲人，而18世纪末开始和美国直接贸易，因此在欧美国家保存有大量外销粉彩瓷的实物，其中出现于博物馆、拍卖行里的只是一小部分，大量的外销粉彩瓷是被个人或者是各类机构收藏的；其二，外销粉彩瓷中有一部分是绘有家族纹章的订制瓷，这类瓷器一般都有记录，其中有家族档案记录，也有荷兰东印度公司（简称：VOC）的贸易记录。欧美国家对外销粉彩瓷的研究著作比较多，可以分为三类。

第一类：与外销瓷及与粉彩瓷相关的文献与图录

乔治·C.威廉姆森博士（Dr.George C.Williamson）在1970年著作的《粉彩瓷器鉴赏》（*The book of Famille Rose*）[④]是面向收藏者和爱好者介绍粉彩瓷的工艺技术和装饰纹样的专业类著作。书中列举了大量的私人收藏品，详细阐述了蛋壳瓷的配方以及中国装饰风格和欧洲装饰风格的粉彩瓷类型，并且给予收藏者们辨别真伪以及确定收藏价格的提示。书中还对几组粉彩瓷器的器型来源于银器的案例作了相关说明。这应该是外国关于粉彩瓷专项文献中最早的著作。著名的葡萄牙籍收藏家若热·韦尔什（乔治·威尔士）著的《不凡之选：与中国外销瓷共处》（*Out of the Ordinary: Living with Chinese Export Porcelain*）列举了欧洲向中国订制的符合欧洲人时尚风潮和使用习惯的外销瓷，从晚餐用具、酒具、个人卫生用具到房间陈设用具等几个方面进行归纳整理和详尽阐述。柯玫瑰先生的《英国维多利亚和阿尔伯特国立博物院藏中国清代瓷器》[⑤]对英国维多利亚和阿尔伯特国立博物院所藏中国清代的官窑和民窑瓷器进行了介绍，并站在西方人的视角对中国清代瓷器的装饰和工艺技法进行了归纳和阐述。整本书以图录为主，介绍了清朝各代官窑的款式、烧窑技术、各类色釉成分以及清代的鼎盛时期康雍乾三朝的瓷

④ Dr.George C. Williamson, *The book of Famille Rose*. CHARLES E, *Vermont &Tokyo*, Japan:Tuttle Company, Inc. Rutland,1970.

⑤ 柯玫瑰：《英国维多利亚和阿尔伯特国立博物院藏中国清代瓷器》，南宁：广西美术出版社，1995年。

① Daniel Nadler, China to order-Focusing on the XIXth Century and Surveying Polychrome Exprot Porcelain Exprot Porcelain, Ohio:Vilo International, 2001.

器装饰特点。丹尼尔·纳德勒（Daniel Nadler）撰写的《定制中国：聚焦十九世纪与多彩图案外销瓷综述》（China to order-Focusing on the XIXth Century and Surveying Polychrome Exprot Porcelain）①讲述了清代的外销彩瓷，以图文形式呈现了清代的五彩、珐琅彩、粉彩、墨彩、中国伊万里样式、广彩和高温釉，并对以上彩瓷的装饰纹样进行了简单介绍。英国著名的外销瓷收藏家科恩先生及其收藏机构，每一年都会出一本收藏图录，例如：1999年发行的《大即美》（Big is Beautiful），2000年发行的《从诗歌到小猪》（From Poems to Piglets），2001年发行的《放学了》（School's Out），2002年发行的《在你之后》（After You!），2013年发行的《思考粉色》（Think Pink!），2015年发行的《巴洛克&卷轴》（Baroque & Roll）等。每一年的图录都会刊登出最为精美的收藏，并且以昂贵的外销彩瓷居多。当然，除了私人和机构的收藏以外，国外博物馆现存的中国粉彩瓷的数量也是巨大的。外国的博物馆图录也为研究外销粉彩瓷提供了大量的参考图片，例如：由阿姆斯特丹国立博物馆出版的《阿姆斯特丹国立博物馆中国陶瓷收藏·明清时期》（Chinese Ceramics in the Collection of the Rijksmuseum, Amsterdam, The Ming and Qing Dynasties）；由英国国立维多利亚和艾伯特博物馆出版，罗丝·克尔（Rose Kerr）和路易莎·E·门戈尼（Luisa E.Mengoni）共同撰写的图录《中国出口陶瓷》（Chinese Export Ceramics），以英国国立维多利亚和艾伯特博物馆馆藏的中国外销瓷为研究线索，对外销瓷进行分类归整为外销青花和彩绘瓷器、纹章瓷、欧式风格的装饰和器型、装饰附件和在欧洲装饰的瓷器、欧洲以外的市场以及来自汕头、德化和宜兴的外销瓷器六个部分，用图文结合的方式阐述了从16世纪开始到19世纪结束的中国外销瓷历史发展过程；英国巴斯市尔本博物馆出版的图录《霍尔本博物馆》（The Holburne Museum）和专注于收藏亚洲文化展品的巴黎吉美国立亚洲艺术博物馆出版的图录《吉美特》（GUIMET），收录了大量的外销瓷图片资料；托马斯·V.利岑堡（Thomas V.Litzenburg）和安·T.贝利（Ann T.Bailey）合作编著的《中国出口陶瓷》（Chinese

Export Porcelain》[②]收录了华盛顿与李大学的里夫斯中心的收藏展品；由大卫·霍华德（David Howard）和约翰·艾尔斯（John Ayers）合著的《中国出口瓷器精品：费吉尼亚博物馆莫塔赫德收藏》(*Masterpieces of Chinese Export Porcelain from the Mottahedeh Collection in the Virginia Museum*) 一书收录了弗吉尼亚博物馆里的莫特哈德的收藏，这批收藏是中国外销瓷中的精品。

第二类：中国与欧洲的贸易记录以及家族档案

大卫·S.霍华德（David S.Howard）的著作《三座城市的故事：广州、上海、香港》(*A Tale of Three Cities Canton,Shanghai&Hong Kong*)[③]是关于18世纪中国和欧洲的三大贸易港口——广州、上海和香港的著作。书中的论述部分引用了大量的贸易数据，详尽地阐述了18世纪中欧贸易概况，中国瓷器被运往欧洲市场的分销和拍卖。利奇温编著的《十八世纪中国与欧洲文化的接触》，着重探讨了18世纪的中国与欧洲文化方面的交流与融合，其中中国的瓷器艺术成为连接中西方文化的载体与媒介。此外，利玛窦编写的《利玛窦中国札记：1583—1610》，杜赫德编《耶稣会士中国书简集：中国回忆录》，伯来拉、克路士编著《南明行记：海外中国报告》等著作都涉及了明清时期的景德镇瓷器，并阐述了景德镇陶瓷工艺技术以及在海外市场所产生的影响。伦敦巴里和罗克利夫出版了《东印度公司的瓷器》(*Porcelain of the East Indian companies*)，此书细致地描述了：中国通过丝绸之路及海上陶瓷之路对外开启经济贸易与文化交流之源；中国的瓷器配方及制瓷技术；东印度公司在全球贸易扩张，从东南亚到欧洲各国——葡萄牙、荷兰、英国、法国、西班牙的瓷器贸易及销售途径。大卫·S.霍华德和安吉拉·霍华德这对夫妻是较早地开始研究中国外销瓷及纹章瓷的人。大卫著有《中国纹章瓷》(*Chinese Armorial Porcelain*) 和《中国纹章瓷II》(*Chinese Armorial Porcelain II*) 这两本专门介绍外销瓷和纹章瓷的专著。书中引用多方的外文记录与史实资料，较为全面地梳理了16至19世纪中欧贸易状况以及家族纹章的历史和组合纹样。安吉拉·霍华德还为莫拉·里纳尔迪（Maura Rinaldi）的著作《18世

[②] Thomas V.Litzenburg,Jr. and Ann T.Bailey, *Chinese export porcelain in the Reeves Center Collection at Washington and Lee University*, Chippenham: Third Millenium Pub Ltd,2003.

[③] David S.Howard. *A Tale of Three Cities Canton,Shanghai& Hong Kong*. london:NatWest Markets&Sotheby's Institute,1997.

纪中国外销瓷的法语与斯威德铭记》(French and Swidd Armorials on Chinese Export Porcelain of the 18th Century)[1]撰写了序,而这部著作也是一本详述中国与法国、瑞士的贸易历史和家族纹章的著作。《18世纪纹章瓷》(Armorial Porcelain of the Eighteenth Century)是一本关于家族纹章瓷的图解集锦。纹章瓷的设计由欧洲国家提供,然而中国艺术家的创造力是非凡的,早期的纹章中有很多装饰细节都是中式的,但是纹章的图式中仍然存在一些错误,这些错误藏在色彩、字母以及图形的细节部分。纹章瓷器不仅涉及瓷器的制造工艺和质量,而且还通过纹章的传承来传达家族的历史。这本书详尽阐述了欧洲的几个大家族的纹章图式及家谱,为纹章瓷的收藏者们提供了文献依据。

第三类:关于18世纪中西方社会文化生活的理论文献

伊戈尔·科皮托夫(Igor Kopytoff)是宾夕法尼亚大学人类学系教授,他在由阿俊·阿帕杜莱(Arjun Appadurai)主编的论文集《事物的社会生活文化视角下的商品》(The social life of things Commodities in cultural perspective)[2]中发表了一篇《事物的文化传记:作为过程的商品化》的论文。他在论文中提出一个观点:"从文化的角度看,商品的生产是一个文化和认知的过程。商品不仅要以物质的形式被生产出来,而且要以文化的形式被标识出来。在一个社会所能获得的全部东西中,只有一部分被认为适合作为商品来被标记。而且,同一件事可能在某一时刻被当作一种商品,而在另一时刻却不是。最后,同样的东西,同时也可能被一个人看作商品,而被另一个人看作别的东西。一个事物是否是商品以及何时成为商品的这种变化和差异,揭示了支撑可见交易的客观经济背后的道德经济。"在17至18世纪的中欧贸易交流中,瓷器作为一种商品被欧洲商人高价购买并运回欧洲市场销售。"东方瓷器的输入,迅速地使欧洲金银库空竭,因为欧洲商人必须用金银币来偿付亚洲瓷器的输入。贵金属外流的情况在整个欧洲都存在。"[3]欧洲上流社会除了把中国瓷器当日常实用器使用,更多地是放在百宝柜里进

[1] Maura Rinaldi, French and Swidd Armorials on Chinese Export Porcelain of the 18th Century, Eastbourne:Bamboo Publishing Ltd, 1989.

[2] Arjun Appadurai, The social life of things Commodities in cultural perspective, Cambridge:Cambridge Univerasily,1986.

[3] (英)简·迪维斯:《欧洲瓷器史》,杭州:浙江美术学院出版社,1991年,26页。

行陈设展示，以此彰显其高贵的地位。此时的中国瓷器不单单是一种商品，也具有身份认同的属性。自中世纪以来，在中西文化联系中，中国瓷器也不仅作为有使用价值的器皿，还作为中国艺术和文化传播的媒介带给西方文化艺术一种新的元素，使西方掀起了一股"中国热"，刺激并影响了西方制瓷业的产生。同时，西方绘画、装饰技术和手法也影响了中国瓷器的造型、纹饰、图案。中国外销瓷上的装饰纹样是高度程式化、模块化的组合结果。德国东亚文化研究学者雷德侯的著作《万物》一书就古代中国的青铜器、兵马俑、漆器、瓷器、建筑、印刷和绘画的创作加工模件体系作了一番考察和剖析。雷德侯先生列举了外销瓷中的装饰纹样模件化和模件化替换、组合的例子："成套的杯、碗、碟、盘，显示出数量庞大的瓷器在装饰上全部遵循一个体系。人们能够鉴别出这内容有限的题材库只包含一些独特的母题——譬如说牡丹、亭阁、渔舟，或者还有成对的飞鸟等，而这些母题就可以被称之为模件。"④ "画工以其母题组成构图——单元。在建构这些单元时，他确实有一定的自由，因为他可以选择模件的种类及数量多少。有一些模件可以相互替换，一些模件可能被完全排除。……但是，画工组合其构图时仍然受制于程式与惯例。比如说，没有见过菊花旁边少了篱笆，也没有见过竹枝离开过与之为伴的假山；如果前景中没有亭子露面，背景中必定不会有亭子出现。"⑤ 在雷德侯的研究中，模块的自由化组合还体现在："当绘制某一个特定的图样时，画工可以依其周边的图案而调整此模件的造型。他也可以通过变化模件的精粗程度，使之适合尺寸大小有别的装饰区域。"⑥ 中国上千年的器物装饰经验代代相传，以至于一些程式化的画面是约定俗成并且通俗易懂的。本书第三章里将装饰的"模件化"及"模件化组合"作了深入详尽的对比分析。美国学者杰拉德·普林斯的著作《叙事学——叙事的形式与功能》⑦以及W.J.T 米歇尔的著作《图像学——形象、文本、意识形态》⑧为本书研究雍乾时期外销粉彩瓷上的图像故事提供了研究方法。在针对清代瓷器的研究中，三上次男编著的《陶

④（德）雷德侯著，张总等译：《万物》，北京：生活·读书·新知三联书店出版，2005年，135页。

⑤（德）雷德侯著，张总等译：《万物》，北京：生活·读书·新知三联书店出版，2005年，136页。

⑥ 同上。

⑦（美）杰拉德·普林斯著，徐强译：《叙事学——叙事的形式与功能》，北京：中国人民大学出版社，2013年。

⑧（美）W.J.T米歇尔著，陈水国译：《图像学——形象、文本、意识形态》，北京：北京大学出版社，2012年。

瓷之路》[1]以中国陶瓷的发展之路来分析东西文明的接触点，通过陶瓷的发展史详细叙述了中国陶瓷"走出去"的过程以及中西方文明交流的过程。美国阿肯色大学历史教授罗伯特·芬雷的著作《青花瓷的故事》[2]一书站在全球视野的高度与历史长河的广度上探讨了中国瓷在世界史上扮演的文化角色，考察了各个社会如何将中国瓷纳入他们的艺术、宗教、政治与经济事务，并探讨了这项商品如何参与到世界历史中的跨文化交流互动中。

总体来说，国外的很多相关研究是宏观的、博大的，理论研究更多倾向于18世纪的多元文化交流，而图录展示更多的是知识普及性讲解，将外销粉彩瓷的研究上升到设计艺术理论的少之又少。

综上所述，以上文献资料是当今中外陶瓷专家、研究学者，还有部分博士研究生对粉彩瓷研究的成果，其中有对粉彩瓷考古鉴定、工艺技法、装饰艺术、造型特征、题材来源、纹样构图的讨论。我们通过对以上文献资料的整理发现，目前对粉彩瓷装饰的研究多侧重于整体艺术特征和装饰技法的介绍，如对粉彩瓷的装饰纹样的研究习惯了从纹样的题材和图案局部展开，有具体纹样与同时代其他艺术载体纹样特征的横向比较，也有纵向的关于某一具体纹样发展变化的比较研究，但并没有针对粉彩瓷的造型与装饰形式及设计方法展开系统的论述，对外销粉彩瓷的系统研究更是凤毛麟角。

由于外销粉彩瓷在中国古代文献中被记载较少，现有实物收藏国外较国内更为丰富，并且很多都是私人或基金会收藏，所以对其进行田野调研有很高的难度。就外销粉彩瓷的造型和装饰本身来说，造型式样繁多，分为中国类型和欧洲类型，装饰技法多样，装饰题材丰富，装饰形式组合复杂，而且并无明显规律可循，这些因素的制约也为全面系统地研究外销粉彩瓷提出了挑战。到目前为止，还没有对外销粉彩瓷的造型及装饰形式进行详细分类研究的，也没有从设计学的角度就外销粉彩瓷的造型及装饰设计方法单独进行讨论的，分析和挖掘外销粉彩瓷装饰深层含义的研究则更加稀少。

---

[1] （日）三上次男著，李锡经、高喜美译：《陶瓷之路》，北京：文物出版社，1984年。

[2] （美）罗伯特·芬雷著，郑明萱译：《青花瓷的故事》，台北：猫头鹰出版社，2011年。

研究方法、思路

一、研究方法

本书运用文献与实物互证、图像学与叙事学研究、设计学的理论与方法，分析雍乾时期外销粉彩瓷的造型与装饰艺术的特征，及其深蕴其中的时代风尚、社会观念、宗教信仰、民俗心理、美学趣味等历史、文化信息，并在此基础上考察外销粉彩瓷产业化的发展模式及其对现代文化产业的启示。

第一，文献与实物互证。笔者通过搜集整理古籍文献，传世及考古发掘实物资料以及考察收集的巴黎吉美亚洲艺术博物馆、德国德累斯顿茨温格宫、台北故宫博物院、北京故宫博物院等知名博物馆的外销瓷展品，外销瓷收藏家们的收藏品图片与文字资料，对其进行分析，实现文献与实物互证。

第二，图像学与叙事学研究。

第三，设计学的理论与方法。

二、研究思路

本书内容分为四章。

第一章介绍了雍乾时期粉彩瓷的工艺与特征。这一章主要解决了粉彩溯源的问题，在溯源的过程中着重分析了粉彩的瓷胎、彩绘颜料、绘饰工艺以及窑炉烧制等问题，总结了粉彩工艺的艺术特征。

第二章分析、梳理、总结了雍乾时期外销粉彩瓷的品类与造型设计。第一节对外销粉彩瓷的品类与品种作了概述，把外销粉彩瓷分为食用之器、品味之器、陈设之器三大类，列举了每一大类所包含的具体品种。第二节着重论述外销粉彩瓷的造型设计。中国出口的外销瓷分为既面向国内市场也销售海外市场的粉彩瓷，以及专门面向欧洲市场的来样加工的粉彩瓷两种类型，而其在造型设计上也有截然不同的设计思路。因此，这一节的写作思路，第一步是把所有的器型进行归类，把它们归为两个设计来源——国内体系及欧洲体系，并分别列举每个体系的相关器型进行介绍说明。第二步是研究外销粉彩瓷造型设计的思路与方法。这部分内容又可分为三个部分进行阐述。第一部分，中国传统器物。清代的景德镇作为全国瓷器生产的中心地区，汇聚了从全国而来的能工巧匠，制作出的瓷器质量最高、数量最大，器物造型品种最多。景德镇代表着当时国际制瓷水平的最高峰，也是国际瓷器贸易的中心地区。清初时期，民间走私瓷器的数量庞大，这是由于欧洲市场对中国瓷器的需求在扩大。在欧洲，广大的客户群体喜欢中国的瓷器，特别是社会上流阶层和贵族，这些具有实用功能的瓷器不仅被他们当作日用品，更是他们互相炫耀财富的一种奢侈品。这些外销瓷器中大部分的造型及纹样都是国内市场所生产的，在中国千年传统文化基石上遵循了中国人的生活习惯与审美特征。本书列举了外销瓷常见的器型如盘、碗、杯、碟、瓶、罐等，并对它们进行器物图形分类与比对分析。第二部分，欧洲样式。18世纪，受欧洲最新时尚的启发，中国也制造了各种各样的个人物品瓷器用于出口。这些物品有许多是男性经常使用的，它们被作为时尚配饰携带或佩戴，例如手杖柄、鼻烟壶、大口水瓶与托盘、剃须盘以及夜壶都是用陶瓷材料精心设计制作而成的，表明了这时期欧洲人的时尚品位。这些瓷器都是在欧洲主要的陶瓷工厂制造的，并且有许多原件被运到中国来进行仿制。第三部分，融合的改良与再设计。本部分从传统中国器型的对外输出以及欧洲样式的中国风格再设计这两个切入点进行分析与阐述。第三节是造型设计的总体特点。中国出口瓷器造型可以归纳总结出三个重要特征：第一，以生活实用为基础；第二，以文化习俗为依托；第三，以审美习惯为导向。

  第三章介绍了雍乾时期外销粉彩瓷的装饰设计。全章分为三节。第一节是装饰的主题与类别。装饰内容通过图式分类，可以分为仕女图式、西洋人物图式、花卉纹样图式、风景与园林图式。每一类图式都会形成许多单独的模块。第二节是装饰纹样设计也就是装饰的构成与方法，其实就是阐述装饰模件组合方式。第三节是装饰设计的艺术特征。

第四章分析了雍乾时期外销粉彩瓷发展的历史路径与动因。全章分为三节。第一节阐述雍乾时期外销粉彩瓷发展的历史路径。第二节总结雍乾时期外销粉彩瓷发展的社会动因：第一，国内的政治、经济、文化等因素；第二，国外贸易市场的扩张需求；第三，景德镇粉彩瓷产业的壮大与工艺技术的提升。

雍乾时期外销粉彩瓷研究的目的与意义

外销粉彩瓷作为一种出口的商品，必须从适应市场的需求出发，在造型设计以及装饰艺术上不断地创新求变，提升制瓷技术，以此达到占据一定的市场份额的目的。粉彩是一种基于中国传统五彩工艺并融入西方珐琅技术的工艺，这种工艺特性本身就是中西方文化交流融合的产物。到了雍乾时期，粉彩工艺得到快速的发展，其颜色更为丰富，装饰风格也更加多样化，不仅保持了中国文化的特征，还融入了西洋的表现技法和装饰纹样。制瓷技术也逐渐达到了历史高峰，外国来样订单中提供了大量的欧洲传统银器或其他金属类器物造型，要求以此为稿样烧制成中国瓷器。这些有利条件都是促成中国外销粉彩瓷在18世纪成为欧洲社会奢侈品的因素。本书力争做到全面性地搜集、梳理资料，详尽地展示外销粉彩瓷对外输出的实物案例以及外来订单中欧洲器型来样加工的实物案例，通过梳理、对比和分析，深入地研究、对比中欧之间的器物造型与装饰模块化设计的区别与联系以及粉彩瓷的发展进程，客观地指出在中欧贸易中，外销粉彩瓷作为商品被输出到欧洲各国，并对欧洲的艺术风格、时尚潮流以及社会生活方式产生的影响。当然这种文化的影响也是双向的，欧洲的文化、艺术以及生活方式也随着贸易的往来被介绍到了中国，只是这种影响远远不及中国风格对欧洲社会的冲击。

第一，本书通过对雍乾时期外销粉彩瓷的造型设计、装饰特征进行全面总结与对比性梳理，以点带面地深入研究、系统地理顺外销粉彩瓷在中欧贸易过程中的发展脉络。粉彩瓷的外销是一种经济行为，也是文化交流的一种特殊方式。外销粉彩瓷就是传递中国文化的代表性商品之一；反过来欧洲的时尚潮流以及生活方式也通过它流入中国，使得中国根深叶茂的传统文化也坦然接受了西方文化的融入。当前我国的"一带一路"倡议与雍乾时期的外销粉彩瓷贸易有很多共同点，区别只在清代的外销瓷贸易不是政府行为，而是由市场导向所决定的民间贸易行为，它在客观上促进了中国传统文化的对外传输。

第二，我们通过对雍乾时期外销粉彩瓷的造型设计的细致分析和深入研究，可以发现虽然这个时期的外销瓷输出无论是造型或是装饰都是以中国风格为主，但是也由于欧洲的来样订单，这些瓷器造型必须适应欧洲的使用习惯，使得这些器物反映了欧洲上层社会的生活和时尚品位，这类瓷器也因此被定义为高端瓷器。由于大部分的器型来源于欧洲的银器或其他金属器、陶器、木制品，造型奇异，这无疑对中国制瓷工艺提出了更高的要求，因此这类瓷器的价格也很昂贵。这也反映出景德镇制瓷行业先进的生产水平。其先进工艺主要表现在两个方面。其一，景德镇陶瓷行业一直保留着分工合作的生产模式。细致化的分工，使得拉坯、修坯、上釉、绘瓷（画边饰纹样、画人物、画配景花鸟、落款题字等）、车箍、烧窑等一系列工种的工匠，长年累月重复做着一件事情，力求精益求精。其二，有实践创造精神。雍乾时期之所以能成为中国制瓷工艺的鼎盛时期，中国之所以在那时成为世界制瓷的最高殿堂，就是因为景德镇陶工具有不怕困难、努力迎克新问题的精神和经验。

第三，本书提出雍乾时期外销粉彩瓷的装饰模块化设计这一概念，有利于系统、准确地归纳外销粉彩瓷的装饰纹样。这些纹样设计，有些是中国风格的模块化，有些是欧洲风格的模块化，但是这两种模块化的装饰设计存在很多交集，有着中西两种文化相互作用的印记。中华民族传统文化具有很强的文化包容性与感召力，这一点比较集中地体现在雍乾时期外销粉彩瓷装饰艺术产生与成熟这一过程当中。可以说，粉彩的出现与不断走向成熟本身，就体现了中国文化对异域文化包容的自信，以及将有益元素转化吸收以提升自身文化品质的活力。我们必须看到，中国的传统文化与世界文化交流互通是促进雍乾时期外销粉彩瓷发展的重要原因。它提示我们，在经济全球化与文化多元化的今天，中国应该立足于传统文化，结合时代元素，更加广泛地整合与利用国内外各种文化资源，以发展出崭新的、符合我们这个时代的陶瓷艺术。

在全球化的今天，重新审视雍乾时期的外销粉彩瓷，不仅有助于我们理解中国传统文化的传播与影响力，也为我们提供了中外文化交流与融合的宝贵经验。希望本书的研究能为中国陶瓷工艺的发展和中外文化交流提供有益的借鉴。

第一章

雍乾时期粉彩瓷的工艺与特征

第一节 粉彩溯源

一、粉彩的名称

翻看历代清宫档案，当今"粉彩"这种彩绘瓷器是没有固定名称的。最早关于粉彩的记载是出自清末陈浏撰写的《匋雅》一书。书中对粉彩的描述如下："软彩者，粉彩也。彩之有粉者，红为淡红、绿为淡绿，故曰软也。惟蓝黄亦然。"[1]"粉彩云者，不专指红色而言，黄绿茄紫，亦皆有粉也"；"若将粉质羼于它色釉汁之中，则为粉彩，且或较本质尤形娇艳"。[2]成书于民国，由许之衡撰写的《饮流斋说瓷》一书称"'软彩'，又名'粉彩'，谓彩色稍淡，有粉匀之也"[3]。从这两本古籍对粉彩的描述中可以看出，这种釉上彩鲜艳娇柔，颜色丰富，以粉调之，清新淡雅。而清宫档案中根本没有出现过"粉彩"一词，在成书于雍正十三年（1735）由唐英撰写的《陶成纪事》一书中可以看到"洋彩"一词："洋彩器皿，新仿西洋珐琅画法，人物、山水、花卉、翎毛，无不精细入微。"[4]洋彩的绘画技法与粉彩一致，效果相同。我们在乾隆、嘉庆两朝的活计清档中时常能见到洋彩的称呼，并且乾隆时期清宫档案中还有将粉彩称为五彩者，如"五彩蟠桃七寸

---

[1] （清）陈浏：《匋雅·上卷》，民国静园丛书本。

[2] 同上。

[3] 许之衡著，叶喆民译注：《饮流斋说瓷》，北京：紫禁城出版社，2005年，68页。

[4] （清）吴允嘉：《浮梁县志·陶政》附唐英《陶成纪事》，乾隆四十八年本。

盘"是现在所称的"粉彩九桃纹盘"。虽然在清宫档案和古籍中"粉彩"拥有多种称呼，但是从描述来看特征基本相同。直到1934年，故宫博物院《参加伦敦中国艺术国际展览会瓷器目录》中把"磁胎洋彩"更名为"粉彩"，"粉彩"这一称谓才逐渐在史学界和文物界被普遍使用。

粉彩瓷与清宫瓷胎画珐琅有着千丝万缕的联系。康熙年间，清宫瓷胎画珐琅的白色瓷胎是由景德镇烧造而成运到宫廷内务府造办处，再采用进口珐琅料在白瓷上绘制的。康熙皇帝广纳陶瓷巧匠进入清宫珐琅作，研制珐琅色料与瓷胎画珐琅的工艺。为了解决进口色料短缺的问题，皇帝命令景德镇御窑厂研制珐琅料的色料配方。而这批由景德镇御窑厂研制出来的色料，被很多现代陶瓷专家称为"粉彩"。到了雍正时期，粉彩的颜色较之前朝更为多样。雍正、乾隆时期的粉彩瓷是当时的一流彩瓷，其地位已经和康熙时期清宫瓷胎画珐琅比肩。瓷胎画珐琅上的"锦上添花"工艺也同样被运用在粉彩瓷上。乾隆皇帝为这两种珍贵的彩瓷造匣，特意以"瓷胎画珐琅""瓷胎洋彩"的命名来区别。而对珐琅彩的称呼也多种多样，主要有"白瓷胎画珐琅""画珐琅瓷""瓷胎珐琅""五彩珐琅""瓷胎画珐琅"等。1934年故宫博物院《参加伦敦中国艺术国际展览会瓷器目录》等著录中，以"珐琅彩"替代"瓷胎画珐琅"[5]，一直沿用至今。

笔者认为，瓷胎画珐琅和粉彩瓷就像同母而生的双生子，外表相似，只是内在本质不同。而粉彩与洋彩就是同一种彩瓷。由于朝代的变更、时间的推移，虽然在清宫档案和历史文献中"粉彩"这一品种的彩瓷被赋予了多种姓名，但是其工艺特征是不变的，以至于清末时期"粉彩"一词已经在民间流传开来。从粉彩工艺的发展来看，这种脱胎于西洋的彩料在不断国产化的进程中，西洋的特征逐渐淡化，加之与中国传统装饰图案相结合，采用中国传统绘画技法，更具有中国传统文化特征。因此，晚清时期称之为粉彩是符合其自身特点和发展规律的。

⑤ 桑行之：《说陶》，上海：上海科技教育出版社，1993年，892页。

二、粉彩与瓷胎画珐琅的关系

（一）颜料工艺上的同异性

据记载，清康熙二十三年（1684），皇帝"南巡"途中在南京接见了意大利和法国耶稣会传教士，他们进献的礼物之中有装在珐琅盒子中的鼻烟壶。这是清宫档案对西方画珐琅制品最早也是最明确的记载。传教士们在给母国的书信中经常提及珐琅制品，书信中反复提及清朝的皇帝和官僚贵族们非常喜爱做工精致、色彩鲜艳的画珐琅器物。清康熙二十八年（1689）康熙皇帝"南巡"时，在杭州接见传教士殷铎泽并接受了其进献的多彩玻璃球。这些礼品虽然很小，但在当时却极为稀奇珍贵，可以想象出康熙皇帝对这些礼品的喜爱和赞赏。[1]

17世纪之后，法国里摩日的画珐琅装饰的钟表制作精美，是西方使节赠送清代皇帝的重要礼品。它不但能精确计时，还向清代的皇帝展示了罕见的西方画珐琅装饰艺术的华贵绚丽。这种欧洲钟表在当时的中国是稀罕之物，它装饰繁复、色彩鲜艳、做工精巧、富丽堂皇，兼有实用和陈设两重功能。康熙皇帝对这些精巧繁丽和逼真写实的珐琅器物非常喜欢，决定在清宫造办处成立珐琅作，研制、发展这种工艺。意大利传教士马国贤在日记中记述："康熙皇帝对我们欧洲的珐琅器以及珐琅彩绘的新技法着了迷，想尽办法要将画珐琅的技术引进到他就为此目的在宫中设立的作坊中。"[2] 由于康熙皇帝直接推动，画珐琅工艺逐步具备了各项生产条件。在发展瓷胎画珐琅之前，康熙皇帝先在清宫成立了玻璃厂，由当时供职于清廷的西方传教士纪理安负责筹建。玻璃厂的建立除了进行玻璃生产外，更是为了研制瓷胎画珐琅所需的色料。康熙皇帝通过西方传教士广招海外珐琅彩的工匠，如法国传教士洪若翰在1696年的信中说："在我们住所旁边的一块大的空地上，康熙皇帝正在建设一个漂亮的玻璃工厂。如果我们愿意接管，皇帝就把工厂给我们。遵照皇帝的旨意，纪理安神父承揽了此事。我请求你们立刻从我们优秀的玻璃工厂里选派一至两名优秀的工匠给我们，这些工匠要具

---

[1] （美）E.B.库尔提斯著，米辰峰译：《清朝的玻璃制造与耶稣会士在蚕池口的作坊》，载《故宫博物院》，2003年01期，62页。

[2] 转引自施静非：《十八世纪东西交流的见证——清宫画珐琅工艺在康熙朝的建立》，载《故宫学术季刊》，第二十四卷第三期，55—56页。

有帮助我们制造和欧洲制造的一样的玻璃和水晶玻璃的能力，也能制作玻璃镜面；同时选派一位精良的画珐琅工匠来。"③通过这封信我们可以看出，清代的珐琅工艺是依靠外国工匠的技术传入，他们在玻璃生产和玻璃胎画珐琅工艺上都是核心人物。意大利传教士马国贤在清康熙五十五年（1716）的日记中写道："皇帝指派我和郎世宁用珐琅料来彩绘。然而，考虑到可能要和一群腐败的人从早到晚在宫中作坊里相处，就觉得不能忍受。"④18世纪的欧洲注重科学，经济崛起，是逐步完善的法治社会。被派往中国的西方传教士，本身受过良好的科学教育，在其母国的地位也是崇高的。他们是欧洲国家对外文化扩张的先驱。因此，他们认为清代社会体制是落后的、不健全的。然而，由于这些传教士未学过珐琅彩绘画，无法掌握此工艺，康熙皇帝对这些传教士所绘制的画珐琅也很失望。康熙五十八年至五十九年（1719—1720），皇帝向海外招募大量画珐琅的人才，同时又让中国工匠着手试验制作画珐琅。法国传教士冯秉正在清康熙五十九年（1720）的信中提及"中国工匠应皇帝的要求开始试验制作画珐琅不过短短五六年时间，他们已经取得了相当的进步"⑤，透露出他对中国工匠能快速掌握珐琅工艺感到始料未及。

最初来自欧洲的进口颜料往往供应并不充足，耶稣会士冯秉正曾在信中抱怨缺乏来自欧洲的珐琅料。⑥因此解决颜料的生产和来源问题是发展珐琅彩的首要问题，而这就需要更多的能工巧匠来提高画珐琅颜料的研制水平。广东巡抚杨琳在给康熙皇帝的两本奏折中记述："广城能烧珐蓝人一名潘淳，原籍福建，家住广东，试验所制物件颇好。奴才令其制造珐蓝金钮，欲连人进呈内廷效力。值乌林大、李秉忠奉差到粤，令其试验，使艺可取，奴才随与安顿家口，并带徒弟黄瑞兴、阮嘉猷二人随李秉忠一同赴京，所有潘淳烧成法蓝时辰表一个、鼻烟壶二个、钮子八十颗合先呈验。"⑦"今又查有能烧法蓝杨士章一名，验其伎艺较之潘淳次等，亦可相帮潘淳制造。奴才并捐给安家盘费，于九月二十六日西洋人三名、法蓝

③（美）E.B.库尔提斯著，米辰峰译：《清朝的玻璃制造与耶稣会士在蚕池口的作坊》，载《故宫博物院院刊》，2003年01期，63页。

④转引自施静非：《十八世纪东西交流的见证——清宫画珐琅工艺在康熙朝的建立》，载《故宫学术季刊》，第二十四卷第三期，55—56页。

⑤转引自许晓东：《康熙、雍正宫廷与地方画珐琅技术的互动》，《宫廷与地方》，北京：紫禁城出版社，2010年，289页。

⑥据许晓东：《康熙、雍正宫廷与地方画珐琅技术的互动》，《宫廷与地方》，北京：紫禁城出版社，2010年。

⑦中国第一历史档案馆编：《康熙朝汉文朱批奏折汇编》，北京：档案出版社，1985年，422页。

匠二名、徒弟二名具随乌林大、李秉忠起程赴京讫。再奴才觅有法蓝表、金刚石戒指、法蓝铜画片、仪器、洋法蓝料，并潘淳所制法桃红颜色的金子、掺红铜料等件交李秉忠代进，尚有已打成底子未画未烧金钮坯交李秉忠收带，预备到日便于试验。"① 我们从奏折中可以得知：第一，康熙皇帝下旨命全国官员物色珐琅彩的能工巧匠入宫进行珐琅彩料的研制工作；第二，中国广东的民间工匠不仅具有画珐琅的才能，还懂得配制珐琅颜料。他们已经有丰富的配制经验，在进口西洋珐琅彩料的基础上，因地制宜，结合中国传统陶瓷彩料，配制出更适合中国陶瓷工匠绘制的珐琅彩料。这也充分解释了为什么在外销瓷中，康熙年间就有欧洲订制的珐琅彩瓷盘。康熙年间珐琅彩瓷按道理应该是皇家用瓷，不可能出现在民窑中。从广东巡抚的这两道折子中我们找到了答案：原来在民间，早就开展了珐琅彩瓷的烧制和销售贸易。这些珐琅料可能最初是由传教士提供，但是制瓷经验丰富的中国工匠在绘制过程中，把进口珐琅彩料进行了中国版改良，使得珐琅彩料更适应中国画瓷习惯，而珐琅彩中的精髓——金红的配方也被中国工匠破解了，反映出中国工匠在画珐琅工艺制作中发挥的积极作用。

珐琅彩在中国得到了创新发展，它的创新不仅体现在彩料的配方上，还有它所附着的胎体上。在中国，珐琅彩不局限于铜胎和玻璃胎，还有宜兴紫砂胎、景德镇白瓷胎。因胎体的材质有别，其珐琅彩绘在一些技术细节上会有差别。但由于白色瓷胎可以使得珐琅彩色彩更加鲜艳柔和、莹润光洁，所以瓷胎画珐琅才能成为清朝历代皇帝喜欢的一流瓷器。"据清雍正三年（1725）八月清宫档案记载，宫内制瓷工匠几乎都将送回江西景德镇，只留一名'画磁器人'宋三吉，因为他情愿留在宫内效力。"② 随着朝代的变更，历任皇帝对彩绘瓷器的喜爱标准都影响着它不断地求新求变，逐步达到清代高超的水平。无论是颜料的配制、彩绘技法还是彩瓷烧造等方面，景德镇拥有优秀的工匠和画师。这些工匠和画师被皇帝征用到宫廷服务于朝廷，参与了清宫瓷胎画珐琅的工艺制作，他们架起

① 中国第一历史档案馆编：《康熙朝汉文朱批奏折汇编》，北京：档案出版社，1985年，451页。

② 铁源、李国荣：《清宫瓷器档案全集》，北京：中国画报出版社，2008年，31页。

了清宫造办处和景德镇地方的一座技术交流的桥梁,这种双向交流势必会把瓷胎画珐琅工艺和宫廷画风带入景德镇,这也有可能是御窑厂研制出粉彩的先决条件。而珐琅彩中最重要的金红、锑黄和玻璃白的运用也在景德镇御窑厂得到推广,这也是粉彩中三种重要的色料。粉彩清雅妍丽,绘画讲究阴阳向背的技法,使得所绘之物形象立体,因此景德镇的釉上彩瓷逐步从五彩向粉彩转变。

金红颜料的色调与胭脂的颜色近似,所以又称"胭脂红""胭脂水"。在西方,这种红颜料被称为"Purple of Cassius"（或译作卡修斯红）,这是以化学家Andreas Cassius的名字命名的,因为他的书中第一次出现这种金红颜料的制备方法。③卡修斯红是一种通过氯化金溶液沉淀而成的胶体金,这种胶体金呈现玫瑰红色调,将它加入透明的玻璃基质中,就能形成红玻璃或者是制备出用于画珐琅的釉彩颜料。④砷白颜料在珐琅彩和粉彩中都有使用,但是在康熙五彩中并没有使用。它是以砷为乳浊剂的不透明乳白玻璃,在景德镇行话中被称为"玻璃白"。粉彩颜料中的砷是通过一种叫"白信石"的天然矿物（含氧化砷达99%以上）引入的,和铅熔块、硝酸钾等配制成玻璃白。⑤玻璃白可以作为粉彩颜料的调和颜料使用。它可以和大多数颜料调和,使之具有粉质感,并且能形成同一色系的不同色阶的色料。调配后的色料不仅可以作为粉彩颜料填色,还可以作为粉彩瓷的色地。康熙珐琅彩和雍正粉彩中的黄彩都是采用欧洲的以氧化锑为发色剂的锑黄,或同样来自欧洲的以氧化锡为发色剂的锡黄。它与中国传统五彩中以铁为发色剂的黄色颜料的成分不一样。由于宫廷画珐琅工艺和画珐琅所需金红、砷白、锑黄等彩绘颜料已经被适量地引入景德镇御窑厂,因此在景德镇御窑厂有计划地批量生产烧造新的彩瓷品种,对同期的珐琅彩瓷和五彩瓷的艺术风格兼而有之。

（二）装饰工艺上的共性

在装饰手法上,唐英《陶冶图编次》记载:"圆琢洋彩……油便渲染,胶便搨刷,清水便堆填也。"⑥粉彩的画法可总结为勾线、填

③ G.C.Williamsom: *The Book of Famille Rose*, London: Methuen, 1927.

④ 汪凌川:《粉彩工艺与艺术风格的演变》,南昌:江西高校出版社,2016年。

⑤ 同上。

⑥ （清）吴允嘉:《浮梁县志·陶政》附唐英《陶成纪事》,乾隆四十八年本。

彩、洗染、渲染。瓷胎画珐琅和官窑粉彩的传世品中有少量的用没骨法绘画然后勾线的纹样，其大部分纹样多采用先勾线后渲染的方法。在这一点上，民窑粉彩和上述两者是相同的。乾隆时期最具代表性的"锦上添花"装饰工艺同样装饰于清宫珐琅彩瓷和景德镇御窑厂生产的粉彩瓷上，乾隆皇帝以"瓷胎画珐琅"和"瓷胎洋彩"区分两者，在为它们配匣时还注明了彼此名称，并一同收贮于乾清宫的珐琅器皿之内，这应该说明它们的工艺技法和艺术风格类似。笔者在搜集外销粉彩瓷资料时期，有幸通过外销瓷专家余春明老师接触到了很多国外的外销瓷收藏专家，他们的收藏里有一类雍正时期的外销粉彩仕女瓷盘比较特别。雍正时期的这一类瓷器，因为工艺技术强、艺术水平高，所以其收藏价格高于其他外销瓷品类。这类瓷盘一般是薄胎，又称"蛋壳瓷"，有的瓷盘背面施胭脂水，有的不施。当然施了胭脂水的瓷盘收藏价值就更高了。然而笔者在英国著名的外销瓷专家科恩的收藏和余春明老师的收藏中发现，在这类比较稀少的瓷器中还有几个采用了乾隆时期官窑粉彩中的"锦上添花"工艺。"锦上添花"又叫"轧道"。"轧道"分为雕地、压道和耙花三种方式。雕地是在瓷坯上刻花、划花，然后施三分之一的釉素烧，在瓷胎上绘粉彩图案。压道是指在白胎上用粉彩的各种颜色绘制细密的图案覆盖全器。图案的线条细如毫芒、状如凤尾，把全器铺了一层地，再在这层地上彩绘粉彩纹饰。耙花是指在白胎上厚厚地施一层彩料，在彩料还未完全干时，用针头剔出图案。

如图1-1所示，盘子中仕女的裙子用玻璃白颜料打底，用褐彩绘制了裙子织物的花纹图案，然后用针剔出暗纹，这种工艺手法和"耙花"相似，也就是我们所知道的由于雍正时期粉彩装饰技法成熟，衣纹、裙纹的上色一般用玻璃白打底，然后用洗染笔蘸色料敷于画面的深色部，再用洗染笔蘸油（一般使毛笔湿润即可），将颜色由深到浅逐渐洗染，分出明暗关系。粉彩的烧成温度比五彩略低，大致为780℃至830℃。仕女服饰用红色、黄色、绿色、蓝色等多种颜料洗染出具有浓淡明暗的层次感。细看白色束裙，用赭石

图1-1 粉彩仕女盘 雍正时期 瓷器 尺寸不详 余春明收藏

从裙子褶皱最深的地方向外过渡晕染，然后刻出裙子的花纹，花纹清晰利落、做工精细。这种暗刻花纹是在上彩以后细刻出来的，与乾隆时期的"耙花"工艺很相似。

三、粉彩与古彩（五彩）的关系

（一）颜料工艺上的同异性

清代外销粉彩瓷中，制作时间最早的是康熙年间景德镇窑粉彩纹章盘（图1-2），现收藏于英国大维德基金会。这个粉彩描金纹章瓷盘是汤森·林恩勋爵订制的，只有在瓷盘的徽章和座右铭上才使用了粉彩装饰。这个盘子记录在册是1723年，如果按照订制纹章瓷的周期来算，这件瓷器最少要提前1至2年才能完成。因此这件粉彩纹章瓷很有可能是1721至1722年在景德镇生产的。英文资料对粉彩的翻译是"Famille rose porcelain"，比较直观地表达出了粉彩的特点——具有像玫瑰一样艳丽颜色的彩瓷。纵观大量传世官窑洋彩与民窑粉彩，除了彩料的精细及丰富程度有区别，两者并无较大的差异，官窑和民窑使用的彩料，一部分是受外国引进颜料

图1-2 粉彩纹章盘 康熙时期 瓷器 直径29厘米 英国大维德基金会收藏

影响,胭脂红主要呈色元素为金（AU）,另一部分是经过软化的五彩色料。这也是粉彩又被称为"软彩"的原因。雍正时期,官窑粉彩瓷器留白较多,已经有了传统书画"计白当黑""诗情画意"等形式与意味的追求。景德镇御窑厂出产的粉彩瓷是用来进贡给皇帝的,皇帝用这部分贡瓷或作为后宫用瓷,或作赏赐,或作为对外邦交的礼品。而同时期的民窑粉彩瓷也以这一审美形式为标杆,设计出大量的优秀产品。这些产品一部分卖给达官贵人和士大夫,一部分作为高档商品出口国外。但值得注意的是,在康熙、雍正和乾隆早期,民间的传世粉彩瓷很少。由于当时的粉彩瓷材料昂贵、工艺复杂,所以售价极高,并且这类瓷器作为新兴、高端产品,寻常官家也接触不到,只有深受皇帝赞赏的宠臣受到皇帝赏赐,才有可能得到这类精致的瓷器。这类昂贵的瓷器更符合外国人的审美情趣,所以这一时期粉彩瓷作为少量的、高端的订制瓷被外销到欧洲的上层社会。

从彩绘颜料上看，粉彩与五彩所使用的许多颜料基本相同，溶剂成分和制备方法也差异不大，基本上粉彩大部分色料来自丰富的五彩色料。康熙时期五彩常用颜色有矾红、黄彩、紫彩、绿彩、蓝彩、金彩和黑彩。"其中釉上蓝彩又称作古翠，是康熙朝首创，它取代了以往的釉下青花色色料，用于绘制山石，又加上引进了珐琅彩的金红（洋红、胭脂红）、砷白和锑黄等彩料，因此，粉彩色彩较五彩和珐琅彩更为丰富。"①

（二）装饰工艺上的同异性

唐英在乾隆八年（1743）撰写的《陶冶图编次》中论及："（洋彩）调色之法有三：一用芸香油，一用胶水，一用清水，盖油色便于渲染，胶水所调便于拓抹，而清水之色便于堆填也。"②从中看出粉彩的色料调色方法有三种。第一种是用油调和，这在行话中称为"油料"，现在的调和油是乳香油和樟脑油。用油染色一般都在玻璃白上进行，具体操作是，先用嫩油在玻璃白上涂一遍，使其饱吸一层油，然后用洗染笔蘸色料敷于画面的深色部，再用洗染笔蘸油（一般使毛笔湿润即可），将颜色由深到浅逐渐洗染，分出明暗关系。第二种是用胶调和，胶指的是"桃胶"，它在瓷器釉面上具有一定的固着力，上面覆盖其他的釉料不会被蹭掉。第三种是用水调色，一般采用中国画的点染法，用羊毫笔蘸水，然后在笔尖上蘸色料，在玻璃白上点染。用水调色多用于花朵染色，也有用于人物衣服的染色，方法是在玻璃白上薄薄平染一层净颜色。粉彩的烧成温度大致为780℃至830℃，比传统五彩的烧成温度略低。勾线有三种方法。第一，用珠明料勾勒黑色轮廓线，并且在烧成前要覆盖一层透明的水料或者"雪白"料，防止其脱落。第二，矾红勾勒面目、肤色，如陈浏在《匋雅》中所述"康熙彩画。勾勒面目。亦用蓝笔。久而弥彰。雍正易以淡赭。于画理则甚合矣"③。康熙后期五彩人物的面目就出现了用矾红勾线，到雍正时期的粉彩人物的面目延续了用矾红勾线，这种勾线方式在雍正官窑器上也有所体现。

① 李家治：《中国科学技术史 陶瓷卷》，北京：科学出版社，1998年，482—483页。

② 转引自（清）朱琰：《陶说》卷六，黄宾虹、邓实编《美术丛书》，南京：江苏古籍出版社，1986年，30页。

③ （清）陈浏：《匋雅·上卷》，民国静园丛书本。

第三，用矾红调和珠明料勾勒面目及肤色。这是外销瓷人物图像中常见的一种勾线方法，本章第二节"彩绘颜料"将详细阐述。

第二节　粉彩瓷的工艺特性

一、瓷胎的工艺

（一）蛋壳瓷

雍正时期有一部分粉彩外销瓷被称为"Eggshell Porcelain"——蛋壳瓷。清代《匋雅》一书对雍正粉彩瓷有"四绝"之誉："质地之白，白如雪也，一绝也。薄如卵幕，口嘘之而欲飞；映日或灯光照之，背面能辨正面值笔画彩色，二绝也。以极精之显微镜窥之，花有露光，鲜艳纤细；蝶有茸毛，且茎茎竖起，三绝也。小品而题极精之楷篆各款，细如蝇头，四绝也。"[①]这说明雍正时期的白胎工艺已经到了登峰造极的地步。在这种薄如卵幕的白色瓷胎上用粉彩绘制出清秀妍丽的画面，堪称鬼斧神工的艺术品。因此，在拍卖或收藏中，粉彩蛋壳瓷一直是外销瓷中价位较高的艺术精品。

在中国明代成化时期，白瓷的薄度达到了几乎脱胎的地步。脱胎瓷的制作，有着一整套的技术要领和工艺要求。其中，修坯这一环节最为艰难，至关紧要。修坯的过程中，坯体要从利篓取下装上，反复近百次，才能将二三毫米厚的粗坯修到蛋壳一样薄的程度。蛋壳瓷修坯的关键及难度在于少一刀则嫌过厚，多一刀则坯破器废。因此，蛋壳瓷的成功烧制足以说明明代景德镇陶瓷烧制技术的水平之高。

（二）制胎原料配比

清代景德镇单用瓷石制胎和高岭土掺入瓷石二元配方制胎同时并存。其中，官窑精细瓷器一般单用祁门瓷石一种原料制胎，烧造粗厚器皿则采用高岭土掺入瓷石二元配方制胎。民窑瓷器多用高岭土掺入瓷石二元配方制胎工艺。雍正、乾隆年间，所用高岭土多产于高岭山。清代还一度使用过滑石为制胎原料。"清代雍正、乾隆

---

① （清）陈浏：《匋雅·上卷》，民国静园丛书本。

年间，景德镇烧造精细瓷器一般单用距景德镇御窑厂100千米的安徽祁门县的坪里、谷口二处所产瓷石为制胎原料。"② 清初期瓷胎的化学成分，数据如表1-1。

② （清）唐英：《陶冶图说·采石制泥》，清道光刻本。

化学分析的结果说明，康熙、雍正彩瓷瓷胎的含铁量极低，雍正薄胎粉彩胎含铁量只在0.8%左右，因此雍正时薄胎粉彩胎更白，

③ 周仁等：《景德镇瓷器的研究》，北京：科学出版社，1958年。

表1-1 清初瓷胎的化学成分表[③]

标本编号及名称	SiO_2（%）	Al_2O_3（%）	Fe_2O_3（%）	CaO（%）	MgO（%）	K_2O（%）	Na_2O（%）	TiO_2（%）	MnO（%）	总数（%）
C17康熙中胎斗彩盘	65.09	26.72	1.06	1.62	0.13	3.11	2.57	0.13	0.07	100.50
C14康熙中胎五彩盘	66.67	26.25	0.91	1.25	0.33	2.56	2.15	——	——	100.12
C11康熙后胎五彩花觚	66.33	26.33	1.37	0.65	0.09	2.91	2.44	0.08	0.07	100.27
C12康熙后胎青花觚	68.59	24.08	1.15	0.71	0.30	3.13	2.35	0.12	0.07	100.28
C13雍正薄胎粉彩盘	67.78	26.25	0.84	0.71	0.16	3.28	1.12	0.07	0.07	100.28
C15雍正薄胎粉彩盘	66.27	27.42	0.77	1.36	0.13	3.07	1.29	——	——	100.31

彩色的多样化必须有洁白的胎地作衬托。"雍正官窑，大小盘碗，白胜霜雪，既轻且坚。上画彩花数朵，每一朵横斜荧拂，袅娜多姿，笔法绝不板滞。花作茄紫、蛋黄、天青各色，皆非乾隆朝所能几及，尤以粉红秋海棠为绝艳"④ 正是这种白度作用的结果。

④ （清）陈浏：《匋雅·上卷》，民国静园丛书本。

清初景德镇的瓷器，虽然烧成温度不高，但其白度、硬度、机械强度等物理性能均接近或达到优质硬质瓷器的指标。"这些优良性能也与瓷胎中莫来石、石英、玻璃相等矿物组成的含量、分布以及玻璃釉的成分性质有着密切的关系。"⑤ 雍正瓷胎石英、莫来石含量均高于康熙瓷胎，玻璃相及气孔体积低于康熙瓷胎，显示了雍正瓷胎釉技艺比康熙时又有进一步提高。胎釉的物理性能，如表1-2所示。

⑤ 李国桢、郭演仪：《中国名瓷工艺基础》，上海：上海科学技术出版社，1986年，111页。

① 李国桢、郭演仪:《中国名瓷工艺基础》,上海:上海科学技术出版社,1986年,112页。

表1-2 历代景德镇瓷器的物理性能①

样品	瓷胎烧成温度	气孔率（%）	密度×10（kg/m²）	抗折强度	膨胀系数	白度	透光度
五代杨梅亭白碗	1150—1200	0.81	2.44	—	67.7	70.0	—
宋湖田窑影青碗	1100—1150	0.48	2.51	—	62.2	76.5	—
宋湘湖窑影青碗	1200±20	0.36	2.52	550	66.8	71.5	1.19	—
元青花大瓶	1100—1150	0.68	2.58	570	68.5	62.0	0.40
明万历五彩盘	1200±20	1.38	2.59	630	60.7	75.8	0.40	—
清康熙五彩盘	1300±20	—	2.49	700	55.6	73.5	0.52
清雍正粉彩盘	1300±20	0.16	2.49	—	57.7	77.5	0.96

从表1-2得知,自五代至清初,景德镇白瓷的烧成温度递增,这与瓷胎中高岭土用量增高、釉中釉灰的用量减低、瓷器的瓷化温度提高有关。从瓷器的气孔率观察,五代以后气孔率不高,达到了瓷化程度。清雍正的气孔率尤小,说明烧结致密度更高。从瓷器的白度和透光度来看,其中雍正瓷胎白度达到77.5%,与德国麦森瓷盘(79.5%)和日本陶瓷盘(78.2%)的白度非常接近,但釉的白度与德、日同类相比较低,主要是因为釉料中含铁,这是经还原焰烧成后釉白里泛青的原因。

透光度除宋湘湖窑产品稍高外,其次是雍正粉彩瓷盘,与康熙五彩盘相比也高了近一倍,这表明雍正瓷的胎釉水平都高于康熙瓷,接近或达到现代硬质瓷标准。雍正胎釉尤其是白度与透光度的提高,为雍正釉上画珐琅及粉彩的发展提供了极好的条件。假如没有优质的白胎釉,想要发展精美的白地画珐琅是不可想象的。

清代更加重视制瓷原料的淘洗,并增加了制胎原料的炼泥和捏炼工艺。制瓷工匠认识到瓷器制胎原料"淘洗尤在精纯,土星、石子定带瑕疵，土杂泥送，必至坏裂"，所以更加重视制胎原料的加工。

（三）精淘再加工

自东汉青瓷出现以来，历代制瓷陶工都需要对天然瓷石进行粉碎和淘洗，至迟自明代起，景德镇对在原料开采矿场经过粉碎、淘洗加工后的瓷石原料——白不子，还要进行精淘再加工。清代景德镇窑场继承了明代这一工艺传统。对于清康熙年间的瓷石粉碎和淘洗工艺，文献有过记载："先用铁锤破碎岩块，后将小碎块倒入乳钵内。用顶端固定有以铁皮加固的石块的杠杆把它捣成微细粉末。这种杠杆可用人力或水力不停顿地操作。其操作方式与磨纸机上的捣锤无异。然后，取出粉末倒入盛满水的大缸内，用铁铲用力搅拌。停止搅拌数分钟后，有乳状物浮出表面。它有四五根手指厚。再把乳状物取出，倒入盛满水的另一个容器内。这一操作要重复多次，直到头一个缸内的水经过数次搅拌和取浆，在其底部只剩下不能用来制备粉料的渣子，然后取出渣子重新加以捣碎。将乳状物从第一个缸取出来倒入第二个容器内，不久便在底部产生泥浆的沉淀，俟上面的水澄清之后，将容器倾斜倒出水。这时要注意，不要使沉淀物把水弄混，再将泥浆移入干燥的大模子内。在没有完全变硬以前，把它切成小方块，成百件地出售。这个倒浆用的模子又大又宽，像箱子，其底是用砖竖砌的，表面平整。在这个排列整齐的砖层上，铺一张面积和箱子相等的粗布，往里倒入泥浆，稍等片刻，用另外的布把它覆盖，再在其上平铺一层砖，这就能迅速地排除水分，不浪费瓷用原料，硬化和干燥后容易做成砖形。"[②]

清代雍正、乾隆年间，景德镇御窑厂对制胎原料（包括瓷石和高岭土）的"精淘"，在继承明代和康熙时的传统工艺"沉降分离法"的基础上，对淘洗技术进行了改革。对此，唐英《陶冶图说·二淘炼泥土》作了具体记载："陶炼之法，多以水缸浸泥，木钯扰标（漂）、起渣沉过，以马尾细箩再澄双层绢袋，分注过泥匣钵，俾水

② （法）殷弘绪：《耶稣会传教士昂特雷科莱神父于1722年1月25日（康熙六十一年）给该教神父的信》，《陶瓷资料》，景德镇陶瓷馆编印，1978年第1期。

渗浆稠，用无底木匣，下铺新砖数层，内以细布大单，将稠浆倾入，紧包砖压吸水。水渗成泥，移贮大石片上，用铁锹翻扑结实，以便制器。"[1] 由此可以看出：雍正、乾隆时期对制胎原料"精淘"的过程是用"入缸水澄"，"木钯扰标（漂）"起渣后得的"最细料"以马尾细箩过滤，然后再用双层绢袋进行二次过滤，再把二次过滤所得的"极细料"分注过泥匣钵，使其水渗浆稠。经过这一过程所得的胎料一定比明代和清代康熙时期更为精细。

"从工艺角度讲，对制胎原料进行精细淘洗加工，控制越精细，制出的精泥的SiO_2/Al_2O_3的比就越低，K_2O含量越高。由于所含绢云母比例或高岭石的含量增加，因此淘洗的程度直接影响瓷石原料的成形性能和烧成后瓷胎的致密程度。"[2] 耿宝昌认为："雍正时瓷上选料精细，研粉、澄浆、制坯等工艺要求严格，烧结火候适度，因而胎体坚白细润，成型规整，胎体轻薄，迎光透视，胎体莹润无瑕，有的略显淡青色（明代则显红润）。大件胎体也能匀称一致，不显厚重；小件器物轻巧玲珑。"[3]

二、彩绘颜料

釉上彩绘瓷与其他瓷器的不同之处在于，最重要的装饰工艺是彩绘。要使彩绘的画面好看，除了要具备鲜艳的彩绘颜料，还需要设计漂亮的画面，需要画工具备高超的绘画功底。这就决定了在瓷器上绘画有别于在宣纸等其他材质上绘画。首先，瓷器的釉面光滑，吸水率低，所用的彩料不是用油调制，就是用胶或水调制。要完全掌握色料的料性，画出生动、流畅的线条都是一件很不容易的事情，更何况，一件优秀的彩绘作品必须满足线条的力度合适，色料浓、淡、厚、薄恰到好处以及画面和器型适形等要求，这些都是没有一定的绘画功力以及多年绘瓷经验的画师所无法胜任的。其次，彩绘的色料要在780℃至830℃下熔融，才能附着在釉面上，在彩烧过程中，色料会产生化学变化。因此，彩绘颜料的发色很重要。有很多作品在绘制过程中没毛病，但是烧

---

[1] 转引自熊寥：《中国古代制瓷工程技术史》，太原：山西教育出版社，2007年，598页。

[2] 李国桢、郭演仪：《中国名瓷工艺基础》，上海：上海科学技术出版社，1986年，29页。

[3] 耿宝昌：《明清瓷器鉴定》，北京：紫禁城出版社，1993年，37页。

出来以后，就会出现施彩的地方开裂，或者是颜色烧不熟、变成灰色等情况。特别是对于粉彩来说，它之所以和纸上或绢上的工笔画一样柔美，色彩层次丰富，是因为粉彩在着色的时候要接色（两种不同色相的颜色对接，对接处过渡自然柔和，看不到衔接的笔触痕迹），而接色是最容易出毛病的。这也需要有经验和功力深厚的画师完成。再次，瓷绘这门工艺也采用分工合作来提高绘画效率。勾线、填玻璃白、接色、染色等工序都有细致分工，而且还按画科分别设置：绘花的、画飞禽类的、画走兽类的、画人物的。其实这种分工在清代画院的合笔画上也有所体现。最著名的宫廷合笔画之一要数《康熙南巡图》，这幅画是由督察院左副都御史宋骏业主持绘事，王翚、杨晋以及众院画家参与的合笔之作。而制瓷一直以来都是采用这种分工合作的方式生产。采土、碾石、劈柴、编篮、结绳、木作、五金作、制桶、制砖、造窑、修窑、制作匣钵、制作陶坯、拍打陶坯、制作模型、旋转陶轮、调釉、装器入窑、添柴看火、包装、挑运和驶船，这些各式各样的劳工和匠人为陶瓷提供原料和技术，使得陶瓷在每个环节能高效、顺利生产。从釉上彩绘问世以来，随着彩绘工艺复杂程度的不断提高，人们对彩绘也进行了细致分工。殷弘绪曾说："彩绘这一劳动在同一工场内，是由许多工人分别进行的。一个工人单纯地把图形色线绘在瓷器的口缘上，第二个工人描绘花的轮廓，第三个工人接着晕色。这一伙人专门画山水，而那一伙人就专门画鸟兽。"[④]

彩绘颜料分画面起稿、勾线、填色三步。

（一）画面起稿

雍乾时期的官窑瓷器画样一般由宫廷画家绘制，而这些设计图稿会先送给皇帝过目，等皇帝首肯以后，才分送到宫廷造办处以及景德镇御窑厂进行制作。雍正初年，宫廷画家的人数减少，创作不景气，仿古瓷多于创新。"雍正四年三月，画家丁裕、詹熹、丁观鹏、程志道、贺永青、王均、叶履丰；同年七月，画家张霖、吴桂、吴械、陈敏、彭鹤；七年十月，画家汤

[④]（法）殷弘绪：《殷弘绪关于景德镇的两封信》，《陶瓷资料》，景德镇：景德镇陶瓷馆文物资料组编印，1978年第1期。

振基、戴恒、余秀、焦国俞等共16人先后进入'画作'供奉，还增加了柏唐阿王幼学、金保、徐玫之子等三人。翰林画家有唐岱、高其佩、莽鹄立、唐英等四人。"[1]还有珐琅作画珐琅人谭荣、贺金昆等人，并且雍正皇帝起用郎世宁这样的西洋画家，也许正是为了瓷器的创新。他们遵照雍正皇帝对瓷器造型和图饰的要求进行创作。雍正皇帝通过瓷器画样的方式直接控制瓷器的烧造，因此他会亲自挑选创作画样的画家。在拥有一批出色的画家之后，雍正开始参与瓷器装饰设计，以超越前朝形成自己独特的风格。雍正皇帝对烧制成的瓷器亲自审查，决定依据哪些画样继续烧造，哪些不必再烧造。如，雍正九年四月十七日，内务府总管海望遵照皇帝的旨意，对烧造一对白瓷碗提出要求："碗上多半面画绿竹，少半面著戴临撰字，言诗咏题写，地章或本色或合配绿竹淡红或褐色，酌量配合烧珐琅。"[2]时隔一日，四月十九日，内务府总管海望又奉到谕旨："著将有釉、无釉白瓷漆画久安长治、芦雁等画样，烧珐琅。钦此。"[3]六月十三日传旨："今日呈进画珐琅藤萝花瓷茶圆，再画珐琅瓷器时不必画此样花。钦此。"[4]宫廷画家设计的这些图稿虽然考虑到了纹饰与器型的关系，但在实际生产中，仍然要将纸样上的图案纹饰合理地转换到立体的器物表面，这种图像的转换需要非常有经验的画师在图像移植过程中作出灵活的调整和必要的改进，才能使画样纹饰更自然地、更合理地呈现于器物的立体空间上。"陶瓷画师作图时，一般先用淡墨起草稿，然后再定稿，定稿时用浓墨描出图稿，这个过程也称'升图'。"[5]最后是拍图，在瓷胎上作图与纸上绘画不同，因为陶瓷器物是立体的，具有曲面，一个平面图形不能被直接复制到瓷胎上。定稿后的纹饰如果用于批量制作，需要用毛边纸或宣纸将图稿摹印出图样。拍图是批量制作中将图样上的纹饰贴拍于瓷胎上，拍图之前还要用浓墨对图样描图，这样拍出的图样才能够清晰，便于进一步地勾线。对用笔活泼、构图灵活的民窑粉彩瓷，拍图这个程序很少用到。拍图所绘得的纹样显得呆板，这与民窑的奔放性情

[1] 杨伯达：《清代画院》，北京：紫禁城出版社，1993年，65页。

[2] （清）内务府造办处：《雍正四年各作成活计清档》，中国第一历史档案馆藏。

[3] 同上。

[4] 同上。

[5] 景德镇陶瓷学院：《陶瓷彩绘》，南昌：江西轻工业出版社，1958年，53页。

完全不符合。在鉴别外销瓷赝品时，纹样所绘是否呆板也是鉴定的要素之一。笔者一开始认为，清代的陶瓷画匠对陌生的外国人物题材会用拍图，但是在接触了同一时期、同一批次、同一题材的粉彩外销瓷的真品时，也在慢慢否定这一想法。我们在后续案例中可以看到，同一时期、同一人物主题的瓷器画样，即使人物动作、背景一样，但是都能看出细节有很多不同的地方，这都是由中国陶瓷画匠徒手绘制，所以每一件纹样都会有些许不同。即使有绘制错误的地方，也会被经验丰富的画匠用纹饰掩盖过去。但可以肯定的是，除了对于很熟悉的图案纹样，当面对西洋式的样稿时，这些画匠师傅一定在绘制瓷器之前，在纸上绘制过设计纹样，以确保心中有数，下笔有神。

（二）勾线

粉彩瓷勾线所用的颜料有红色、黑色和麻色三种。红色颜料指的是矾红，现如今的矾红料一般用油调制，称之为"油红料"。黑色颜料指的是珠明料，珠明料可以用油调制，也可以用水掺桃胶调制。麻色是由油红掺少许黑料调制。外销瓷"粉彩仕女婴戏盘"中人物的脸庞、手部等裸露皮肤的线条，有三种勾线方法。

第一，用珠明料勾勒黑色轮廓线。从康熙年间的五彩瓷开始就用珠明料勾勒人的面目，这种勾线方式在外销五彩瓷和粉彩瓷上都有体现。但到了雍正时期，这种珠明料的勾线比较少。《匋雅》就提到过"康熙彩画，勾勒面目，亦用蓝笔，久而弥彰"[6]，这里的"蓝笔"指的应该就是"珠明料"。据文献记载，康熙年间，釉上黑彩用钴料和灰釉配制而成。具体配比是三盎司钴料加七盎司普通灰釉。两种成分还可以按照画面色彩的深度而调剂。[7]这种钴料也是青花的色料，是青花的重要配方之一。它在釉下经高温还原气氛（1310℃—1330℃）烧成后呈现蓝色，在釉上经低温（760℃—800℃）烘烤后因熔点不够而烧不熟，呈现灰褐色，手摸即掉，无任何附着力，所以又被称为"生料"。因此烧成前要覆盖一层透明的水料或者"雪白"料，防止其脱落。

[6]（清）陈浏：《匋雅·上卷》，民国静园丛书本。

[7] 据（法）殷弘绪：《耶稣会传教士昂特雷科莱神父于1722年1月25日（康熙六十一年）给该教神父的信》，《陶瓷资料》，景德镇陶瓷馆编印，1978年第1期。

第二，用矾红勾勒面目、肤色。由陈浏在《匋雅》中所述"康熙彩画，勾勒面目，亦用蓝笔，久而弥彰。雍正易以淡赭，于画理则甚合矣"，可见康熙晚期的五彩瓷器人物纹饰采用矾红线条勾勒。雍正时期，粉彩瓷器人物纹饰沿用了这一技法，例如故宫博物院现收藏的一件雍正官窑粉彩人鹿纹梅瓶（图1-3a）。

第三，用矾红调和珠明料勾勒面目及肤色。此种勾线方式在雍正外销瓷粉彩人物中比较常见，甚至出现在雍正外销瓷精品上，如雍正外销粉彩瓷仕女婴戏盘。雍正时期，粉彩人物的面目施彩，仕女的两颊会施淡淡的胭脂红，勾勒面目线条用的是红里泛黑的色料。如果不看瓷器原物是很难辨别出勾线颜色的，因为它介于黑色和红色中间，更像行话中所称的"麻色"。这种颜色的勾线有的还作用在衣纹和边饰上，整个画面给人颜色粉嫩、柔和的感觉，不似康熙五彩瓷的颜色硬朗、明快，但是这种色线只能直接作用于瓷面，不能覆盖其他颜色。（图1-3b）

（三）填色

粉彩填色相当于中国画的设色，但由于陶瓷独特的材质特性，对填色有以下要求。

第一，缴图。绘于瓷面上的线条干透后，把拍图时或是墨线稿所留下的淡墨水用棉花棒或竹针笔擦拭，然后用棉花蘸取草木锅灰

a　　　　　　　　　　　b
图1-3　粉彩瓷官窑和民窑的人物面部设色比对图　雍正时期　尺寸不详　余春明收藏

或者是炭黑擦拭纹饰线条，增加珠明料线条的清晰度和厚度，使玻璃白打底和填地皮时，玻璃白和水颜料不容易外溢，或是把所画线条遮住。因为草木锅灰和炭黑里面含油质，会牢牢固定在线条上。古代粉彩都是用柴烧的锅底灰，以松木烧得最好，因为柴里面含有松木油。但是随着社会的进步与现代社会环保的要求，柴烧越来越少，继而用放蜡的炭黑取代了锅底灰。为了保持画面清洁，画师需要用干净的棉花把缴了炭黑的画面轻轻擦拭一遍。

第二，粉彩填色很多颜料用水调，所以粉末状的颜料在使用之前要用擂钵、擂锤进一步研磨，使颜料的颗粒更加细密，从而有利于填色和彩烧的发色。水调时，颜料要浓稀适度，直至标水合适。填色时用笔要灵活，由上往下依次走色，使所填色料尽量平整均匀。这种技法的熟练掌握需要长期实践操作和经验积累。粉彩填色的厚薄浓淡对彩烧后效果有影响。[①]所以，填前所用的颜料必须经过试罩子，对发色效果有确切的了解。

第三，常用水颜料和点染颜料以及呈色图解如表1-3、表1-4[②]示所。

① 据吴仁敬：《绘瓷学》，北京：商务印书馆，1939年；邹晓松：《传统陶瓷粉彩装饰》，武汉：武汉理工大学出版社，2005年。
② 图表来源于景德镇"江窑"，香港大学美术博物馆2009年出版的《巧故知新景德镇现代传统瓷艺》里也刊登了此二表。

表1-3 常用粉彩水颜料及呈色图解说明

颜料名称	颜料图片	呈色效果	说明
雪白			为无色透明的玻璃体，用来覆盖珠明料，或冲淡颜色用。
玻璃白			为不透明白色，多用来填花瓣底子，在此底子上再洗染点各种颜色。
雪景玻璃白			不透明白色，性质基本同玻璃白，但比玻璃白光亮，不能洗染，主要用于填雪景。
粉大绿			透明的深绿色，发色稳定，用来填花叶正面深绿色树叶和近景石头。在填的过程中标水不宜太浓或太厚，否则烧成后会"发惊"，可调制成深、中、淡。
苦大绿			透明的深绿色，用于填树叶。

续表

颜料名称	颜料图片	呈色效果	说明
粉苦绿			透明的深苦绿色，多用于填花叶的背面和树叶的嫩叶。用雪白调配成深、中、淡。
石头绿			透明的淡绿色，多用来填石头、草地、山头接石和浅色花叶。
淡苦绿			透明的淡草绿色，是用透明的雪白和粉苦绿调配而成，多用于山石的接色填草地嫩枝浅叶及灰绿色鸟羽和草虫等。
浅水绿			透明的浅绿色，用来填盖浅色部分，如远山、树丛、草地，也可用来接填近石的消失部分。
松绿			不透明的黄绿色，多用于填地皮和边角图案。
地皮蓝			不透明的深蓝色，多用于填地皮。
宫粉			不透明的淡红色，多用来填图案的地皮及边角。
赭石			主要用于树干、石头的颜色，根据纹样的需要可将赭石调制成深、中、淡三种色调。
古紫			透明的紫色，用于填树干、鸟类。
粉翡翠			不透明的绿色，多用于填地皮。
淡翠			不透明的淡蓝色，多用于填图案中的边角和地皮。
薄黄			不透明的淡黄色，多用于填地皮和图案边角或配色用。
锡黄			呈中黄色，不透明，多用于洗花，也可用于配色及填图案地皮。

续表

颜料名称	颜料图片	呈色效果	说明
老黄			透明呈深黄色，多用于配色及填图案地皮。
麻红			不透明的暗红色，只用于填图案地皮。
胭脂水			不透明的粉红色，用于填图案地皮。

表1-4　常用粉彩点染颜料及呈色图解说明

颜料名称	颜料图片	呈色效果	说明
洋红			呈淡红色，光亮透明，主要用于花朵或人物服装的洗染。它烧成温度的高低对整个画面的呈色效果起着很大的作用，以此最佳发色为烧炉熄火标准。
净大绿			为淡绿色，多用于白色花朵和人物服装的洗染。
净苦绿			为草绿色，多用于玻璃白上打底或人物服装的洗染。
净黄			为淡黄色，多用于打底，配色用。
浓黄			呈深黄色，主要用于洗染黄色花朵和人物服装。
红黄			大多用于人物服装的洗染。
广翠			呈淡蓝色，多用于图案、淡蓝色花朵、人物服装的洗染和配色。
茄色			为深紫色，多用于花朵和人物服装的洗染。
皮色			主要用于人物服装的洗染。

续表

颜料名称	颜料图片	呈色效果	说明
灰色			主要用于墙面洗染和灰色羽毛的洗染。
普兰			为淡蓝色，一般用于人物服装的洗染。
矾红			以铁为着色剂，为不透明的大红色，大多用于洗染各种花朵和人物服装，主要用于古彩。
玛瑙红			用于洗染各种盛开的花朵，烧制出来的花朵呈玫瑰红色，显得特别鲜亮。
天蓝			主要用于自然景物的洗染，用于画珐琅彩线条。
川色			主要用于自然界植物的洗染，用于画珐琅彩（柳树叶子）线条。

三、绘饰工艺

粉彩的彩画和填色技法主要包括画、彩、填、洗、扒、吹等。

（一）画

绘画这一步骤除了用油料勾出纹饰的轮廓以外，还讲究线条的魅力。粉彩人物画的线描主要为铁线描、钉头鼠尾描、游丝描等。表现山石和树皮也可以使用中国画的皴法用笔：为表现山石、峰峦，主要有披麻皴、雨点皴、卷云皴、解索皴、牛毛皴、大斧劈皴、小斧劈皴等；表现树身表皮的，有鳞皴、绳皴、横皴、锤头皴等。最常见的粉彩花鸟纹饰中，花叶的画法分为勾勒法和没骨法两种。勾勒法是常见的一种技法，以线条勾勒各种花卉的外轮廓。勾线时除了红色花朵用油红料，其他花卉用珠明料。清代初期，画家恽寿平创立没骨花鸟画法，此技法是直接以色彩渲染花头和茎叶，再稍加勾点叶脉，设色淡雅，形态生动。这种画法与传统工笔花鸟注重墨笔勾勒轮廓的技法完全不同，它浪漫生动、兼工带写，富有书卷气。因此，这种画风受到当时画家的推崇，被视为花鸟写生派。清代雍正、乾隆时期，宫廷画家蒋廷锡、邹一桂等也受恽寿平很大的影响，因此宫廷粉彩花鸟纹饰几乎都是没骨画法。粉彩没骨画法是用乳香油调和的烟灰色勾勒线条，在轮廓线内平填玻璃白后，用净颜料洗染，随着彩烧后烟灰线条被烧失，图形的轮廓线条也随之消失，这就是彩瓷中的没骨效果。还可以用淡墨勾出花朵的大致轮廓，在轮廓线内涂上很薄的玻璃白，再以水调的洋红洗染，也能形成没骨花卉的效果。鸟、兽的画法主要是处理羽毛和皮毛，与中国画稍有不同的是，瓷画中的走兽和鸟类在撕毛前要先用玻璃白打底，等干之后，根据需要洗出各种颜色的深浅变化。主要运用勾线点料法，先用料笔点料，然后用蘸了乳香油或樟脑油的彩笔一笔笔画出丝线，撕毛的时候按照浓淡分布，这样才能表现出鸟的茸毛效果。

（二）填

填色主要是将玻璃白、雪白等水颜料填入纹样里面。最有难度的填色应属接色。有些画面需要表现两种色彩相交融合，形成自然的过渡，这时就要运用接填法。这在给叶子填色中尤为常见。在表现叶子的叶尖泛黄时，先填苦绿，到叶尖处用赭石色接填。两种颜色接填时要一次完成，并在衔接处使两种颜料自然过渡，完全糅合在一起。

（三）洗染

粉彩工艺的洗染与中国画工笔中的洗染相似，是用油或水在填好的玻璃白上洗出洋红、浅绿等色彩的薄厚变化，像绘制花朵、人物衣饰等部位用颜料进行渲染，形成色彩的深浅明暗过渡、阴阳向背效果。洗染前先要用煤油（古籍中还记载着一种"嫩油"，现在几乎没有画匠在用）将玻璃白润湿，再用油笔蘸取樟脑油调料，填涂于玻璃白上，洗染时下笔由深到浅，逐渐过渡形成浓淡的变化。

（四）扒

扒这种技巧是用针笔或扒笔在填好颜色的画面上扒出细丝纹。

"耙花"又称"轧道",还可以称为锦上添花纹。这是乾隆时期出现的一种瓷器装饰工艺。它不同于雍正时期文人绘画式的清秀淡雅,而是呈现出一种色彩斑斓、富丽堂皇的艺术风格。这种纹样可能来自江宁云锦花纹的启示。在雍正末乾隆初年,江宁的云锦得到迅速的发展,云锦的纹样无疑为宫中御用纹样师统一设计,并为工匠熟练运用而加以创造,结果繁衍推新,以至愈演愈烈。①

(五)吹

吹釉、吹料是指用特制的吹管吹色,达到某种特殊的肌理效果。吹色多用于蟠桃色彩肌理的表现,最典型的是清代雍正、乾隆时期寿桃纹饰上的吹洋红,用吹管将洋红料从扎了麻布的一端吹出,雾化的颜料在桃子画面上可以形成斑驳而真实的质感。

四、烧制

现代粉彩瓷的彩烧一般采用电炉,因为电炉易于操作和控制。然而,唐英在《陶冶图编次》中对传统的景德镇粉彩瓷器的彩烧有明确的解说:"白胎瓷器于窑内烧成,始施彩画。彩画后复须烧炼,以故颜色,爰有明暗炉之设。小件则用明炉,炉类珐琅所用。口门向外,周围炭火,器置铁轮,其下托以铁叉,将瓷器送入炉中,傍以铁钩拨轮令其转旋,以匀火气,以画料光亮为度。大件则用暗炉。炉高三尺,径二尺六七寸。周围夹层以贮炭火,下留风眼。将瓷器贮于炉膛,人执圆板以避火气。炉顶盖板黄泥封固。烧一昼夜为度。凡烧浇黄、绿、紫等器,法亦相同。"②由此可以看出,传统的景德镇粉彩瓷的烧制分为明炉和暗炉两种炉型,而所用的燃料为木炭。书中对雍正、乾隆时期彩烧的明炉与暗炉的操作也有详细的说明。法国耶稣会士殷弘绪曾在1712年信件中详细记述了当时景德镇使用的彩烧炉,比唐英记述更为细致。他指出"比较大的彩烧炉普遍用砖砌成,炭火放置在炉的四壁,彩烧时炉顶要预留观测孔,目的是随时观察器物的彩烧状况。当从观测孔看到彩画的颜料变得明亮鲜艳时,就可以撤除炭火"③。殷弘绪描述的炉型

---

① 周思中:《清宫瓷胎画珐琅的艺术及历史研究(1716—1789)》,载《清华大学学报》,2007年02期,139页。

② 张发颖:《唐英督陶文档》,北京:学苑出版社,2012年,10页。

③ (法)殷弘绪:《殷弘绪关于景德镇的两封信》,景德镇:景德镇陶瓷馆文物资料组编印,1978年第1期。

与唐英记述的暗炉相似，其彩烧效果"一般都是彩色鲜艳，光泽透彻明亮，这是由于烧成气氛掌握较好所致"④。成书于乾隆四十二年（1777）的《南窑笔记》也对暗炉和明炉作了详细记载，其对釉炉的描述为："其制用桶匣为炉，腹间匣五、六寸许，环砌窑砖以卫匣。砖之内为纳炭藏火之路，大概形如太极，足开八门，即八卦炉也，有中小数种。入彩瓷匣中，泥封其顶，开一火眼，视瓷色之生熟，周围燃炭炙之，火遍于匣，而内瓷渐红，则彩色变动，斯为炉熟之候。烧法必须遛火缓烧，渐次上顶，更无惊烈泛红之病。炉忌潮气冲著，色即剥落矣，计烧一日乃成，有满炉工、烧炉工。近有明炉一种，出自西洋。其制用匣横卧，团砖炙炭，先烧匣红，而后用车盘置瓷盘上，旋转渐次进入匣中，俟瓷色变即出炉，用他匣覆之。俟瓷冷透，揭匣出焉。此法止可用烧脱胎小件，且资人力费事，尤多坼裂之患。"⑤

总之，从以上文献的记述看，无论明炉还是暗炉，其彩烧工艺并无差别。五彩、珐琅彩和粉彩的彩烧是一致的，仅在控制各自的颜料温度上有所不同，这是由于画面使用的多种颜料的熔点不同。现代景德镇的彩烧电炉，彩烧时处于封闭状态，无须观察彩烧过程中色彩的变化形态，因为现代温度测量仪器能够准确地控制温度。而且随着颜料配制技术的提高，人们对颜料的彩烧温度已有较为精确的预知，所以不必再像以前那样频繁观察火色了。景德镇传统制瓷原料加工配制技艺传承人李有根先生说，在配制颜料时，颜料的熔点平衡是最为关键的，这样才能让颜料在相同的温度环境中，使炉内的烧制氛围效果最好。

五、粉彩工艺的特征

粉彩工艺特征主要表现在如下三个方面。

首先，中国粉彩技法是吸取了欧洲进口珐琅彩的白色彩料（玻璃白）并在其中引入砷（As）作为乳浊元素（砷白玻璃）的先进工艺。改良后的我国粉彩在色料中不用硼乃是由自身的工艺特点

④ 中国硅酸盐学会：《中国陶瓷史》，北京：文物出版社，1982年，423页。

⑤ （清）张九钺：《南窑笔记》，桂林：广西师范大学出版社，2012年，30—33页。文中提及的桶匣式彩烧炉可参见蓝浦《景德镇陶录》卷一图说中的烧炉插图，也可参见谭旦冏《中国陶瓷史》下册（台北光复书局，第877页）烧炉插图。对于上述的彩炉描述，这些插图能够直观体现它的形制。

所决定的。从欧洲传入的珐琅彩最初用于玻璃胎的装饰美化[6]，由于玻璃的软化点低，普通的酒精灯就足以使它软化，加入B_2O_3的目的在于降低玻璃胎画珐琅的彩烧温度。康熙晚期使用这种掺加B_2O_3的进口珐琅彩料被试用于瓷胎画珐琅而获成功，于是就出现了含B_2O_3和PbO的珐琅彩瓷。清代粉彩的彩料主要用于美化高温烧成的瓷胎，第二次入炉的烤烧温度也较高，因而不必再在溶剂中掺加B_2O_3。② 以砷为乳浊剂的"玻璃白"主要有三种用途。一是直接作为白颜料使用，例如在山水作品中，玻璃白可以表现雪景和瀑布的艺术效果。二是用于色彩的洗染，与中国画绘制工笔花鸟、人物一样，在勾好线后用玻璃白在花头和人物服饰等部位打一下白底，然后用净颜料在玻璃白上洗染，使之出现明暗深浅的变化，这是玻璃白常用的洗染方法，可以画出人物、花鸟、山水的明暗、深浅等阴阳背向；而且经低温烧成后，玻璃白与色料熔融渗化，使色彩变成粉润俊逸。三是将玻璃白作为调色剂，对粉彩中的绿色、蓝色和红色，添加玻璃白，使之出现乳浊效果，可以形成淡绿色、淡蓝色和粉红色；同时随着玻璃白用量的加大，同一种彩色可以化成深浅不同的色调，形成丰富的色阶变化，从而在五彩的基础上丰富了釉上彩的色调品种。雍正时期的粉彩，大部分颜色都被调入玻璃白，如洋红入玻璃白为宫粉（粉红色），广翠入玻璃白为淡翠（淡蓝色），锡黄入玻璃白为淡黄，净大绿入玻璃白为翡翠，净苦绿入玻璃白为松绿。

其次，我国粉彩吸收了欧洲进口珐琅彩中常用色料及其配制方法。清代粉彩中的不少色料，例如金红、锑黄、砷白以及标准的紫彩等的制造技术都来自欧洲进口珐琅彩。其中，雍正、乾隆粉彩中的金红与康熙进口珐琅彩中的金红一样，呈色似胭脂，用金作为主要着色剂。雍正粉彩中有明显乳浊感的黄彩与康熙进口珐琅彩中的黄彩一样，都用氧化锑作着色剂，色料中除含有锑外，还含有锡。康熙清宫珐琅彩中的紫彩，其主要着色元素为钴、金、铁、锰，显然是用金红和蓝彩调配而成。据测试，晚清时（19世纪中叶），景

① （法）伯德莱著，耿昇译：《清宫洋画家》，济南：山东画报出版社，2002年；又见张临生：《试论清宫画珐琅工艺发展史》，载《故宫季刊》，2008年17卷03期。

② 熊寥：《中国古代制瓷工程技术史》，太原：山西教育出版社，2014年。

德镇粉彩中紫彩的主要着色原料是金、钴、铁、铜,表明这种紫彩是用金红和钴蓝配制而成的,可能还配入少量铜绿。[3] 按照文献记载,景德镇御窑厂起初是使用清宫下拨的国产珐琅料,即唐英《陶冶图说·十七圆琢洋彩》所云"所用颜料与珐琅同"[4]。不久,景德镇也能制造出御窑厂所用的洋彩颜料,即《南窑笔记·彩色》所云"今之洋色则有胭脂红、羌水红,皆用赤金与水晶料配成,价甚贵。其洋绿、洋黄、洋白、翡翠等色,俱人言硝粉、石末、硼砂各项炼就"。[5]

最后,康熙古彩除矾红外,颜色均为平涂,无阴阳深浅之分。粉彩由于采用了砷白玻璃技术,可以通过洗染之法使画面富有立体感。粉彩洗染"调色之法有三:一用芸香油,一用胶水,一用清水。盖油色便于渲染,胶水所调便于拓抹,而清水之色便于堆填也"。[6] 用油染色一般都在玻璃白上进行,具体操作是:先用嫩油(现在景德镇用煤油替代)在玻璃白上涂一遍,使其饱吸一层油,待干;然后用料笔蘸色料敷于画面的深色部,再用洗染笔蘸油(油为樟脑油,使毛笔湿润即可),将颜色由深到浅逐渐洗染,分出明暗和层次关系。当然还可以使用胶水料进行填色。因为胶水料中含有桃胶,在瓷器釉面上具有一定的固着力,在上面覆盖其他的釉料不会被蹭掉。但是使用水调色多用于花朵染色,景德镇的"水点桃花"工艺就是用水料绘制,这样绘制出的桃花颜色娇艳,花瓣有立体感。人物衣纹褶皱也可以使用水料上色,方法是在玻璃白上薄薄平染一层净颜色。粉彩的烧成温度比五彩略低,大致为780℃—830℃。

[3] Ebelmen and M.Solvetat, *Annales de Chimie et de Physique*, Paris:Masson et cie, 1986。转引自张福康:《中国传统低温釉和釉上彩》,《中国陶瓷科学技术成就》,上海:上海科学技术出版社,1985年。

[4] (清)唐英:《陶冶图说·十七 圆琢洋彩》,《浮梁县志·陶政》清道光版。

[5] (清)佚名:《南窑笔记》,善本复印。

[6] 同上。

第一章 雍乾时期粉彩瓷的工艺与特征

第二章

雍乾时期外销粉彩瓷的品类与造型设计

第一节 雍乾时期外销粉彩瓷的品类与品种

在17世纪末和18世纪，中国向欧洲出口了种类繁多的瓷器。这些外销瓷中绝大部分是中国原有的器型，而另一部分是欧洲人的来样订单。欧洲商人通常会带来木样、玻璃、陶器、金属器物造型或者是设计手稿，来中国依样制作成陶瓷成品。而这两种来源的外销瓷可以分为三个品类：第一类，饮食之器；第二类，陈设之器；第三类，其他器物。

一、饮食之器

食器也称食具，是人类在进食过程中所使用的工具。"食"是人类生活中至关重要的一种需求。人类早在原始社会时期就开始使用石制工具。食具是人类文明发展到一定阶段的产物，不仅具有使用价值，还体现出一定的艺术价值。随着人类文明的进步，人们的生活习惯也出现变化，食器的品类随着人类生活的改变而细化，折射出手工艺的历史发展轨迹。从食器的材质、造型、图案等诸多方面看，它都是集社会、经济、人文、科学、生活、民俗于一体的艺术品，是人类文明进步的具体体现。食器的品种分为三种：餐具、酒具、茶具。这三个品种的分类说明了人类需求从初级文明阶段上升到高级文明阶段，由最简单的物质文明需求上升到精神文明需求。

餐具包括鸡心碗、宫碗、高足碗、汤盘、带盖汤碗、高足碗、碟、盆、洗、钵、杯、勺、甜品篮、酱料调味碟、布丁杯、巧克力盘、蛋杯等。18世纪，中国瓷器制作的餐具变得越来越精致，品类也越来越多，因为这时的欧洲讲究餐桌礼仪，需要越来越多品类的餐具去体现优雅的餐桌礼仪。

酒具包括执壶、酒樽、贲巴壶、多穆壶、酒盏、高足杯、潘趣酒碗、长柄勺、大小烧杯等。

茶具包括茶壶、杯、杯碟、压手杯、铃铛杯、杯托、盏、盏托等。

二、陈设之器

陈设品是指装饰空间环境的器物，它可以满足人们的视觉感官以及审美心理的需求，具有装饰功能、实用功能以及特定的文化含义。人类使用的器物经历了从原始器具、简单加工器具到精加工器具这一发展过程，而器物材料也经历了由天然材料如石头、木头等向提炼、加工的复合材料如金属、陶、瓷器等过渡的一个过程。在中国，宋代以前乃至宋初期，器物用具及陈设品都以贵金属"金、银、铜"器为主，而到了宋中期，上到皇亲贵族下至官宦人家皆以"雅"为品位之最，"贵瓷铜，贱金银，尚清雅也"是当时礼仪品位的标准，瓷器用品成为喜爱雅居不爱浮夸展示者的珍视之物。从宋至清，文人士大夫的社交崇尚清流之品，如：琴棋书画、品茶论道、焚香插花、赏鉴古物金石等。这些文人意趣可以视作文人士大夫身份和阶层的象征，也因此而成为影响书斋陈设风格的重要因素。《齐东野语》卷一六《文庄公滑稽》载："外大父文庄章公，自少好雅洁，性滑稽；居一室必汛埽巧饰，陈列琴书。"[1]而这一文人雅士的时尚风潮也随着东西方贸易席卷了

[1]（南宋）周密著、张茂鹏点校：《齐东野语》，北京：中华书局，1983年，卷一六。

欧洲的上流社会。符合中国主流审美的瓷器成为欧洲上流社会追捧的高级装饰品，17、18世纪欧洲上流社会乃至宫廷都流行"瓷室"，他们把重金买入的中国瓷器全部陈设起来，而这些陈设的瓷器有一些是中国的餐具、茶具、文房用品以及陈设装饰品等。到了18世纪，为了满足欧洲人的审美需求，欧洲商人会把欧洲原有的金银器具的设计图样送到中国复制成中国瓷器，以此装饰有品位的房间。这些常见的外销瓷陈设用品有花觚、瓷凳、烛台、壁瓶、羊角瓶、花瓶、瓷塑摆件。

三、其他器物

18世纪是东西方贸易的活跃时期，也是西方社会经济快速发展的时期。西方世界凭借着全球化贸易，完成自身资本积累，使东方世界也享受到了全球化贸易的红利。这一时期东西方的时尚潮流相互影响，贵族等上层社会阶层的时尚品位潮流快速变化，而标榜着贵族阶层身份及品位的瓷器商品也越来越多。"品位"强调的是"商品"的质量和"位"于的社会阶层，从经济学层面上看，高层次者通过高价消费这种方式，能够有效地把自己与低层次者分开。在1899年出版的《有闲阶级论》一书中，经济学家凡勃伦首次提出了"炫耀性消费"（conspicuous consumption）这一概念。凡勃伦认为，要获得并保持尊荣，财富或权力的保有远远不够，还必须能够提供证明，而"炫耀性消费"就是为财富或权力提供证明的消费活动。

在社会学意义上，所谓社会分层"是一种根据获得有价值物的方式来决定人们在社会位置中的群体等级或类属的一种持久模式"。[①] 马克斯·韦伯曾指出社会分层的三个关键维度是财富和收入——经济地位、权力——政治地位、声望——社会地位，[②] 也有学者将韦伯的这三个维度解析为阶级、身份与权力。[③] 从经济发展规律来看，财富的日益增长促使新兴上层阶级兴起，也刺激了新兴上层阶级对奢侈品的需求。

---

① （美）戴维·波普诺著，李强译：《社会学》，北京：中国人民大学出版社，1999年，239页。

② 同上。

③ （美）理查德·谢弗著，刘鹤群等译：《社会学与生活》，北京：世界图书出版公司，2006年，278页。

其他器物可分为两个品种，它们分别是个人卫生器具和个人时尚装饰品。个人卫生器具包括痰盂、夜壶、理发盆等。个人时尚装饰品包括手杖（权杖）、鼻烟壶等。

第二节　雍乾时期外销粉彩瓷的造型设计

一、造型设计的两个体系与来源

外销粉彩瓷的造型设计有两个体系与来源。

第一个来源于国内体系。这些外销瓷器大部分是以中国原有的器型出口到欧洲。早在15世纪，葡萄牙发起的全球海上航线的扩张，使得中国与欧洲国家之间的贸易走向繁荣。16世纪初，中国瓷器是欧洲宫廷所独有的稀有商品。18世纪中叶，中国瓷器大量涌入欧洲。虽然从14世纪开始，东南亚、印度和波斯市场都有专门的瓷器销售，但欧洲市场日益增长的需求促使17世纪和18世纪中国的出口市场大幅扩张。[④]

第二个来源于欧洲体系。16世纪中叶，江西省景德镇的瓷窑开始烧制订制瓷器，尤其是面向葡萄牙市场的瓷器。这是在外销瓷器中所占比例非常少的一小部分。这一部分的瓷器是专门迎合西方人的生活品位而设计生产的，器型来源于西方带来的器物造型或者是设计手稿。这一类订制瓷器通常订购量较小，并通过私人渠道运到欧洲市场。这些物品大多具有功能性，是由西方的金属器、陶器、玻璃器或木头制成的器物复制而来的。随着欧洲市场对这一部分瓷器的需求量的扩大，景德镇的几家窑开始专门生产这类瓷器。[⑤] 到了18世纪中叶，这种类型的瓷器在广州被再装饰的越来越多，因为广州离西方客户比较近。这样，瓷器在欧洲也变得更加普及，价格更低。这一时期的外销瓷为了适应西方市场，造型以及装饰都丰富多样。

葡萄牙是欧洲第一个委托中国仿造西式装饰瓷器的国家，这种瓷器也被称为"第一批瓷器"。西班牙是葡萄牙垄断东方贸易的最

④ Jörg, C.J.A. in collaboration with J. van Campen, *Chinese Ceramics in the Collection of the Rijksmuseum, Amsterdam. The Ming and Qing Dynasties*. London: Philip Wilson Publishers Limited, 1997.

⑤ 同上。

初挑战者，它在阿卡普尔科（Acapulco）和马尼拉（Manila）之间建立了航线。17世纪，荷兰东印度公司第一批向中国订购了更多适合西方实用功能的瓷器器型，如"黄油盘""芥末盘""水果盘"和"盐盘"。18世纪是英国的东印度公司崛起之时，1715年，他们在广州建立了工厂。[①]1720年至1770年，有2500万到3000万件瓷器被进口到英国。[②]由于对华贸易的主导地位，英国瓷器的装饰和器型在整个欧洲被广泛模仿。[③]从1732年到1747年，法国东方化公司（Compagnie Francaise des Indes Orientales）的瓷器进口量从每年的12.3万件增加到86.8万件，尽管这只占其与东方贸易总额的2%—3%。[④]在此期间，奥地利、瑞典和丹麦等其他欧洲国家也参与了对华贸易，只是规模较小。虽然所有的东印度公司都订购各种瓷器，但大多数更专业的贸易是通过超级货物、军官、船员和商人私下进行的。不幸的是，私人贸易的性质导致订单记录不完整甚至没有。然而这些物品对东印度公司的吸引力较小，因为它们价格昂贵，需要特别小心，而且贸易体量较小。一般来说，他们更喜欢那些可以大批量购买的并且在欧洲很受欢迎的标准瓷器。[⑤]这一时期，东印度各公司在中国订购的瓷器数量虽然庞大，但与其他中国商品相比还是较少。

在17世纪末和18世纪，欧洲社会越来越多的人对具有异国情调的奢侈品的需求急剧增加。除了中国瓷器，东印度公司还从世界各地买卖各种其他商品，包括西印度群岛的烟草、糖和朗姆酒。东印度公司从东方特别是中国带回了茶叶、丝绸、漆器、扇子和壁纸。这些产品的时尚助长了"中国风"在西方的兴起。这种消费文化的发展是受到欧洲经济重大变化的推动，这些变化见证了中产阶级的扩张和财富的增加以及前所未有的社会流动性。技术的进步，加上工业农业基础设施和通讯的改善，都促进了经济繁荣和社会变革。这一时期的西方社会消息传递迅速，新闻报道自由、及时，杂志时尚印刷品和消费指南大量涌现于社会。在这些客观条件的推动下，最新的时尚很快便会大范围地被社会群体模

[①] T.Volker, *Porcelain and the Dutch East India Company, as recorded in the Dagh-registers of Batavia castle, those of Hirado and Deshima and other contemporary papers 1602-1682*, Leiden: E.J. Brill, 1954.

[②] Le Corbeiller, *China Trade Porcelain: Patterns of Exchange*, New York: Metropolitan Museum of Art, 1974.

[③] D. F Lunsingh Scheurleer, *Chinese Export Porcelain: Chine de commande*, Dutch: Pitman Publishing, 1974.

[④] 同上。

[⑤] Jörg, C.J.A. in collaboration with J. van Campen, *Chinese Ceramics in the Collection of the Rijksmuseum, Amsterdam. The Ming and Qing Dynasties*. London: Philip Wilson Publishers Limited, 1997.

仿，越来越多的人认为炫耀性消费在身份认同建设中发挥了重要作用。这时的部分订制瓷器是按照欧洲最新的时尚标准设计制作的，它们扩大了欧洲订单范围并且最先感知到当时欧洲社会消费的时尚风潮。这一消费群体需求的多样性也证明了中国瓷器贸易的深远影响以及中国陶工制瓷的高超技艺和非凡适应性。当时的中国瓷器以适于餐饮、家居、个人卫生和时尚配饰的形式渗透到欧洲人日常生活的各个方面。

（一）来自国内体系的造型设计

1753年，分别属于英国、法国、荷兰、丹麦的5艘商船，运回欧洲的中国瓷器大约有100万件；[6]规模较小的瑞典东印度公司从1731年成立到1813年解散的82年间，从广州进口了中国陶瓷5000万件；1729年阿姆斯特丹商会的"科克斯霍恩"号从广州购买了212845件中国陶瓷；1731年"尼鸟利特"号和另外两艘荷兰商船，一共从广州购买了447198件中国陶瓷。[7]这一时期占出口贸易中绝大部分的瓷器是较为常见的盘子、碟子、杯子和瓶子等标准器型。这些标准器型是依照中国人的传统文化、使用习惯以及审美情趣制作的。对欧洲的商人、船长和中间贸易商来说，他们更喜欢这些标准器，因为这些标准器的做工精致、质量上乘，中国的陶工对他们熟悉的瓷器样式制作熟练，画工精良，不会延误工期，也不会出现任何因为对中西方文化理解差异而导致器型和装饰画面产生错误的情况，并且最主要的是这类标准器一旦运回欧洲本土，它们的利润价值更高，会为这趟为期一年的辛苦的旅程带来更多的利润回报。

1. 饮食之器

"官搭民烧"制度在明代后期部分地实行。清代康熙十九年（1680）以后，"官搭民烧"成为固定的制度。[8]由于清代的烧窑制度比起明代来说，对窑户的盘剥要小，特别是雍乾时期的督陶官的行而有效的奖励机制以及管理制度，使得景德镇的瓷业得到了极大发展，也形成了官、民窑互竞的场面，这便促发了民间市场的经

[6] 朱培初：《明清陶瓷与世界文化的交流》，北京：轻工业出版社，1984年。

[7] 同上。

[8] 中国硅酸盐学会：《中国陶瓷史》，北京：文物出版社，2011年。

济活力，从而带动了海外贸易的增长。清代常用的食用之器有盘、碗、杯、碟、壶、盅、盏、瓶、罐、洗、缸、盒等。

盘：清代盘的造型延续了明代的样式，盘的圈足放得较宽，圈足的内外都有釉。盘大多数为折沿，分菱花式口与圆口两类。常见盘的种类名称有葵口盘、大盘、折沿口盘。（图2-1至图2-8）

图2-1　八边形粉彩盘　雍正时期　瓷器　直径：22.9cm　馆藏不详

图2-2　粉彩盘　雍正时期　瓷器　直径：39.2cm　馆藏不详

图2-3　官窑粉彩盘　雍正时期　瓷器　直径：50.5cm　底足直径：28.6cm　阿姆斯特丹国立博物馆藏

图2-4　花口粉彩盘　乾隆时期　瓷器　直径：23.3cm　馆藏不详

图2-5　葵口人物粉彩盘　雍正时期　瓷器　直径：15cm　科恩收藏

图2-6　长八角形珐琅彩深盘　康熙时期　瓷器　高：7cm　长：28cm　宽：22.5cm　科恩收藏

图2-7　粉彩菊花瓣盘　雍正时期　瓷器　尺寸不详　台北故宫博物院藏

图2-8　仕女出游图八边形粉彩盘　雍正时期　瓷器　直径：37cm　高：7cm　景德镇中国瓷器博物馆藏

碗：碗按口型分为敞口与敛口两种。敞口碗，深腹，小圈足。敛口碗是口沿内敛。碗依外形分为高足碗和矮足碗。常见碗的种类名称有敞口碗、盖碗、鸡心碗、墩式碗、葵口碗、折沿碗、笠式碗（犹如倒放着的斗笠）等。（图2-9至图2-33）

图2-9 粉彩盖碗 乾隆时期 瓷器 高：10.5cm 馆藏不详

图2-10 乾隆粉彩碗 乾隆时期 瓷器 直径：19.7cm 馆藏不详

图2-11 乾隆粉彩碗 乾隆时期 瓷器 直径：19.8cm 馆藏不详

图2-12 粉彩碗（青花双圈双行楷书款）雍正时期 瓷器 尺寸不详 浙江省博物馆藏

图2-13 乌金釉粉彩碗 乾隆时期 瓷器 直径：19.5cm 高：9cm 馆藏不详

图2-14 单色釉碗 乾隆时期 瓷器 直径：15cm 高：7.5cm 馆藏不详

图2-15 粉彩碗 乾隆时期 瓷器 直径：30.5cm 高：12.5cm 馆藏不详

图2-16 粉彩碗（底款）雍正时期 瓷器 尺寸不详 重庆中国三峡博物馆藏

图2-17 胭脂红地粉彩花卉纹碗 雍正时期 瓷器 尺寸不详 上海博物馆藏

图2-18 胭脂红雕地粉彩花卉纹碗 乾隆时期 瓷器 尺寸不详 南京博物院藏

图2-19 带耳八边形青花碗 崇德时期 瓷器 直径：9.2cm 高：5.6cm 底足直径：4.4cm 阿姆斯特丹国立博物馆藏

图2-20 青花高足碗 万历时期 瓷器 直径：8.8cm 高：3.7cm 底足直径：4.1cm 阿姆斯特丹国立博物馆藏

图2-21 洒蓝青花碗 乾隆时期 瓷器 直径：15.2cm 高：7.3cm 底足直径：6.3cm 阿姆斯特丹国立博物馆藏

图2-22 青花敞口碗 康熙时期 瓷器 直径：21.5cm 高：7cm 阿姆斯特丹国立博物馆藏

图2-23 五彩碗 康熙时期 瓷器 直径：21cm 高：10cm 底足直径：8.7cm 阿姆斯特丹国立博物馆藏

第二章 雍乾时期外销粉彩瓷的品类与造型设计

杯：杯和碗在唐及唐以前，都是用来饮酒、饮茶的器具。元末明初时期，饮茶方式发生变化，茶叶被放在茶壶里冲泡，茶壶和茶杯才开始有了固定的身份。为了使茶汤保温和固味，壶和杯的体形也越来越小。再者，由于中国人开始掌握了高度酒的酿造方法，曾经酒与茶共杯的情况也发生变化，酒杯较小于茶杯。（图2-24至图2-34）

图2-24　粉彩茶杯　乾隆时期　瓷器　直径：6.8cm　高：3.6cm　底足直径：6.8cm　阿姆斯特丹国立博物馆藏

图2-25　粉彩茶杯　乾隆时期　瓷器　高：3cm　阿姆斯特丹国立博物馆藏

图2-26　八角形青花杯　康熙时期　瓷器　高：4.5cm　阿姆斯特丹国立博物馆藏

图2-27　青花杯　顺治时期　瓷器　直径：4.7cm　高：3.5cm　底足直径：2.1cm　阿姆斯特丹国立博物馆藏

图2-28　粉彩茶杯　乾隆时期　瓷器　直径：6.7cm　馆藏不详

图2-29　粉彩撇口茶杯　乾隆时期　瓷器　高：3.3cm　阿姆斯特丹国立博物馆藏

图2-30　青花花口杯　康熙时期　瓷器　直径：9cm　高：9cm　阿姆斯特丹国立博物馆藏

图2-31　粉彩高足杯　顺治时期　瓷器　直径：12.5cm　高：11cm　底足直径：6cm　台北故宫博物院藏

图2-32　粉彩茶杯　乾隆时期　瓷器　直径：13.3cm　馆藏不详

图2-33　粉彩茶杯　雍正时期　瓷器　直径：7cm　馆藏不详

图2-34　粉彩茶杯　乾隆时期　瓷器　直径：5.7cm　馆藏不详

碟：形状比盘小，是盛器，在中国常用来放干果、点心之类。明清时期，碟子和杯子组成一套，称为杯碟。（图2-35至图2-41）

图2-35 花口粉彩茶杯碟 乾隆时期 瓷器 直径：11.1cm 馆藏不详

图2-36 粉彩茶杯碟 乾隆时期 瓷器 直径：11.1cm 馆藏不详

图2-37 立体造型花口碟 乾隆时期 瓷器 直径：10.2cm 馆藏不详

图2-38 六边形花口碟 乾隆时期 瓷器 直径：16.5cm 馆藏不详

图2-39 珐琅彩杯碟 康熙时期 瓷器 直径：15.5cm 阿姆斯特丹国立博物馆藏

图2-40 椭圆形花口杯碟 乾隆时期 瓷器 尺寸不详 馆藏不详

图2-41 粉彩点心碟 乾隆时期 瓷器 长：13.1cm 馆藏不详

壶：有执壶（酒壶）、茶壶。执壶是以玉壶春瓶为壶身，流贴附在腹上。为了与壶身对称，到了清代，流的设计更长，高度与壶口平行。流嘴向外倾斜，柄与流对称，下端也贴附于腹部，高度与流平行或稍低点。茶壶有圆形壶和方形壶两类。（图2-42至图2-52）

图2-42 青花执壶 永乐时期 瓷器 高：30cm 直径：7.5cm 底足直径：10.9cm 阿姆斯特丹国立博物馆藏

图2-43 青花执壶 永乐时期 瓷器 高：35cm 直径：7.7cm 底足直径：11.4cm 阿姆斯特丹国立博物馆藏

第二章 雍乾时期外销粉彩瓷的品类与造型设计

图2-44 粉彩执壶 雍正时期 瓷器 高：16.9cm 英国国立维多利亚与艾伯特博物馆藏

图2-45 执壶 雍正时期 瓷器 高：32.5cm 英国国立维多利亚与艾伯特博物馆藏

图2-46 青花茶壶 顺治时期 瓷器 高：17cm 馆藏不详

图2-47 五彩茶壶 康熙时期 瓷器 高：14.8cm 英国国立维多利亚与艾伯特博物馆藏

图2-48 粉彩茶壶 雍正时期 瓷器 高：12.1cm 底部直径：15.2cm 私人收藏

图2-49 镶嵌金属附件的白茶壶 崇德时期 瓷器 高：13cm 英国国立维多利亚与艾伯特博物馆藏

图2-50 五彩茶壶 乾隆时期 瓷器 高：13.3cm 私人收藏

图2-51 粉彩茶壶 乾隆时期 瓷器 高：15.2cm 私人收藏

图2-52 粉彩茶壶 乾隆时期 瓷器 高：12.7cm 私人收藏

2.陈设之器

陈设器皿既不像祭祀礼器一样讲究政治制度和宗教意义，亦不像日用器物一样以实用性为主。它作为空间装饰器物，要以人的视觉感官为主，故而在造型上追求奇巧精绝。乾隆年间创烧出许多展示制瓷工艺极致水平的器物，如转心瓶、交泰瓶等。清代的陈设器物主要有花觚、壁瓶、轿瓶以及各类罐和瓷塑等。

瓶：清朝的瓶，形制多变，其中凡是口小腹大的称为瓶，口腹大小相近的称为尊，口大腹小的称为花觚或花插，特别小的花觚称为渣斗。① 雍正时期流行的瓶形有橄榄瓶、象腿瓶、百鹿尊、胆瓶等。而康熙时期较为流行的太白尊、柳叶瓶、菊瓣瓶等，在雍正时期已经绝迹。凤尾尊、棒槌瓶、苹果尊、观音尊、马蹄尊、方瓶等器型在雍正时期都在逐渐减少。到了乾隆时期，小型瓶类中的双联瓶大为发展，还有三联、四联、五联、六联甚至九联等各种式样。此外，有挂在墙壁上的壁瓶及坐轿内挂放的轿瓶。② 由于乾隆时期陶瓷工艺发展已经达到顶峰，巧夺天工的转心瓶、转颈瓶等复杂的瓶式也制作成功。当然，乾隆时期的瓷瓶除了器型多样外，还讲究镂雕和附加堆饰。除了葫芦瓶以外，很多瓶类往往附饰双耳，有螭耳、象耳、鹿耳、羊耳等各种不同的兽耳，其中尤以螭耳为多，特别是在粉彩瓷瓶上，加饰珊瑚红的双耳，装饰效果更强。（图2-53至图2-73）

① 中国硅酸盐学会：《中国陶瓷史》，北京：文物出版社，2011年。

② 同上。

图2-53 粉彩瓶 康熙时期 瓷器 高：46.5cm 直径：5.6cm 底足直径：11.5cm 阿姆斯特丹国立博物馆藏

图2-54 粉彩瓶 雍正时期 瓷器 高：23.7cm 直径：3.1cm 底足直径：6.5cm 阿姆斯特丹国立博物馆藏

图 2-55 粉彩瓶 康熙时期 瓷器 高：48.1cm 直径：12cm 底足直径：11.2cm 阿姆斯特丹国立博物馆藏

图 2-56 粉彩橄榄瓶 雍正时期 瓷器 高：16cm 直径：5.2cm 底足直径：5.1cm 阿姆斯特丹国立博物馆藏

图 2-57 粉彩瓶 乾隆时期 瓷器 高：51.4cm 馆藏不详

图 2-58 粉彩花觚 雍正时期 瓷器 高：41cm 直径：20cm 底足直径：12.7cm 阿姆斯特丹国立博物馆藏

图 2-59 粉彩蒜头瓶 乾隆时期 瓷器 尺寸不详 台北故宫博物院藏

图 2-60 粉彩双耳瓶 乾隆时期 瓷器 尺寸不详 台北故宫博物院藏

图 2-61 玉壶春瓶 雍正时期 瓷器 尺寸不详 景德镇中国瓷器博物馆藏

图 2-62 粉彩仕女图瓶 雍正时期 瓷器 尺寸不详 首都博物馆藏

图 2-63 金地粉彩葫芦瓶 乾隆时期 瓷器 尺寸不详 景德镇中国瓷器博物馆藏

图 2-64 粉彩三联瓶 乾隆时期 瓷器 尺寸不详 首都博物馆藏

图 2-65 粉彩轿瓶 乾隆时期 瓷器 尺寸不详 南京博物院藏

图 2-66 粉彩轿瓶 乾隆时期 瓷器 尺寸不详 南京博物院藏

图 2-67 粉彩轿瓶 乾隆时期 瓷器 尺寸不详 南京博物院藏

图 2-68　祭蓝描金粉彩转心瓶　乾隆时期　瓷器　尺寸不详　台北故宫博物院藏

图 2-69　粉彩蟠桃天球瓶　乾隆时期　瓷器　尺寸不详　台北故宫博物院藏

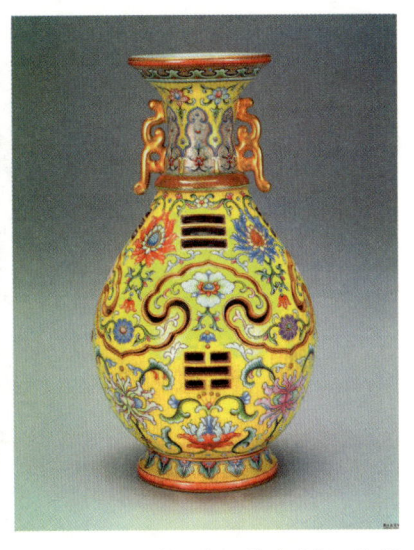

图 2-70　粉彩转心瓶　乾隆时期　瓷器　尺寸不详　台北故宫博物院藏

图 2-71　绿地粉彩八宝纹贲巴瓶　乾隆时期　瓷器　尺寸不详　景德镇中国瓷器博物馆藏

图 2-72　乾隆珐琅彩瓶　乾隆时期　瓷器　尺寸不详　台北故宫博物院藏

图 2-73　粉彩百鹿尊　乾隆时期　瓷器　尺寸不详　南京博物院藏

　　罐：清代瓷器中日用器皿大都沿用历代传统的造型式样，[1]而明代的盘、碗、罐、壶等器型同元代是一样的。[2]罐是元瓷中一种常见的器物，从它的形制看，可以分为两大类：一类是直口、溜肩，

[1] 中国硅酸盐学会：《中国陶瓷史》，北京：文物出版社，2011年。
[2] 同上。

肩以下渐广，至腹部最大处内敛，平底。这类罐一般口径大于足径，也有口径与足径相等的，整个造型显得肥矮。另一类是直口、短颈、溜肩，有的在肩与腹之间贴双兽耳，平底。这类罐一般足径大于口径，整个器型稍显瘦长。罐有盖，盖顶装饰狮钮的居多。这类器型从元代开始就以青花瓷的形式出口到海外，到了清代康雍乾时期，五彩、粉彩的带盖瓷罐出口到了欧洲。（图2-74至图2-79）

图2-74 粉彩久安图双连盖罐 乾隆时期 瓷器 尺寸不详 台北故宫博物院藏

图2-75 粉彩罐 乾隆时期 瓷器 高：81cm 馆藏不详

图2-76 粉彩带盖罐 乾隆时期 瓷器 高：134.5cm 阿姆斯特丹国立博物馆藏

图2-77 粉彩罐 乾隆时期 瓷器 高：64cm 直径：38cm 馆藏不详

图2-78 粉彩罐 乾隆时期 瓷器 高：134.5cm 康德（Conde）伯爵收藏

图2-79 粉彩罐 乾隆时期 瓷器 高：72cm 康德（Conde）伯爵收藏

盒：生活日用品之一，用途广。盒的种类有盛装铜镜用的镜盒，装药的药盒，盛装妇女化妆品用的油盒、粉盒、黛盒、朱盒，而瓷盒更为常见的是盛装各种香料的香盒以及书房所用的印盒等。（图2-80至图2-82）

图2-80　粉彩宝相花腰圆盖盒　乾隆时期　瓷器　尺寸不详　浙江省博物馆藏

图2-81　青花印盒　清代　瓷器　尺寸不详　浙江省博物馆藏

图2-82　青花印盒　清代　瓷器　尺寸不详　浙江省博物馆藏

瓷塑：瓷塑有人像瓷和动物瓷，在景德镇、广州和德化都有出口市场，也有一些是在宜兴制造的。最初的人物多为宗教形象，如观音菩萨、罗汉等，但随着西方人开始购买这些瓷塑，出现了专为西方市场订制的欧洲人物和动物的瓷塑。（图2-83至图2-86）

图2-83　德化白瓷观音　康熙时期　瓷器　高：25.6cm　底座：13.5cm×10cm　阿姆斯特丹国立博物馆藏

图2-84　黄釉瓷塑狗　乾隆时期　瓷器　高：17.5cm　底座：7.7cm×5.5cm　阿姆斯特丹国立博物馆藏

图2-85　珐琅瓷鸡　康熙时期　瓷器　高：18.5cm　底座：12.5cm×6.6cm　阿姆斯特丹国立博物馆藏

图2-86　珐琅瓷塑　乾隆时期　瓷器　高：18cm　长：20cm　阿姆斯特丹国立博物馆

（二）来自欧洲体系的造型设计

外销瓷除了大部分是中国原有的器型，其中还有一小部分是专门为迎合西方人的品位而设计生产的。这一时期占出口贸易绝大部分的是盘子、碟子和其他标准器型，除此之外还包括蛋杯、过滤器、刀柄、布丁模具、勺子、漏斗、鼻烟壶、手杖柄、理发盘和夜壶等。据记载，1700年法国也加入中欧瓷器贸易市场，法国商船"安菲托里脱"号返航时，"运载了以景德镇瓷器为主的华瓷160箱，估计有数万件之多，包括咖啡壶、盛放调味品的盒、花瓶、水罐、各种大小的盘和碟、茶杯、酒杯、理发师用的脸盘等极上等的瓷器。这批数量庞大的瓷器抵达法国后两个月内即销售一空。1703年'安菲托里脱'号再次来到广州，返航时又运载了140箱瓷器。"[①]18世纪30年代至80年代，丹麦也进口了大量中国瓷器。"1734年丹麦商船运回中国陶瓷248箱。1740年丹麦收购了248箱中国瓷器。1741年丹麦商船运回中国陶瓷400箱。1760年丹麦又有3284054件中国瓷器被运回国，其中巧克力饮料杯6008件、咖啡杯149337件、茶杯307318件、白脱盘804件、汤碟10448件、午餐碟29289件、小盘5333件、放酱油或调味料的船型碟321件、午餐具486套、茶具522套、咖啡具28套、牛奶罐748件、茶壶3928件、痰盂117件、各种瓷塑57件。"[②]

1.饮食之器

欧洲人的餐桌礼仪文化是从17世纪开始的。17世纪以前，欧洲平民普遍用手吃饭。直到1610年，叉子才由意大利传入欧洲其他国家。17世纪，欧洲人随身携带一套个人的餐具是一种普遍的习惯。到了18世纪，人们发明了种类繁多的餐具供餐厅使用，这一现象与法国餐饮日益复杂的礼仪相吻合。法国人的用餐风格在17世纪下半叶由路易十四国王的宫廷发展而来，并在18世纪传播到欧洲其他宫廷和社会的富裕阶层。与上一个时代的自助餐或宴会风格不同，当时菜肴通常摆放在餐具柜上，然而法式用餐风格侧重于餐桌。在法式风格餐桌礼仪中，几道菜会同时上桌。[③]这些菜品都

---

① 朱培初：《明清陶瓷与世界文化的交流》，北京：轻工业出版社，1984年，60页。

② 周文姬、陈伟：《西方人眼中的东方陶瓷艺术》，上海：上海教育出版社，2004年，108—109页。

③ 同上。

会覆上桌罩，每个桌罩都固定在桌子上，较大的盘子放在中间，旁边是较小的盘子，通常是对称摆放的。在这一时期，优雅的餐桌装饰、餐桌礼仪和时尚食谱成为越来越多的书籍和时尚指南的主题，这些书籍和时尚指南塑造了雄心勃勃的上流社会人士。④图2-87所展示的是法餐第二道布菜示意图，这张图片首次出版于1769年。

一顿法式大餐通常有三至五道布菜程序，每道程序上着不同种类的食物。传统的法式餐桌则有多达六道布菜程序：第一道先上凉菜，第二道是汤和炖菜，第三道包括精选的烤肉，第四道是肉馅饼和其他糕点，第五道是热的和干的甜点，最后一道是季节性的新鲜水果。⑤威廉·亨德森（William Henderson）1790年出版的《管家老师》（*The Butler's Teacher*）一书中描述了一个英国人的晚餐计划，包括三道布菜程序：第一道菜应该有汤、煮熟的家禽、鱼和水煮肉；第二道菜应包括各种野味、调味菜、馅饼、果冻等；当第三道菜在桌上时，人们认为它更像是甜点，通常只包括水果和各种各样的点心。⑥

客人把每道菜享用完后，仆人们就会把它们撤掉。著名的法国厨师弗朗索瓦·马西阿洛（Francois Massialot）建议每道菜之间休

④ Glanville, Philippa. Hilary Young（eds）.*Elegant Eating : Four Hundred Years of Dining in Style*.Published by V&A Pubs/Harry N Abrams, London, 2002.

⑤ 周文姬、陈伟：《西方人眼中的东方陶瓷艺术》，上海：上海教育出版社，2004年。

⑥ 同④。

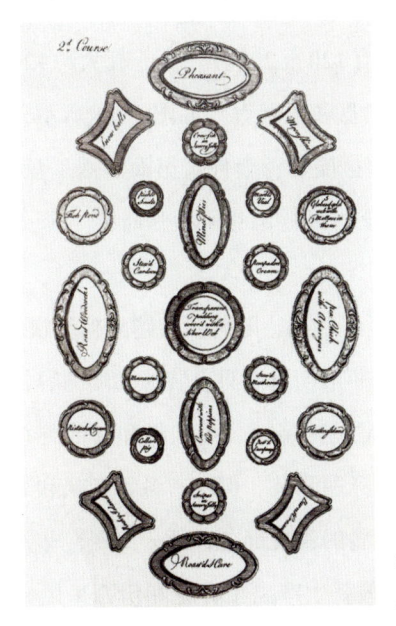

图2-87 法餐第二道菜的布菜图　年代不详　插画　尺寸不详　馆藏不详

① Glanville, Philippa. Hilary Young (eds).*Elegant Eating: Four Hundred Years of Dining in Style*.Published by V&A Pubs/Harry N Abrams, London, 2002.

息不超过15或22分钟。上完菜后，仆人们只需要把面包、调味品、干净的玻璃杯、盘子和刀叉分发出去就行了。在上完甜点后，仆人们全部退下，①客人自行取用离自己最近的菜肴，或者是让旁边的用餐人传递菜肴。在18世纪，不断变化的食物时尚，以及同时出现在餐桌上的菜肴的数量增多，促使了一系列特色饮食之器的生产。除了上面提到的盖碗、平底锅和中心装饰品外，还出现了各种调味品容器。

从17世纪中叶开始，沙拉越来越受欢迎，这刺激了人们对装油、醋的小瓶以及沙拉碗的需求。由于餐饮中增加了食盐、胡椒粉、糖和芥末，以及一系列其他来自世界各地的香料，如肉豆蔻、肉桂、生姜、丁香、豆蔻等，于是，人们又有了对盐碟、调味瓶和香料盒的需求。东印度公司还引进了番茄酱等调味品，这些调味品需要更多品类的容器。仆人们要么把这些调料容器递给客人，要么将之直接放在桌子上。

在18世纪，中国制作的瓷器餐具品类越来越广泛、工艺越来越精致，能适应越来越优雅的食物盛放与就餐方式。荷兰东印度公司档案记载有500至600件服务订单，其中也有超过1000件的订单记录。1767年至1784年，马尼拉加隆群岛登记的订单总数为524项，其中一整套餐具大多有120至200件。而一套大约120件的餐具可能只包括碟、盘子、肉盘和盖碗等。如图2-88所示，这是一套332件餐具的法国纹章粉彩描金瓷套件，里面涵盖了盘、碗、碟、汤盘、带盖汤盘、甜品篮、酱料调味碟、咖啡壶、茶壶、蛋杯等。

香料、调汁器皿：在17世纪后期，随着沙拉越来越受欢迎，调味瓶的生产也越来越多。调味瓶最初可能只有装油和醋的容器，到了18世纪末，调味瓶套装通常包括装糖、芥末粉和其他香料的容器。尽管中国瓷器中不常见调味瓶套装，但也有各种形状和装饰主题的记录。当然，它们不是晚餐的常规部分，而只出现在非常大的就餐场合。在17世纪末，中国就生产出了青花和伊万里风格装饰

图2-88 法国纹章瓷332件餐具套件　乾隆时期　瓷器　尺寸不详　乔治·威尔士收藏

的调料瓶②。比较常用的调味品，如食盐、胡椒粉、糖和芥末，以及一系列其他来自世界各地的香料，如肉豆蔻、肉桂、生姜、丁香、豆蔻等的出现，为盐碟、调味瓶和香料盒（图2-89至图2-98）的创制提供了可能。如此便可以诱使客人添加更多的风味调料。在18世纪，当肉和鱼分别浇上辣酱汁成为一种普遍的习惯时，平底船形调味汁蝶（图2-99）就成为晚餐服务的常用器皿③，还有一种器型的调料汁碟可以用来盛放可蘸取的酱汁、醋或者孜然等调料品（图2-100）。17世纪末，大量的糖从西印度群岛进口到欧洲。糖在当时也是极昂贵的商品，只有富裕家庭才会拥有，而盛放糖的容器是银器或是瓷制器皿，最初是使用盒子、盘子或者其他式样的容器，然而我们发现1699年7月在出售的中欧贸易船Trumball号货

② David Sanctuary Howard. *Chinese Armorial Porcelain*.Scotland:Heraldry Society of Scotland, 1994.

③ Howard E. Gruber.*On the hypothesized relation between giftedness and creativity*.New Directions for Child and Adolescent Development.1982.

图 2-89 贝壳状盐碟 乾隆时期 瓷器 高：4.5cm 长：10cm 宽：8.5cm 乔治·威尔士收藏

图 2-90 六边形盐碟 乾隆时期 瓷器 高：4cm 长：7.5cm 乔治·威尔士收藏

图 2-91 圆口盐碟 乾隆时期 瓷器 高：5.5cm 长：9cm 宽：7cm 乔治·威尔士收藏

图 2-92 伊万里样式盐碟 康熙时期 瓷器 高：5.7cm 直径：8cm 乔治·威尔士收藏

图 2-93 醋油瓶 明朝时期 瓷器 尺寸不详 上海博物馆藏

图 2-94 青花高足盐碟 乾隆时期 瓷器 高：11.5cm 直径：8.6cm 乔治·威尔士收藏

图 2-95 伊万里式样糖罐 清朝时期 瓷器 高：22cm 直径：8.5cm 乔治·威尔士收藏

图 2-96 古彩香料盒 康熙时期 瓷器 高：4.5cm 长：13cm 宽：9.5cm 乔治·威尔士收藏

图 2-97 三叶形粉彩香料盒 雍正时期 瓷器 高：9cm 长：13.5cm 乔治·威尔士收藏

图2-98 古彩香料盒 康熙时期 瓷器 高：8.5cm 长：13cm 宽：9cm 乔治·威尔士收藏

图2-99 粉彩船形调味汁碟 乾隆时期 瓷器 高：5.5cm 长：21.5cm 宽：19cm 乔治·威尔士收藏

图2-100 粉彩蘸汁酱料碟 乾隆时期 瓷器 高：7.5cm 长：19.5cm 宽：12cm 乔治·威尔士收藏

物中有2个带盖的瓷质糖罐（图2-95），1703年至4月在出售的中欧贸易船Dashwood号货物中有6个带盖的瓷质糖罐。[1]香料曾是昂贵的奢侈品，但17至18世纪，香料变得越来越普遍，价格也越来越便宜。因此，在欧洲，香料的需求量很大，香料在饮料和食物中都受欢迎。人们通常在餐桌上用调料器或装有勺子的容器盛装香料，这样客人就可以自己取用了。香料盒有隔间，用来存放不同的香料和调味料，如盐、胡椒和肉豆蔻，以及干芥末、姜、丁香、豆蔻或肉桂。这些盒子的形状是基于欧洲的银器或陶瓷原型而设计的，有许多不同的品种。香料盒子在18世纪有很多不同的名字，包括胡椒盒和盐盒等。随着欧洲市场需求量的扩大，欧洲的船长和商人带着图纸或实物来中国订制瓷器。随着中国制瓷工艺的提高，欧洲人带来的造型品种越来越多，也越来越复杂。尽管这类调料器皿订制很少，但是中国的陶瓷生产者还是运用了最先进的制瓷技术

[1] Howard E. Gruber. *On the hypothesized relation between giftedness and creativity. New Directions for Child and Adolescent Development*, 1982.

和装饰工艺去生产这批瓷器。

带盖汤碗：法国炖菜和肉排在18世纪中叶开始流行，其菜品通常是在带盖汤碗（图2-101）里盛放。1760年左右，动物形状的盖碗受到人们的喜欢，这种制作精美、造型奇特的装饰引起了市场热烈的反响。而此时，中国乾隆时期官窑瓷器也热衷于制作这种仿生瓷。这种影响是相互的，可见市场风向能影响陶瓷品类的生产。特别是乾隆时期，制瓷业已经达到顶峰，求新求变的特异造型是当时行业追求的最高价值。这一类外销仿生瓷的订单在之后20年里继续生产。图2-102的设计原型来自欧洲陶瓷工厂制造的第一

图2-101 粉彩带盖汤碗 乾隆时期 瓷器 高：38cm 上海博物馆藏

图2-102 鸭形汤碗 乾隆时期 瓷器 高：12.5cm 长：16.5cm 宽：10.5cm 里斯本豪尔赫威尔士收藏

图2-103 鞋形汤碗 乾隆时期 瓷器 高：11cm 长：19.5cm 宽：7.5cm 里斯本豪尔赫威尔士收藏

图2-104 鸳鸯形汤碗 乾隆时期 瓷器 尺寸不详 里斯本豪尔赫威尔士收藏

件陶器，后来又被复制到中国瓷器上。这些陶罐里装着各种各样的食物，有时里面装的实物和它们的器型外观是一样的。（图2-103、图2-104）

甜点器皿：甜点是18世纪饮食中的另一个元素，它在这一时期非常盛行，这自然是因为糖和香料的供应。在欧洲人的餐桌上，一道菜可能包括新鲜水果，湿的和干的甜点如果脯、糖杏仁果酱、果冻、蛋奶冻和奶油甜肉，它们都是既有装饰性又非常美味的食物。这些甜品制作起来昂贵而且费力费时，通常用天然染料上色，甚至用金箔加以强化。[1]最精致的甜点包括18世纪后期变得越来越流行的冰沙、咖啡冰、冻蛋奶沙司和冰淇淋等。"甜品"是昂贵的菜品，因为它的颜色鲜艳、装饰考究，所以极具引人入胜的观赏性。因此，在西方国家，甜品是最后一道菜，以确保就餐体验的高潮。在非常隆重的晚宴上，甜点的奇特和奢侈会被餐桌装饰所加强。观赏性通常是有主题的，如田园风光、建筑或花园。威廉·法灵顿（William Farington）描述了1756年由诺福克公爵夫妇（Duke and Duchess）举办的一次晚宴：

> 在吃了一顿丰盛的晚餐后……把甜点比作一个美丽的公园，公园边缘的种植园长满鲜花和灌木，中间区域是一片湖，海豚在其中嬉水，小鹿遍布在公园的表面。无论是冰的、潮湿的、干的甜品，上面都会有美妙的装饰，直到我们去喝咖啡，这些装饰品还留在桌子上。[2]

由于甜点在餐桌上的重要性，其容器的品质便不容忽视。甜点的典型容器，除了各种盘子、碟、篮子以及架子外，还有各种贝壳形盘子。18世纪非常流行贝壳形的盘子（图2-105），欧洲的各大陶瓷厂都有生产。奶油、蛋奶冻和其他湿的甜食可以单独装在小盆或者是带勺子的玻璃杯里面。此外，他们还制作了水果和蔬菜形状的小盖碗，其中包括叶子、瓜、桃、茄子、石榴、葫芦、

[1] Glanville, Philippa. Hilary Young (eds).*Elegant Eating : Four Hundred Years of Dining in Style*.Published by V&A Pubs/Harry N Abrams, London, 2002.

[2] 同上，P161—162。

① Howard E. Gruber.*On the hypothesized relation between giftedness and creativity.New Directions for Child and Adolescent Development*.1982, P266.

佛手瓜等器型。这些盖碗颜色鲜艳、造型有趣，特别适合盛放甜点。巧克力是欧洲甜品中比较受欢迎的一种，现如今还是爱吃甜品的人的最爱，巧克力盘（图2-106）一直受到欧洲人追捧。布丁是英国烹饪的常规食材。"这是由于一种常见的做法，即在壁炉上的大锅里同时煮几道菜，这是直到18世纪才改变的惯例。"①果冻在18世纪变得特别流行并成为甜点桌上的中心装饰品。果冻模具有多种形状，其中一些非常大，可以在餐桌上展示。有时它们被分成两部分。这样内部的核心就形成了果冻的结构，这使得果冻这种甜点有各种颜色和奇特的形状。1782年，伍德福德牧师在与乐卡乡绅共进晚餐后，谈到桌子中间那座非常漂亮的果冻金字塔，这是一种从伦敦带来的新装置。如图2-107所示，这种类型的模具被用于制作许多不同类型的美味布丁或果冻。但是这种小模具是在厨房里使用，用它制作成布丁、果冻之后被端上餐桌供客人们享用。因此，这件实用的瓷器是用中国瓷器制作的，拓宽了中国出口市场的物品范围。在17世纪和18世纪，鸡蛋是欧洲人日常饮食的一部分。一些银蛋杯是按照德国传统水平放置鸡蛋的，这似乎是最早的盛蛋方式。"这种蛋杯是在奥格斯堡（Augsburg）和斯特拉斯堡（Strasbourg）特别制造的，在18世纪的时候，蛋杯也被包括在梳妆和早餐服务中。"②

② 同上，P159。

咖啡壶：咖啡于17世纪中叶传入欧洲，在法国、德国和西班

图2-105　贝壳形糖果盘　雍正时期　瓷器　高：11cm　直径：19.2cm　乔治·威尔士收藏

图2-106　巧克力盘　雍正时期　瓷器　高：8.5cm　直径：23cm　乔治·威尔士收藏

图2-107 布丁模具 乾隆时期 瓷器 高：6cm 直径：10cm 乔治·威尔士收藏

图2-108 蛋杯 乾隆时期 瓷器 高：6cm 长：6cm 宽：4.5cm 乔治·威尔士收藏

牙，咖啡比茶更受欢迎。③在巴黎，它最初被认为是一种药用饮料。第一个咖啡摊于1672年在法国设立。④在英国，饮茶已经成为一种固定的生活习惯，但是咖啡和巧克力对茶的冲击很大。随着咖啡馆的建立，咖啡在伦敦逐渐成为一种时尚，咖啡馆成为人们聚集、读报、辩论、交流新闻和做生意的场所。"伦敦的第一家咖啡馆于1652年开业，到1714年，有近500家持牌咖啡店。"⑤咖啡店广受欢迎，它令不同社会阶层的人聚集在一起，为社会交往创造了一个新的空间。

1659年，托马斯·拉格他说："当时几乎每条街都有土耳其饮料出售，叫咖啡，还有一种叫茶的饮料，还有一种叫巧克力的饮料，这是一种非常爽口的饮料。"⑥新的热饮料在国内社交聚会中扮演了重要的角色。这一时期，咖啡和巧克力消费在欧洲都有显著的增长。这些社会习俗的变化使家庭成为一个更加公共的场所，因此家居装饰作为地位、品位和财富的象征变得更加重要。正如1753年一位绅士在《世界报》（*The World*）上所言：

> 你不要以为，所有这些缤纷的装饰，只是为了满足我妻子的好奇心……它的意思是，作为一种装饰，以最大限度去满足幸福的生活所要展示的那一面。⑦

③ Glanville, Philippa. Hilary Young (eds) *Elegant Eating : Four Hundred Years of Dining in Style*.Published by V&A Pubs/Harry N Abrams, London, 2002.

④ 同上, P110。

⑤ Fuchs, Ronald W. II in collaboration with Howard, D.S.*Made in China. Export Porcelain from the Leo and Doris Hodroff Collection at Winterthur*.Winterthur:University Press of New England, 2005, P42.

⑥ 同上, P701—705。

⑦ 同③, P290。

人们认为瓷器特别适合盛装茶、咖啡和巧克力等新的热饮料，因此需要各种各样的陶瓷器皿。图2-109是一种高挑的梨形咖啡壶，壶柄被设计成一个挺腹的小人，顶部有一个高半圆的盖子，造型设计精巧。咖啡壶的壶身是瓜棱形，由多个面组成，致使装饰画面形成了多个开光。每一个开光都以粉彩绘制了欧洲人物和欧式小花的图案。虽然装饰题材是欧式的，但是开光的装饰方式却是典型的中国风格。

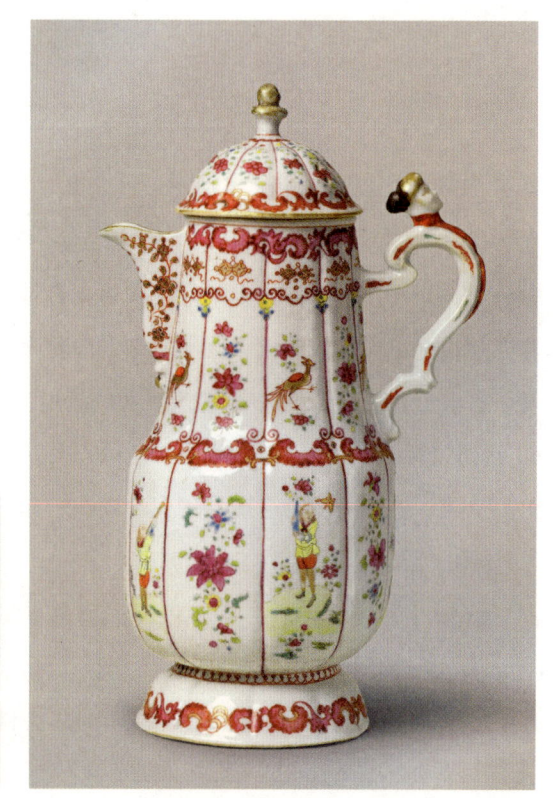

图2-109 咖啡壶 雍正时期 瓷器 高：32cm 长：20cm 宽：11cm 馆藏不详

茶具：在清代，茶具主要由茶壶和茶杯组成，因为西方饮用红茶时会加入牛奶与蔗糖等，所以茶具除了茶壶和茶杯以外，还增加了奶罐和糖罐，这几乎和咖啡具是一样的组合（图2-110）。1722年的《广州日报》刊登过西洋茶具清单（图2-111），包括杯子、碟子各12个，茶壶1个，牛奶杯1个，茶叶罐1个，巧克力杯6个，污水池1个，茶壶托盘1个，匙盘1个，带盖带碟的糖缸1个。

图2-110　蓝色珐琅西式茶具　乾隆时期　瓷器　宽：17.2cm　馆藏不详

```
Cups & saucers  12
                two here illustrated
Teapot  1
                    illustrated above
Milk mug  1
                    illustrated above
Canister [tea caddy]  1
                    illustrated above
Chocolate cups  6
        none illustrated but in the set
Slop basin  1
                        not illustrated
Patty Pann [teapot stand]  1
                    illustrated above
Boat [spoon tray]  1
                    illustrated above
```

图2-111　1722年《广州日报》刊登有关西洋茶具的清单　康熙时期　尺寸不详　馆藏不详

酒具：包含高脚杯、烧杯、漏斗、杜松子酒瓶、潘趣酒碗和长柄勺。图2-112是一对康熙时期的釉上五彩高脚杯。它的原型来自17世纪晚期英国流行的玻璃高脚杯。传统的欧洲高脚杯都是用银、金或其他金属制成的，但在17世纪，欧洲的玻璃工业得到了发展，玻璃非常普及，以至于高脚杯和烧杯都是用玻璃制成的。这种在欧洲流行的器皿也被送来中国复制成瓷器（图2-113），但是数量非常稀少。漏斗也是欧洲社会生活中日常用的器皿。它被用来过滤液体，如药液、葡萄酒之类的。漏斗在使用过程中在上面覆盖一层薄纱，可以使液体过滤得更为干净。中国制作的瓷质漏斗以青花、棕釉居多，釉上彩绘的漏斗很少见（图2-114）。图2-115是一幅17世纪的版画，作者是盖拉尔（F.Guérard）。画面中酒店老板用漏斗把酒倒进酒瓶里，供客人饮用。从17世纪末到18世纪，饮料通常不放在餐桌上，而是放在餐具柜上，服务员可以用托盘为客人提供饮料。饮料喝完后，杯子会被送回清洗或重新斟满。戴维·赫里伯里格（David Herrliberger）的一幅插图描绘的即是当时用餐的情景。在这幅插图（图2-116）中，一个仆人站在餐具柜旁，托盘上放着斟满酒的玻璃杯。不同的场合，就餐方式不一样，酒的供应和消费方式也有很大的不同。"1738年，在与路易十五国王共进晚餐时，路易（Luynes）公爵发现每个人都是杯不离手的，而桌子上放着葡萄酒。"[1]

18世纪欧洲的上层社会聚餐通常都是法式餐桌的陈列，酒水、饮料通常被存放在靠近餐桌的大型冷冻机中。到18世纪中叶，越来越多的小型单瓶葡萄酒冷冻机开始生产。这种冷藏箱可以放在餐桌上，也可以放在非正式场合靠近餐椅的地板上。为了在餐桌上饮酒，一系列其他瓷器酒具被生产出来，包括高脚杯、烧杯和漏斗等。在这一时期，酒类包括葡萄酒和啤酒两种。在北欧社会，大部分人喝啤酒；而在法国、葡萄牙、西班牙和加那利群岛生产的葡萄酒，则被大量出口到英国等其他国家。到17世纪末，大约780万加仑的葡萄酒被销往伦敦。随着白兰地等烈酒以及马德拉（Madeira）和波尔图（Port）等强化葡萄酒在餐桌上越来越受欢迎，银瓶和玻璃瓶等容器应运而生（图2-117）。17世纪后期，欧洲商人从东印度公司引入一种新的酒精饮料。这种酒精饮料在欧洲非常受欢迎，由五种主要成分组成，[2]名称是由印度词或者波斯词"潘趣"而来，意思是"五"。[3]这种酒有多种食谱配方，但通常结合白酒（萨奇烧酒或朗姆酒）或葡萄酒，与水、磨碎的糖、柠檬或酸橙以及肉豆蔻和其他香料混合而成。在18世纪上半叶，贸易的扩张还将杜松子酒、阿拉克酒和朗姆酒等大量烈酒带入欧洲。东印度公司在17世纪末引进了穿孔碗，这一瓷器在欧洲掀起了一场风暴，导致了潘趣酒碗和其他相关物品的生产，如长柄勺和潘趣酒碗，这两件物品（图2-118）是用金属或欧洲和中国的陶瓷制成。从收藏于芬兰国家美术馆的尼尔斯·希尔马克（Nils Schillmark）的油画《潘趣酒碗静物画》（1795—1804）（图2-119）中，我们可以看出酒碗和勺子的使用方式。威廉·霍加斯（William Hogarth）于1732年首次创作的版画《午夜现代对话》（*A Midnight Modern Conversation*）（图2-120），生动地讽刺了潘趣酒的时尚。

---

[1] Howard E. Gruber. *On the hypothesized relation between giftedness and creativity. New Directions for Child and Adolescent Development*. 1982, P22.

[2] Fuchs, Ronald W. II in collaboration with Howard, D.S. *Made in China. Export Porcelain from the Leo and Doris Hodroff Collection at Winterthur*. Winterthur: University Press of New England, 2005.

[3] Glanville, Philippa. Hilary Young (eds). *Elegant Eating: Four Hundred Years of Dining in Style*. Published by V&A Pubs/ Harry N Abrams, London, 2002.

图2-112 五彩高脚杯 康熙时期 瓷器 高：13.5cm 直径：7.5cm 乔治·威尔士收藏

图2-113 大小烧杯 乾隆时期 瓷器 大烧杯：高15.5cm 直径13cm 小烧杯：高11cm 直径8.5cm 私人收藏

图2-114 五彩漏斗 康熙时期 瓷器 高：10.7cm 直径：8.7cm 乔治·威尔士收藏

图2-115 盖拉尔版画 17世纪 版画 尺寸不详 巴黎装饰艺术图书馆藏

图2-116 圣诞夜 戴维·赫里伯里格 18世纪 版画 尺寸不详 苏黎世中央图书馆藏

图2-117 粉彩酒瓶 雍正时期 瓷器 高：29cm 康德收藏

图2-118 粉彩潘趣酒碗和长柄勺 乾隆时期 瓷器 潘趣酒碗：高40.7cm 长柄勺：高4cm 长37cm 宽9.5cm 馆藏不详

图2-119 潘趣酒碗静物画 尼尔期·希尔马克 18—19世纪 油画 高：77cm 长：107.5cm 芬兰国家美术馆藏

第二章 雍乾时期外销粉彩瓷的品类与造型设计

79

图2-120　午夜现代对话　威廉·霍加斯　1732年　版画　尺寸不详　伦敦博物馆藏

2.陈设之器

17世纪末，在欧洲的宫殿和贵族家庭中，将瓷器作为陈设之器已成为一种越来越普遍的时尚。在此期间，大量的中国瓷器如花瓶、罐子和雕像被进口到欧洲，以满足日益增长的家居装饰需求。这也使得欧洲贵族阶层热衷于"瓷室"的创建，他们用大量的瓷器填满壁炉架、橱柜和专门安装的墙壁支架。建筑师兼设计师丹尼尔·马罗（Dahiel Marot）最擅长于巴洛克风格的设计，他在肯辛顿宫（Kensington Palace）的几个房间的设计中展示了瓷器的集中呈现方式。① 《法国公报》指出，在1731年，瓷器是珍品陈列柜和王公贵族公寓中最精美的装饰品之一。但是欧洲社会的这种审美观也发生了改变，比如时尚、年轻的上流社会人群就拒绝这种瓷器的积累，因为他们觉得这样的房间看起来像一个商店，没有时尚品位。很明显，瓷器的展示方式以及所需的类型和形状都在发生变化。欧洲社会对在中国订制特殊瓷器的需求日益增长，这些瓷器不仅被用于装饰房屋，而且还具有实用价值，如：盛放各种形状花朵的容器、灯泡罐和羊角形状的壁袋，瓷砖可以用来装饰地板、墙壁、壁炉以及家具。各种各样的

---

① Mark Hinton And Oliver Impey (eds.).*Kensington Palace and the Porcelain of Queen Mary II*. London: Christie's, 1998.

烛台也是用瓷器制作的，有些烛台包括在餐具中，都是18世纪的新形式。到了17世纪末，蜡烛的使用越来越频繁，因为晚餐的时间越来越晚。这些物品的多样性展示使得人们对瓷器有了更深刻的欣赏。主人可以在房子不同区域以及餐桌上摆上烛台、球茎花盆、瓷塑等，在餐桌旁摆上瓷凳以满足他们展示瓷器的渴望。事实上，这类家居装饰类的瓷器和餐饮瓷器一样，都是社会地位的重要象征。

瓷凳：如图2-121所示，欧洲来样加工的六角形瓷凳，与中国传统的圆鼓瓷凳不同，其造型为中空的六角形，凳子两端设计了外延口，加宽了凳面的接触面积，同时又使凳身纤巧美观。

图2-121　粉彩瓷凳　乾隆时期　瓷器　高：40cm　长：46cm　乔治·威尔士收藏

烛台：烛台是欧洲家庭必不可少的物品。在17至18世纪，人们用各种形状的材料制作各式烛台。金属烛台是由银、银镀金甚至黄金制成的，而它们最初是由木头、锡和黄铜制成的。银烛台最早的使用记录可以追溯到17世纪，但那时是用于房间的照明。到了

① T. Volker, *Porcelain and the Dutch East India Company: As Recorded in the Dagh-Registers of Batavia Castle, Those of Hirado and Deshima and Other Contemporary Papers; 1602-1682*, Leiden:E.J.Brill,1954.

18世纪，其才被作为餐桌时尚。这时候的烛台除了具有明显的功能外，它的工艺、材质和装饰性是最被看重的，因为这些才是品位以及身份地位的象征。1639年，在中欧贸易中，烛台是最早出口欧洲的中国瓷器外销形式之一。① （图2-122至图2-125）

图2-122　粉彩烛台　乾隆时期　瓷器　高：20cm　乔治·威尔士收藏

图2-123　小狗瓷塑烛台　乾隆时期　瓷器　高：17.5cm　长：11.7cm　宽：8.8cm　乔治·威尔士收藏

图2-124　中国伊万里式样烛台　清朝时期　瓷器　高：16cm　温特图尔博物馆藏

图2-125　粉彩猴子瓷塑烛台　乾隆时期　瓷器　高：12cm　康德收藏

　　球茎花盆：房间陈设器物中最重要也最常见的就是花器。除了从中国进口的各类粉彩花瓶和觚以外，还有欧洲造型的花器，后者在欧洲非常普遍。如图2-126所示，这是一种像灯泡罐一样的球形容器，有鼓形的侧面、扁平的背部和一个扁平的可拆卸的盖子，另外还有五个大的圆形开口。

　　瓷塑：瓷塑最早是从中国引进欧洲的，当时有很多欧洲样式的人物和动物被中国加工成瓷塑。这种艺术形式的瓷器一进入欧洲市场就大受欢迎，随后欧洲国家的各个窑场也开始制作这种陶瓷塑像，如迈森瓷塑。直到今天，瓷塑仍是迈森瓷器的贵重艺术品。（图2-127至图2-129）

　　综上所述，这一部分订制瓷器是按照欧洲最新的时尚标准设计制作的。它们不但让人们最先感知到了当时欧洲时尚消费的热点，

图 2-126 粉彩球茎花盆 乾隆时期 瓷器 高：13.5cm 长：21.5cm 宽：12cm 乔治·威尔士收藏

图 2-127 欧洲男女珐琅瓷塑 康熙时期 瓷器 男子高：24.5cm 女子高：22.5cm 康德收藏

图 2-128 鹦鹉瓷塑 乾隆时期 瓷器 高：33cm 康德收藏

图 2-129 欧洲人物瓷塑 康熙时期 瓷器 高：14cm 康德收藏

而且也扩大了欧洲人购买瓷器的订单范围。同时，欧洲人对瓷器需求的多样性也证明了中国瓷器贸易的深远影响以及中国陶工制瓷的高超技艺和非凡适应性。中国瓷器以适于餐饮、家居、个人卫生和时尚配饰的多样呈现，渗透到欧洲人日常生活的各个方面。

3. 其他器皿

18世纪，欧洲社会经济快速发展，同时上层社会的流行时尚也快速发生变化，很多流行商品的出现都是为了满足这些新兴贵族标榜自身地位、品位的需求。由于这个时代的社交活动越来越多，展示社会地位、财富或时尚品位的机会也越来越多，所以一些流行的个人物品常常会出现在公共社交场合。受欧洲最新时尚的启发，中国出口瓷器也制造了各种各样的时尚个人物品，如鼻烟盒、手杖柄、大口水壶、脸盆、剃须盆、痰盂、布尔达卢（女性夜壶），以适应不断变化的欧洲市场。

鼻烟盒：中国制造的陶瓷鼻烟壶在整个18世纪定向出口西方。这种销往欧洲的鼻烟壶与中国本土的鼻烟壶在造型上有所不同，它们都是以1730年流行的梅森（Meissen）鼻烟壶为原型。瓷质的盒子被镶嵌于带有铰链的金属框架里，保证盒子贮藏新鲜烟草的密封性，所以这种鼻烟壶更应该被称为鼻烟盒。（图2-130至图2-132）

图2-130 方形粉彩鼻烟盒 乾隆时期 瓷器 高：3.5cm 长：7.5cm 宽：6cm 里斯本的阿尔梅达基金会收藏

图2-131 贝壳形粉彩鼻烟盒 乾隆时期 瓷器 尺寸不详 里斯本的阿尔梅达基金会收藏

图2-132 圆形粉彩鼻烟盒 乾隆时期 瓷器 直径：7cm 里斯本的阿尔梅达基金会收藏

① Catherine Dike, Guy Bezzaz: *La Canne, objet d'art*. Paris:Éditions de l'Amateur, 1988.

手杖柄：手杖最初在路易十四（1638—1715）的宫廷里流行，被认为是送给过往客人的合适礼物。[①]随后手杖很快成为欧洲社会富裕阶层的流行配件，而手杖柄更能凸显主人的身份和地位。例如，从17世纪末开始，散步成为一种流行的消遣方式，而在公共花园散步时，漂亮的手杖柄就会特别引人注目。手杖柄有各种各样的形状，它们用象牙、鹿角宝石、龟甲、珍珠母贝、银、金、彩绘玻璃以及陶瓷等不同的、通常是奢华的材料制成。在18世纪，欧洲主要的陶瓷工厂都在生产各种不同形式的手杖柄，有些是圆形的，而有些是为了让手杖有很好的受力以及考虑到使用者手握舒适度被设计成弯曲的或是"T"形的。（图2-133）

大口水壶、脸盆：17世纪，由于叉子还没有普及，还需用手抓取食物，所以人们经常在餐厅里用大口水壶和脸盆在用餐前和用餐时洗手。即使用完之后，它们仍然会被留在餐厅作为餐具柜中的陈列品。（图2-134）

剃须盆：16世纪晚期，欧洲开始流行剃须盆，这种器型的图像最早出现于1583年的健康手册的封面上。"剃须盆最早是用木头或金属制成的，后来才在欧洲、中国以及日本烧制成瓷器，在中国还有漆器剃须盆被生产出来。"[②]（图2-135）

[②] Victoria and Albert Museum, inv.nos.M.99-1945 and FE.99-1982 for silver and Chinese lacquer barber's bowls; see Godden, 1979, p.310, no.225 for a japanese porcelain example

图2-133 "T"形粉彩手杖柄　乾隆时期　瓷器　高：7cm　长：11.7cm　宽：3.5cm　馆藏不详

图2-135 剃须盆　雍正时期　瓷器　高：8cm　长：31.2cm　宽：25cm　馆藏不详

图2-134 粉彩大口水壶　乾隆时期　瓷器　壶：高30.5cm 长17cm　宽7.5cm　盆：高7cm　长33cm　宽：25cm　馆藏不详

第二章　雍乾时期外销粉彩瓷的品类与造型设计

85

① Howard E. Gruber.*On the hypothesized relation between giftedness and creativity.New Directions for Child and Adolescent Development*.1982.

痰盂：17世纪末，荷兰人通过他们在巴达维亚（Batavia）的联络处将中国的唾壶（痰盂）引入欧洲。① 在18世纪，"吐痰"一词在葡萄牙语中意为"吐痰的人"，在荷兰的日常生活中，如果在一个女人的地板上吐口水几乎和吐在她的脸上一样，所以必须使用一些小锅碗瓢盆来吐痰。因此无论是东方还是欧洲，咀嚼烟草时一定会用到痰盂。印度公司的私人贸易订单里，痰盂是出口瓷器贸易的常规组成部分。（图2-136）

布尔达卢：夜壶是欧洲几个世纪以来必不可少的家庭用品。其中有一种专门供女性使用的夜壶，名叫布尔达卢。（图2-137）

图2-136　粉彩痰盂　乾隆时期　瓷器　高：8.5cm　长：13.5cm　宽：11cm　馆藏不详

图2-137　粉彩布尔达卢　乾隆时期　瓷器　高：13cm　长：24cm　宽：11cm　乔治·威尔士 收藏

上述这些物品中有许多是男性经常使用的，它们作为时尚配饰被携带或佩戴，例如手杖柄和鼻烟盒是用陶瓷材料精心设计制作而成的。虽然这些瓷器都是在欧洲主要的陶瓷工厂制造的，但也有许多原件被运到中国来进行仿制。购物是18世纪一种特别受欢迎的消遣方式。在艺术和文化领域中，剧院音乐会、博物馆、画廊、辩论社团、舞会和歌剧院之类的消费规模逐渐扩大。随着旅游越来越受欢迎，去水疗中心和海边的人也越来越多。此外，这一时期最显著的发展之一是游乐花园。作为一个受欢迎的公共娱乐场所，有一部分花园于18世纪在伦敦开放。以上这些社交聚会为人们展示像鼻烟盒、手杖柄这样的时尚单品提供了足够的机会。

二、造型设计的思路与方法

(一) 中国传统器物的设计思路与方法

清代的景德镇作为全国瓷器生产的中心地区，汇聚了从全国而来的能工巧匠，因此是制作瓷器质量最高、数量最大、器物造型品种最多的产地。景德镇代表着当时国际制瓷水平的最高峰，因此成为国际瓷器贸易的中心地区。《清异录》载："五代时，贵势以筵具更相尚，至方丈之案不能胜，旁挺二案翼之；参差数百，谓之绰楔台盘。"[②] 可见，桌器成套是从五代时开始的。到明嘉靖、隆庆、万历年间，又再次盛行起来。"桌器"指的是筵席所用器皿，包括餐具、酒具和茶具，是整桌瓷器之意。筵具是指以整套计算，每套筵具是瓷色一致、纹饰相同的完整成套组合系列化的瓷器产品，它包括酒碟、果碟、菜碟、碗盏碟、茶缸、酒盏、渣斗、醋注等。嘉靖三十三年（1554），景德镇烧制桌器1340套，花色各不相同，每套共29件，计有酒碟、果碟、菜碟、碗各5件，盏碟5件，茶盅、酒盘、渣斗、醋注各1件。到了隆庆时期，每套桌器除了29件的以外，还增加了36件、61件的两种。[③] 与此同时的欧洲市场对中国瓷器的热度有增无减，他们购买的大多数瓷器是具有实用功能的餐具、茶具、酒具等。从17世纪下半叶到18世纪的清代前期，欧洲客户已成为中国的主流客户群。由于福建、广东以及江浙沿海抗清力量的存在，顺治及康熙初年开始实行严厉的海禁，但即使在这段时期，民间瓷器的对外贸易也从来没有中断过，它们仍以走私的形式持续存在。据《荷兰东印度公司与瓷器》一书记载，当时和"巴达维亚""马六甲""柔佛"等地的瓷器走私贸易并未间断。康熙十二年（1673）在澳门成交的几只走私船就载有："五百个中国式酒杯、七百四十个茶盘、一桶精美的小茶壶、二桶精美茶杯及一百个茶壶，再有一万个盘、八千个碗及两千个茶盘。再有一舶载九桶茶杯、一万个粗杯及五十个盘。其最后一舶，载有十一桶精美茶杯、一万个盘、八千个碗及两千个茶盘。"[④] 从以上数据中，我们可以看出清初民间走私瓷器的数量庞大，这都是由于欧洲市场对中

[②] 陈雨前：《中国古陶瓷文献校注·上》，长沙：岳麓书社，2015年，372页。

[③] 祝慈寿：《中国古代工业史》，上海：学林出版社，1988年。

[④] T. Volker, *Porcelain and the Dutch East India Company: As Recorded in the Dagh-Registers of Batavia Castle, Those of Hirado and Deshima and Other Contemporary Papers; 1602-1682*, Leiden: E. J.Brill, 1954, P212.

国瓷器的需求不断扩大的原因。景德镇瓷器之所以有如此高的成就及地位，是因为它秉承着中国陶瓷工艺美术的优良传统，造型设计上继承了唐、宋以来的发展脉络，又在此基础上改良、创新，发展出具有时代特色的陶瓷造型产品。中国传统器物造型的构成方式可以归纳概括为四种。

第一种为改变传统的结构比例以产生新造型的样式。

盘、碗、碟、杯是饮食器具中最为常见的器物。盘子的底较浅，比盘子小的容器叫碟，较两者高且深的容器叫碗，比碗小而矮的器物叫做杯。盘、碗、碟、杯的造型延续着几千年来的式样，变化不大，只是在某些朝代里会有使用功能的变化。盘，常见的有撇口圈足盘、直口弧腹短圈足盘、板缘盘、委角方盘、六边形盘、葵瓣口盘、菊花瓣盘、莲花口盘、菱花口盘等。板缘盘口缘向外平移，有圆口和花口两种形式。圆口的一般称为板缘、平板缘或折缘，花口的有菱花瓣、莲花瓣、菊花瓣等。清代的日用器皿大都沿用了历代的传统式样，在外销瓷中，盘较其他器物的数量更多，造型多为折缘。元代的折缘盘以景德镇青花为主，而明代以后增加了釉上五彩，清康熙开始出现釉上粉彩样式。折沿口盘在元代是盘子造型的主流款式，在外销瓷盘中也是最为常见的一种式样，清代官窑粉彩和外销粉彩瓷盘中都有此类造型。由于外销瓷盘讲究边饰，折沿口样式比较凸显边饰纹样。特别到了乾隆年间，外销瓷的边饰越来越复杂，边饰层也讲究多层，最多的边饰竟达到七层之多。（图表2-1）

碗、盘、杯这三种器物从陶器时期到瓷器时期都有烧造，碗的最初阶段的基本器型为大口深腹平底，与"盆"相似，但是尺寸较小。随着制瓷工艺的发展，人们对瓷器在实用上的要求以及审美品位也逐步提高，碗的造型、装饰纹饰都越来越精细。碗在不同时期，使用功能和身份也有变化，例如：唐代时兴煮茶，故不用壶，茶叶煮沸后将茶水倒入碗里饮用，故称"茶碗"。宋代饮茶之碗有专门的名称叫"盏"。随着明朝饮茶方式的改变，饮茶的

图表 2-1　盘的造型示意

名称	敞口盘	撇口盘	直口弧腹圈足盘	折沿口盘
线形图				

名称	高足盘	葵口盘	菱花口盘	菊瓣口盘
线形图		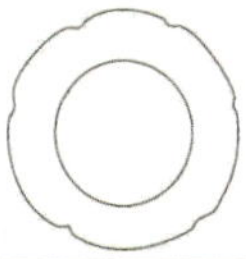	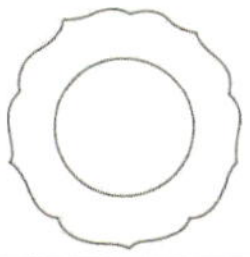	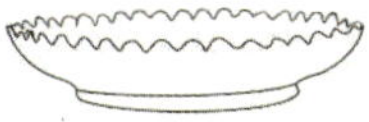

名称	莲花口盘			
线形图	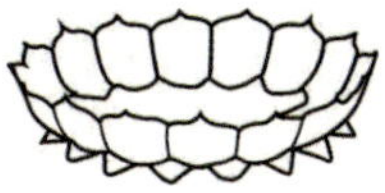			

器物也发生改变，茶壶、茶杯被广泛运用。唐以前的碗，其器型多为直口、平底，施釉不到底，基本无纹饰。唐代的碗器型较多，有直口、撇口、葵口等，口沿突有唇边，多为平底、玉璧底及圈足，底足或圈足内不施釉，装饰手法有刻花、划花、印花。宋代的碗器型多为斗笠式、小圈足、大口沿，口沿的直径是圈足的3倍左右，这是由于宋代美学强调线条以及造型比例夸张之故。宋代瓷碗的釉色多为影青、白、酱、黑等单色，装饰纹样以刻、划、印等手法完成。元代碗形较宋代要高大厚重许多，圈足多为外撇，比宋代器型稳重，装饰多采用青花绘画的手法，蓝白相间，清晰明了。历经唐、宋、元这几代器物的演变与发展，明代的瓷器造型进入了成熟期，碗多鸡心式、墩子式及口沿外向平折式，圈足较为窄细，胎体轻薄，装饰工艺有青花、斗彩、五彩、高温颜色釉、单色釉等。这一时期的瓷器彩绘也由唐代长沙窑的初始阶段进入了成熟阶段。而清代的瓷业是集大成者，康雍乾时期已经进

入中国古代瓷业发展的最高峰,瓷器造型和装饰纹样在这时琳琅满目、各式各样,工艺制作更为精巧细腻,素三彩、五彩、珐琅彩、粉彩等装饰丰富多样。而这一时期也是中国古代瓷器造型的定型期,其影响至今。(图表2-2)

中国古代有两种饮料十分盛行,一种是茶,另一种是酒。唐代饮茶风俗已经全面盛行。据陆羽《茶经》记载,当时的饮茶习俗是煮茶,连同茶末、茶汤一同喝掉。唐代饮茶流程包括茶叶的采制、煮饮、技艺等几个环节,据《茶经》阐述,当时的茶具有28种之多,配套齐全,形制完备。茶瓶和茶碗是当时饮茶的容器,茶瓶也称作"执壶"(图2-138),与酒器执壶相同,所制的茶粉放进瓶中用开水冲泡,然后再倒入茶碗中。宋代的"点茶法"较唐代简略许多,茶粉入盏(茶碗)以开水冲之,茶汤以白为上等,青色次之,黄白下等,因此,盏(茶碗)的造型和颜色就要衬托出茶汤的颜色。建盏的黑釉,形如斗笠,盏口面大,可以容纳更多的汤花,盏

图表2-2 碗的造型示意

名称	敞口盘	撇口盘	直口弧腹圈足盘	折沿口盘
线形图	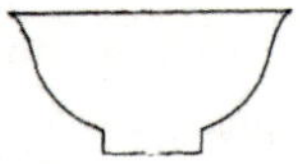	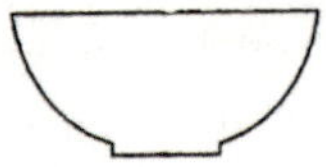	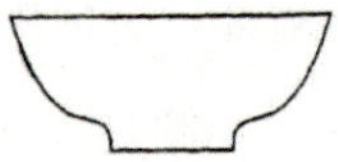	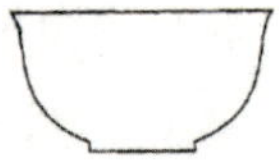
名称	高足盘	葵口盘	菱花口盘	菊瓣口盘
线形图		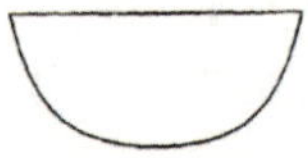	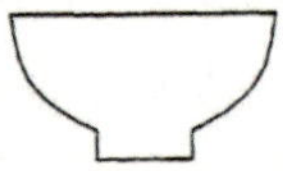	
名称	莲花口盘			
线形图				

壁厚适合茶汤保温，盏口薄贴合唇部便于饮茶。元末明初时期，饮茶方式又发生改变，原来盛开水的茶瓶变成沏茶的茶壶，茶叶放在茶壶里用开水冲泡。茶瓶由于体型太大，存水太多，茶容易冷却，并且不利于茶香的保存，因此将茶瓶变成体小而精致的茶壶，完美地解决了这一问题。

明清时期，茶杯也由原来口径较大的盏变成小口径的茶杯，茶具都是茶壶、茶杯、杯碟成套组合。元之前的茶瓶和杯都兼具酒具的功能，应该说它们是盛装液体的一种容器，而到了明代，茶壶才是泡茶的专用器具，但茶杯依旧兼顾酒杯的功能。元代中后期，蒸馏酒技术传入中国，经过发酵、蒸馏后制成的酒，酒精纯度高达30%以上。随着酿酒技术的进步，酒的度数也越来越高，酒具也逐渐演变得精而小。特别是明清时期，酒精纯度越高的酒被认为是越好的酒，因此，喝酒的酒杯也变小了，以细小的高足杯为主。（图表2-3）

图2-138 茶瓶 唐朝时期 瓷器 尺寸不详 馆藏不详

在中国古代器皿在发展过程中，造型样式会有较强的延续性，其发展演变多是在原样式基础上的变异，通过造型的比例变化和外轮廓线条的变化而产生新样式，这一特点从古代一直延续至今。盘、碗、杯的造型构成很相似，口沿分为圆口、花口，外轮廓横向线分为圆形、方形和多边形，外轮廓纵向线分为矮圈足、高足等。以上几种构成形式加入折线、棱角和曲线的变化，又会衍生出很多不同的样式。

第二种为增加器皿的附件。

附件在器物造型构成中既有实用功能，也有装饰、美化功能，是造型结构的重要组成部分。玉壶春瓶是一种盛酒的容器，其呈现的细颈、鼓腹的特点也便于存储更多容量的酒。随着中国对高度酒酿造技术的成熟掌握，盛酒容器也随之发生改变，盛酒的瓶和杯在逐渐变小，形成随喝随添的喝酒方式。玉壶春瓶最早被用来当作盛酒器，在使用过程中，因为功能需求，在增加了"流""盖""把"附件之后，进一步完善了实用功能。（图2-139）

图表2-3　杯的造型示意

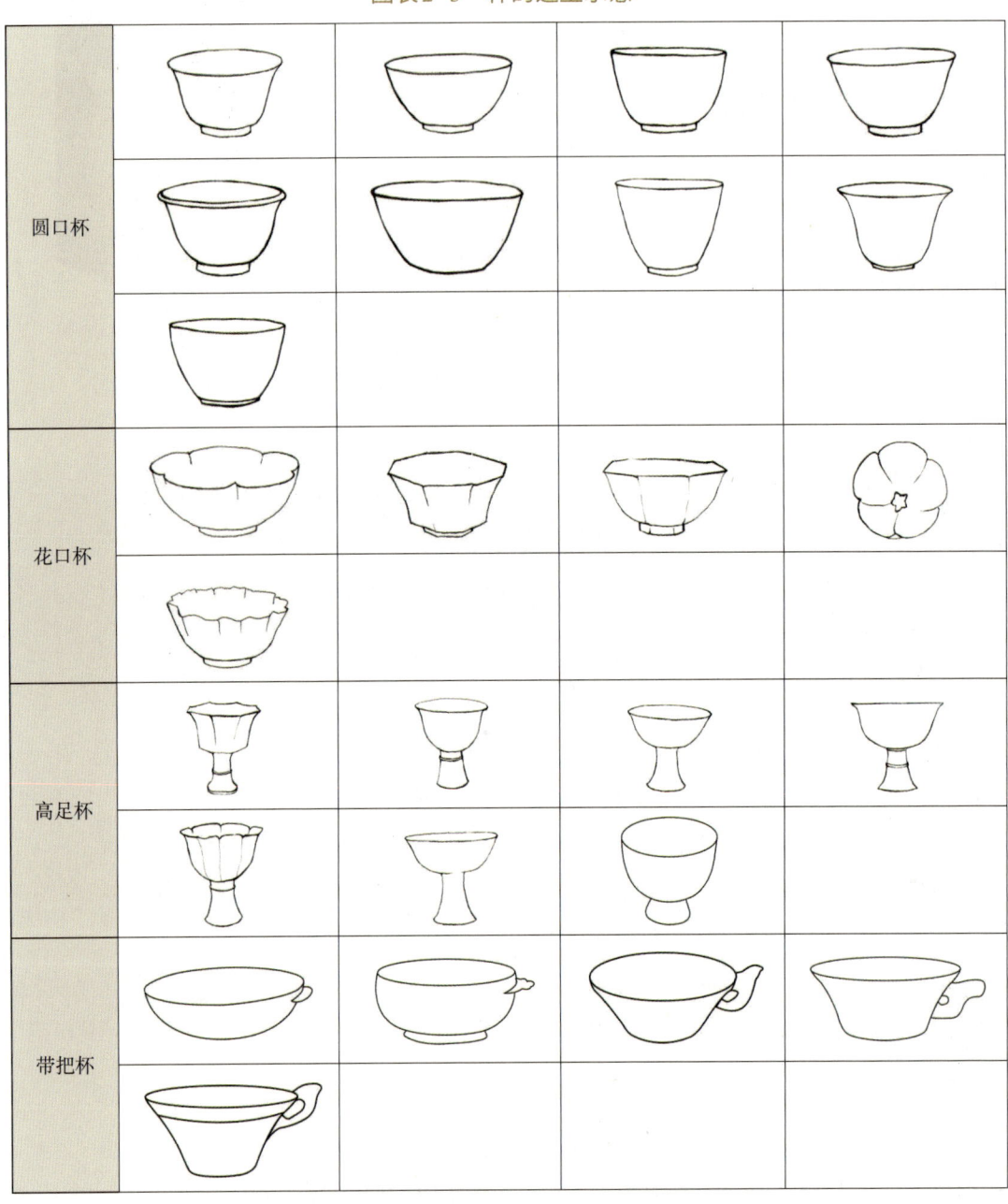

类型				
圆口杯				
花口杯				
高足杯				
带把杯				

18世纪，欧洲客户来中国订制欧洲器型和装饰的订单持续增多。他们除了让中国制瓷工匠们依据欧洲商人带来的各种木样、锡制和陶器的原型作品，结合绘画和版画来制作瓷器以外，另一种方式就是进口中国的瓷器成品，并在此基础上镶嵌金属附件，以改变

其原有功能（图2-140）。根据记载，从14世纪晚期开始，欧洲人就开始为进口的器物镶嵌金属附件，那时主要是在一些外来的珍宝上增加金银附件以突出它们的珍贵和美，例如，添加鹦鹉螺、水晶、鸵鸟蛋和象牙等。加工过的作品都会被展示在珍宝阁里，那里保存着最为珍贵的藏品。[①]16世纪晚期是中欧贸易的初始阶段，中国的瓷器随着贸易远渡重洋来到欧洲，被皇室或贵族收藏并进行展示。直到17世纪早期，荷兰人开始加大对中贸易，大量的中国陶瓷才进入欧洲市场。欧洲贵族家庭把中国瓷器布置在房间的墙壁上、壁炉

① 柯玫瑰、孟露夏著：《中国外销瓷》，上海：上海书画出版社，2014年。

图2-139　青花执壶　永乐时期　瓷器　高：30cm　直径：7.5cm　底足直径：10.9cm　阿姆斯特丹国立博物馆藏

图2-140　清代花瓶　清朝时期　瓷器　高：19.5cm　金属附件高：28cm　阿姆斯特丹国立博物馆藏

上和壁龛中，这成为当时的最新时尚。用贵金属镶嵌瓷器的这种做法也是在这样一种社会文化背景下产生并一直延续到19世纪的。

盖、钮、耳、把、流、足等附件是影响器物造型的重要组成部分，人们的视线非常容易集中在这些部位，因此它们所处的位置以及各自的形态、拼接安装方法都会直接改变器物的整体形态。有时，为了强调器物的装饰效果，人们会夸张钮、耳这样的小体积部位。（图2-141、图2-142）

图2-141 戟耳瓶 康熙时期 瓷器 高：22.6cm 阿姆斯特丹国立博物馆藏

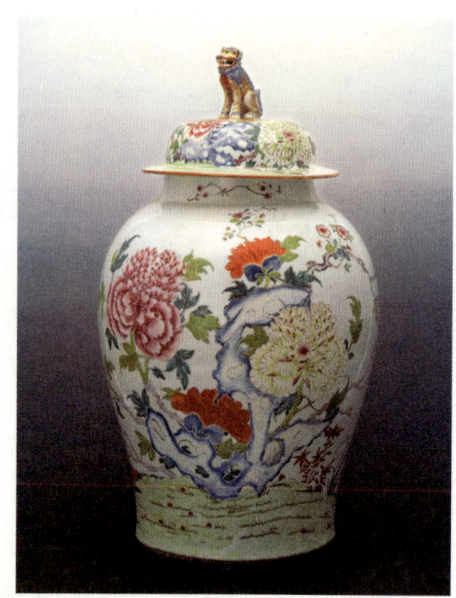

图2-142 狮子钮粉彩罐 乾隆时期 瓷器 高：64cm 馆藏不详

第三种为器皿的组合拼接。

组合拼接是把两种或两种以上的器皿拼接组合成一种全新的造型样式。这种组合方式又分两种情况：一种是相同造型的两种或多种器皿进行组合拼接，另一种是不同造型的两种或多种器皿进行组合拼接。这两种组合方式都可以通过变换位置、方向以及连接方式等手法达成，组合方式灵活多变，如多联瓶、多联罐、葫芦瓶、欧洲的巧克力盘等都用了这种组合方式。

1. 相同造型组合拼接为新的器型

由两个或多个相同的器皿呈横向线复制排列而成，它们每一个单体相连的部分都会有因重合而导致的缺失部分，如青花四连瓶（图2-143）、珐琅彩龙凤纹双联盖瓶（图2-144）等。

2. 不同造型组合拼接形成新的器型

有些器皿造型为两种不同器皿组合而成，成功组合后会产生全新的功能和造型，如葫芦瓶（图2-145）是由玉壶春瓶和罐子两种器物造型以上下组合的方式构成，欧洲的巧克力盘（图2-146）是由花口杯和托盘以上下组合的方式构成。

图2-143 青花四连瓶　乾隆时期　瓷器　尺寸不详　上海博物馆藏

图2-144 珐琅彩龙凤纹双联盖瓶　乾隆时期　瓷器　尺寸不详　上海博物馆藏

图2-145　青花葫芦瓶　崇德时期　瓷器　高：32.5cm　阿姆斯特丹国立博物馆藏

图2-146　粉彩巧克力托盘　雍正时期　瓷器　高：8cm　直径：23cm　乔治·威尔士收藏

① (英) L·B·贝林格、(英) T·弗洛曼著，李砚祖译：《设计构思与造型的本源》，载《南京艺术学院学报(美术与设计)》，1985年，59页。

第四种为模仿与创造。

"只有人类能从自然界汲取信息和美的灵感。起初，人类从自然中汲取的美感一般都是直观的。当人类从原始状态中摆脱出来的时候，就具有了将形、色彩、动感、韵律作为造型能力的意识。造型是直观的，同时又是作为有意识地自我表现的手段而发展起来的。文明人类对自然形态加以解释、表现并与所采用的素材和配置的场所相适应，有时显得偏重于写实，有时则表现出高度的程式化。"① 这段话揭示了自然界的花草树木、动物、贝壳等一切自然元素都是设计（造型和装饰）的素材，设计就是由对自然物从认知、模仿到创造的活动过程。

人类制陶就是从模仿自然万物开始的，由模仿借鉴自然万物构成器物造型样式，这是传统的设计思路，并且延续至每个时代。之后，人类又通过对长期的实践活动的研究和总结，摆脱所模仿对象的形象限制，逐渐形成一套以线、形、空间、色彩、质感以及均衡、韵律、对比等为基础的设计的基本原理体系，它成为我们现代设计的基石。而今天，一些创造性的设计又回到了伟大的历史传统，以对自然万物进行缜密的研究为基础，不断深化其文化内涵。因此，仿和造看似矛盾，但却是层次递进的关系。

1. 具象模仿

所谓具象模仿指的是对自然物的外观特征进行力求形象逼真的模仿。"最早的陶器显然是模仿其他材料所做成的习见器物——如篮子、葫芦和皮袋的形状，后来才发展成具有自身特点的器皿。"[②] 模仿是最为简单便捷的一种行为。经过长期的模仿，人们逐渐摆脱以模仿为来源的束缚，在更新制作材料的同时，也更新了器物样式，从而使陶器造型样式设计不断衍生发展。有研究者对中国古代陶瓷的仿生造型进行过分析："各时期仿生造型的模仿对象主要变化轨迹，可以总结为模拟多种形态的新石器陶器、仿青铜器为主的商周至两汉陶器、模拟动物形态为主的魏晋南北朝陶瓷、模拟植物形态为主的唐宋陶瓷和模拟植物和人为事物形态为主的元明清陶瓷，上述基本上可以概括整个中国古代器皿模仿对象发展变化的主要脉络。"[③] 乾隆时期的书式金钟笼（图2-147）是景德镇御窑厂为皇帝解闷讨其欢心，而用粉彩装饰工艺制作出来的一件颇有创意的瓷器工艺品。其外观犹如锦缎包装的线装本书籍。书籍上放置了一枚印章和一个圆形印泥盒。但其实这是一个养虫子的笼子，笼子为长方形。印盒里面有樱桃、花生等一些"食物"，印章下有一卧槽与中空的笼体相通，可以在此处给虫儿投食。这是一件巧夺天工的粉彩仿生瓷，它既可作为一件书房陈设用品，又具有笼子的实用功能。乾隆年间，像这样的仿生瓷很多，它们都得力于设计者丰富的想象力和高超的制瓷工艺。

外销瓷中模仿自然万物的形象所设计的器皿的种类和数量都非常多，主要有模仿动物（图2-148至图2-150）、禽类（图2-151、

② 中国硅酸盐学会：《中国陶瓷史》，北京：文物出版社，1982年，36页。

③ 彭莉：《中国传统陶瓷仿生造型的特征研究》，中国优秀硕博论文库，2007年，5—10页。转引自高纪洋：《中国古代器皿造型样式研究》，苏州大学博士论文，2012年，194页。

图2-152)、果蔬（图2-153、图2-154）、人物（图2-155）等。这些器物兼具艺术品和实用器两种属性，有着很高的审美价值。仿生瓷的制作工艺复杂，制作时间长并且造型成型不稳定，因此价格也非常高昂。这一部分外销瓷只是出现在私人订单上，而不属于东印度公司的采购贸易范畴内。一般是欧洲的一些贵族或上流社会的家族才会委托船长来中国订制此类的瓷器，作为高级宴会上或一些社交礼仪场所中值得夸耀的奢侈品餐具。它们除了具有实用价值外，往往还被赋予了一种社会阶层等级的含义。

图2-147 书式金钟笼 乾隆时期 瓷器 高：14cm 长：20.5cm 宽：11.7cm 故宫博物院藏

图2-148 老虎水壶 万历时期 瓷器 高：20.5cm 美国皮博迪·埃塞克斯博物馆藏

图2-149 鲤鱼汤盆 乾隆时期 瓷器 宽：45.5cm 美国皮博迪·埃塞克斯博物馆藏

图2-150 叶子形状的珐琅彩盒子 康熙时期 瓷器 高：7cm 宽：3cm 美国皮博迪·埃塞克斯博物馆藏

图2-151 长颈鹅汤盆 乾隆时期 瓷器 高：40.6cm 美国皮博迪·埃塞克斯博物馆藏

图 2-152 鸡形水壶 康熙时期 瓷器 高：14cm
宽：15.2cm 美国皮博迪·埃塞克斯博物馆藏

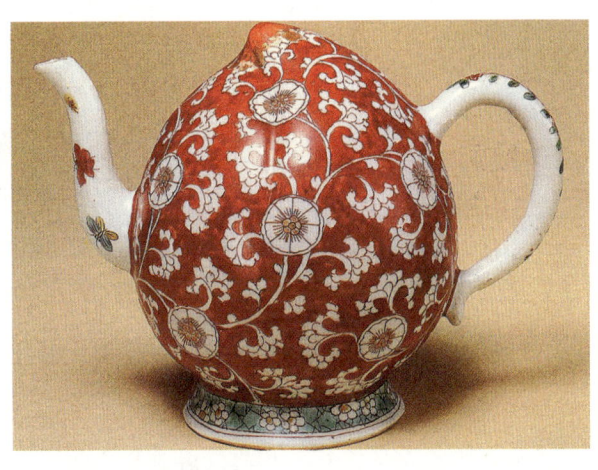

图 2-153 桃形五彩茶壶 康熙时期 瓷器 高：15.2cm
美国皮博迪·埃塞克斯博物馆藏

图 2-154 百花香瓷罐 康熙时期 瓷器 高：28cm
宽：20cm 美国皮博迪·埃塞克斯博物馆藏

图 2-155 珐琅彩人物烛台 康熙时期 瓷器 高：31cm
宽：13.5cm 美国皮博迪·埃塞克斯博物馆藏

2. 意象模仿

　　意象模仿的对象还是自然万物，只是人们在模仿的过程，对形象施以变形处理。因此，所得器皿与自然物不是十分相似，但又具有自然物的部分特征，保留了原自然物大致的神韵或给人的视觉感受。意象模仿是模仿方式中的更高级别，是具象模仿向高层次发展的阶段。这种创作方式可以以一个自然物为原型衍生出多个造型样式。图2-156是五彩瓜棱壶，壶身呈现一条条棱，每条棱上都被装饰了不同的花卉和鸡的图案，设计师在造型中只节选了瓜棱的特征，而不是一只瓜完整的外观形象。

（二）外来样式的仿样设计

16世纪晚期，欧洲开始流行剃须盆，这种盆的外观造型是根据其使用功能设计的。盆凹的部分在边缘上，适合人们搁置下巴，以方便清洗出来的泡沫流向碗底。后来又发现在边缘还可以搁置肥皂。陶瓷剃须盆的边缘有两个洞，这使盆可以绑在人的脖子上使用或挂在墙上存放，同时也表明这些盆挂在墙上即可以成为供人欣赏的装饰品。一些中国产的陶瓷剃须盆甚至被要求配上家族的纹章。在当时，它也成为理发店里最基本的工具，18世纪的一位法国导游将锡或瓷器胡须盆列为"最重要的装备之一"。[①] 这些盆可以在丹尼斯·狄德罗（Denis Diderot）于1762至1772年出版的一本书中看到。（图2-157）

① Fuchs, Ronald W. II in collaboration with Howard, D.S. *Made in China. Export Porcelain from the Leo and Doris Hodroff Collection at Winterthur*. Winterthur: University Press of New England, 2005, P155.

图2-156　五彩瓜棱壶　康熙时期　瓷器　高：8.9cm　馆藏不详

在18世纪，剃须的盆除了用于剃须之外，还有可能有其他用途，理发师甚至可以用它做牙科小手术。放血疗法在当时是一种治疗各种疾病的常用方法，这种盆恰好可以配合使用，因为在手术中，人的手臂可以在边缘的凹处放置。②

剃须盆甚至可以作为在船上工作的人的医疗设备。詹·布兰德斯（Jan Brandes）是一名在巴达维亚、锡兰和南非的荷兰旅行者，他记录了荷兰东印度号Stavenisse轮船上一名外科医生舱内摆设的家具与医疗器具，其中舱壁上就挂着一件剃须盆（图2-158）。

目前已知的第一批中国产陶瓷剃须盆是"1639年由荷兰征订的，当时40个剃须盆在荷兰船布雷达（Breda）的提货单上记录了下来"③。"1669年，巴达维亚的药店订购了50个粗糙的陶瓷剃须盆。"④在1730年至1790年的60年间，东印度公司向荷兰运送了6438个圆形剃须盆和3272个椭圆形剃须盆。⑤

从图2-159中可以看出，这个剃须盆有一个深凹下去的底、圈足、外翻宽边、折边口沿。折边的设计是为了阻止水外溢；宽边的

② http://collections.vam.ac.uk/item/O78658/shaving-bowl-hitchman-james/accessed;13/06/2013

③ T. Volker, *Porcelain and the Dutch East India Company: As Recorded in the Dagh-Registers of Batavia Castle, Those of Hirado and Deshima and Other Contemporary Papers ; 1602-1682*, Leiden: E.J.Brill, 1954, P45.

④ 同上, P156。

⑤ Jörg, C.J.A. *Porcelain and the Dutch China trade*. Martinus Nijhoff:The Hague, 1982.

图2-157　丹尼斯·狄德罗书影　18世纪　尺寸不详　温特图尔图书馆藏

图2-158　詹·布兰德斯　插画　18世纪　尺寸不详　阿姆斯特丹国立博物馆藏

第二章　雍乾时期外销粉彩瓷的品类与造型设计

101

图2-159　剃须盆　雍正时期　瓷器　高：8cm　长：31.2cm　宽：25cm　布鲁塞尔皇家艺术与历史博物馆藏

设计是为了使用方便，边上可以放肥皂等物件。盆子的装饰体现了中国风格，画面描绘的应该是三星下棋的故事。它的边缘装饰着五朵大菊花以及牡丹和山茶花，地面上点缀着一排排的梅花和树叶。碗的背面用矾红绘缠枝牡丹，底足没有施釉。

夜壶是欧洲几个世纪以来必不可少的家庭用品。它与中国的"虎子"（夜壶）造型不一样，更像中国近现代社会使用的痰盂。图2-160是一个圆球状的夜壶，边缘呈陡坡外翻，上唇突出，柄为"S"形，矮足。圆形盖子上有一个球形把手。器身用粉彩描绘了牡丹等花卉。手柄被设计成如意的造型。夜壶的内部、底足和盖子底面均施釉，但没有装饰。夜壶的形状和材质多种多样，既有欧洲陶瓷和银器，也有中国瓷器。中国的陶瓷圆形夜壶有各种题材的图案和丰富的色彩装饰。

荷兰东印度公司在1771年之前经常订购圆形的夜壶，而椭圆形的夜壶则是早期才购买的。① 还有一种更小的在中国订制完成的夜壶，这种小尺寸的夜壶被欧洲人当成唾壶来使用。

另外，有一种专门供女性使用的夜壶，名叫布尔达卢。这种夜壶的名称是以一位名叫路易斯·布尔达卢（Louis Bourdaloue）的耶稣会牧师命名的，他是路易十四宫廷里著名的演说家和传教士（图2-161）。② 据说，在他的长篇布道中，女士们不得不随

---

① Jörg, C.J.A. *Porcelain and the Dutch China trade*. Martinus Nijhoff:The Hague, 1982.

② Fuchs, Ronald W. II in collaboration with Howard, D.S. *Made in China. Export Porcelain from the Leo and Doris Hodroff Collection at Winterthur*.Winterthur:University Press of New England, 2005.

身携带这些器皿，以备不时之需。这是一种椭圆形的夜壶（图2-162），尺寸较小的有弯曲的手柄和平底，略微圆顶的盖子有一个球形的顶端。它被彩釉珐琅装饰在粉彩玫瑰色调色板上，画面呈现的是一只鸟坐在从岩石中伸出的树枝上，两侧环绕着盛开的牡丹。盖子和布尔达卢的内部已经上了釉，但没有装饰，而底座则没有上釉。

18世纪，欧洲有身份地位的男性经常携带手杖出门，装饰华丽的陶瓷手杖柄是其身份的象征。常见的手杖柄的造型有四种，

图2-160　夜壶　乾隆时期　瓷器　高：15cm　长：22cm　宽：18.5cm　馆藏不详

图2-161　路易斯·布尔达卢的肖像　17—18世纪　雕刻　尺寸不详　法国国家图书馆藏

图2-162　粉彩花卉型夜壶　乾隆时期　瓷器　长26.5cm　高11cm　宽9.5cm　罗博迈克尔拍卖行收藏

如图表2-4。

图表中的图2-163是一个清朝乾隆时期由中国生产的釉上粉彩装饰的手杖柄，高6厘米，长12厘米。手杖柄被设计成一个欧洲人头的形状。这个人戴着一顶帽子，帽子顶端往下弯。这种造型设计是为了让使用者有更好的手握体验。里斯本收藏有一个相似的手杖柄，博德莱（Beurdeley）认为这是从迈森（Meissen）的瓷质手杖柄复制而来的，而迈森瓷质手杖柄是根据意大利即兴喜剧的一个演员的头像制作而成的。[①]

图2-164是一个1735年到1745年间的法国圣克劳德（Saint-Cloud）瓷厂生产的"F"形的软质瓷手杖柄。它被当作制作模型送来景德镇订制加工成瓷器。这个手杖柄被设计成张开嘴的鱼或海豚，这种原型的图片或者实物被送来中国，中国陶工据此开发设计了具有本民族装饰风格的瓷质手杖。中国陶工用怪物面具代替了鱼，这种怪物造型和我国的图腾文化中的面具相似，可能中国人对原型中鱼的理解，就是一种图腾，因此才会有这样的设计产生。图2-165中这个"F"形的陶瓷手杖柄，有凸起的环和一个成型的怪兽面具底座，由金属支架连接到一根长木棍上。手柄上装饰由橘色、铁红、黄色、青绿色、蓝色、棕色和金色等绘制的釉上粉彩，怪兽面具底座是用橙色和矾红绘制的。手杖柄绘制着荷花和璎珞纹，璎珞纹从手柄顶端向下延伸。手柄底部装饰有一朵粉色和绿色的莲花。中国陶工运用了当时最时尚的瓷器装饰方式——粉彩对其进行装饰。布鲁塞尔（Brussels）的皇家艺术与历史博物馆（Royal Museums of Art and History）里有一个与之几乎一模一样的手杖柄。[②]另一个在米德尔堡（Middelburg）的齐乌博物馆（Zeeuws Museum）。[③]其中一件作品被收录在1982年的"陶瓷之路"展览中。[④]

另一种"T"形的手杖柄，如图2-166，两端和底部饰有环形浮雕，并以粉彩描金装饰。手柄的画面中心绘制有两只蝴蝶和盛开的牡丹花等，手柄两端装饰着用矾红绘制的花头并且用金色描边。

---

① Michel Beurdeley: *Chinese Erotic Art*. New York: Chartwell Books. 1969.

② Howard E. Gruber. *On the hypothesized relation between giftedness and creativity. New Directions for Child and Adolescent Development*. 1982.

③ D. F. Lunsingh Scheurleer: *Chinese export porcelain: chine de commande*. London: Faber and Faber Ltd., 1974.

④ Fuchs, Ronald W. II in collaboration with Howard, D.S. *Made in China. Export Porcelain from the Leo and Doris Hodroff Collection at Winterthur*. Winterthur: University Press of New England, 2005.

图表2-4　手杖柄造型

编号	形状	图号	图片	时间、尺寸及来源
1	人像形	图2-163		釉上粉彩装饰 清·乾隆时期 高6cm，长12cm Casa Museum da Fundacao Medeirose Almeida藏
2	"F"形	图2-164		法国圣克劳德瓷厂生产 1735-1745 纽约大都会艺术博物馆藏
3	"F"形	图2-165		釉上粉彩描金装饰 清·乾隆时期 高17.5cm 长12cm
4	"T"形	图2-166		釉上粉彩描金装饰 清·乾隆时期 高7cm 长11.7cm 宽3.5cm
5	圆形	图2-167		釉上粉彩装饰 清·乾隆时期 高3cm 直径3cm

"T"字部分的末端都用了矾红和蓝彩绘制色带。"T"形设计让使用者在使用过程中,手握感更强,对地面的支撑也更稳定。"F"形和"T"形的手杖柄已成为现代手杖柄的常用造型。

圆形的手杖柄造型更为纤巧、秀气。它与皇室权杖的造型十分相似,装饰意味浓厚。图2-167是在中国订制的粉彩瓷柄,从造型和装饰上都显示出它的精美。富贵牡丹以及螺旋纹的运用都是典型的中国风格纹饰。虽然这件瓷制的手杖柄具体年份不明确,但是依据当时中国风格风靡欧洲市场的时间,我们应该可以推算出它是清早期的粉彩订制瓷。中国的陶瓷手杖柄是仿照欧洲的样式制作完成,再通过私人贸易运输到欧洲的。根据萨金特(Sargent)的说法,荷兰东印度公司只买了两次藤条把手:1737年,他们购买了5043个青花瓷柄和5000个珐琅、粉彩瓷柄;1743年,他们购买了2760个青花瓷柄,4070个伊万里瓷柄和4100个珐琅、粉彩瓷柄。[①]大量的数据表明这些手杖柄可能是打算再出口的,因为荷兰在其他年份对瓷质手杖柄的需求量是很低的。

当然,上述这些时尚用品主要用于公共社交场所。在17和18世纪,卧室经常被用作招待客人的地方。[②]相较于户外,卧室是一个比较私密的场所,但是由于梳妆打扮的时尚潮流,在卧室里面接待客人也是当时欧洲社会的一种风尚。我们从尼古拉丝·兰克里特(Nicolas Lancret)的《每天的四小时》版画中就可以看出这一点。(图2-168)在这幅画中,一位年轻的女士在她的卧室里接待一位牧师,女士给对方端茶,并让他给自己梳妆打扮。"这种日益流行的在卧室中待客的习俗最初是由法国的王室起床礼(royal levee)仪式发展而来的,这种既正式又私密的仪式从16世纪中叶开始,当时在宫廷中只有为数不多的朝臣出席,他们见证了国王当天的洗漱刮脸和着装。这种仪式很快被其他欧洲宫廷采用,后来在贵族家庭中流行开来,男女皆如此。女性的梳妆打扮不仅注重卫生,也注重漂亮,而且比同等的男性更加精致。"[③]这个仪式很快就被公众认为是炫耀和矫揉造作的行为。早晨在卧室里接见外宾这种仪式的

① D. F. Lunsingh Scheurleer: *Chinese export porcelain: chine de commande*. London: Faber and Faber Ltd., 1974.

② Fuchs, Ronald W. II in collaboration with Howard, D.S.*Made in China. Export Porcelain from the Leo and Doris Hodroff Collection at Winterthur*.Winterthur:University Press of New England, 2005.

③ Fuchs, Ronald W. II in collaboration with Howard, D.S.*Made in China. Export Porcelain from the Leo and Doris Hodroff Collection at Winterthur*.Winterthur:University Press of New England, 2005, p252—528.

出现逐步催生出了很多礼仪用器。这些礼仪之前都是用银器来彰显主人的财富和地位，而到了18世纪，中国瓷器在欧洲上流社会的流行，使"理发盘"、洗漱用的"大口水壶和托盘"、夜壶、浴盆、痰盂等一系列个人卫生用品由中国陶瓷制造了出来。这些瓷器大多具有很强的装饰性和功能性。

18世纪，羊奶桶和盆也经常被放在卧室里，正如大卫赫里布里格（David Herrliberger）在1751年的一幅插图中所描绘的那样。这幅画名为《痛苦的人》（图2-169）。画面中，在梳妆打扮和个人卫生方面也起着重要作用的壶和盆被放置在床头柜上。相同的场景在罗伯特·邦纳特（Robert Bonnart）的一幅名为《托琳夫人》的版画中也出现过。画面中一个女人坐在梳妆台前，由仆人拿着成套的水壶和水盆往里面注满水，供女人洗手（图2-170）。

大口水壶和脸盆原本通常是用银、黄铜、玻璃、搪瓷以及欧洲的陶瓷等制作而成的。后来这类器具由中国复制成瓷器。荷兰东印度公司在1762年下令向中国订制大口水壶和盆地："水罐要像样品，盆要在一个有三小脚的贝壳里，这样才能放下来。"④

图2-171是法国银制的大口水壶和托盘，它也是图2-172中国粉彩瓷壶和托盘的设计原型。壶身像一只站立的孔雀。其身形优美，曲线造型，壶身绘有弯曲的长羽毛，羽毛上有多种颜色的粉

④ Jörg, C.J.A.Porcelain and the Dutch China trade. Martinus Nijhoff:The Hague, 1982, P174.

图2-168 每天的四小时 尼古拉丝·兰克里特 18世纪 版画 尺寸不详 大英博物馆藏

图2-169 痛苦的人 大卫赫里布格 18世纪 插画 尺寸不详 苏黎世中央图书馆藏

图2-170 托琳夫人 罗伯特·帮纳特 版画 年代不详 尺寸不详 馆藏不详

图2-171 大口水壶和托盘 18世纪 银器 尺寸不详 纽约大都会艺术博物馆藏

图2-172 大口水壶和托盘 乾隆时期 瓷器 壶：高30.5cm 长17cm 宽7.5cm 盆：高7cm 长：33cm 宽：25cm 私人收藏

彩，并以描金装饰，十分华丽。

（三）中西融合的造型设计与改良

1.传统中国器型的对外输出

17世纪末，荷兰人通过他们在巴达维亚（Batavia）的联络处将中国的唾壶（痰盂）引入欧洲。[1]在中国，这种用于吐痰的容器，也被称为"唾壶""渣斗""唾器"，为古代贵族宴饮时盛放唾弃鱼骨或兽骨的容器。瓷质唾壶始自东汉，三国、两晋时颇为流行。那时的造型多为撇口、扁腹、高圈足。到了东晋时期，唾壶造型渐成盘口、垂肩、圆腹、平底或假圈足。[2]（图2-173）

宋代许多窑场都烧制渣斗，北宋越窑、耀州窑、南宋官窑等出品的作品都很著名。明清时景德镇窑也有制作，数量较多，有多种色釉和彩绘装饰（图2-174）。明清两代的渣斗也被放置于床边和几案上，以备存纳微小废弃之物。这一时期，其用途有所拓宽，材质也日渐多样，有银器或漆器。[3]荷兰东印度公司从1737年起就经常订购痰盂。[4]1751年，盖尔德马尔森号（Geldermalsen）沉没，船上物品的装箱单里包括299件有把手和无把手的痰盂。[5]1757年，根据欧洲市场的需求，荷兰东印度公司的订单中包含四个痰盂的设计图（图2-175）和1000个痰盂订单。[6]从这张设计图可以看出这四个造型不同的痰盂应该是金属质感的模型，曲线和褶皱特别多，不是那么容易被复制成瓷器。

[1] Howard E. Gruber.*On the hypothesized relation between giftedness and creativity*.New Directions for Child and Adolescent Development.1982.

[2] 故宫博物院官网https://www.dpm.org.cn/collection/ceramic/227433.html

[3] 来自百度词条。

[4] 同上。

[5] Colin Sheaf and Richard Kilburn:*The Hatcher Porcelain Cargoes*.Oxford:Christie's Ltd, 1988.

[6] Jörg, C.J.A.*Porcelain and the Dutch China trade*.Martinus Nijhoff:The Hague, 1982.

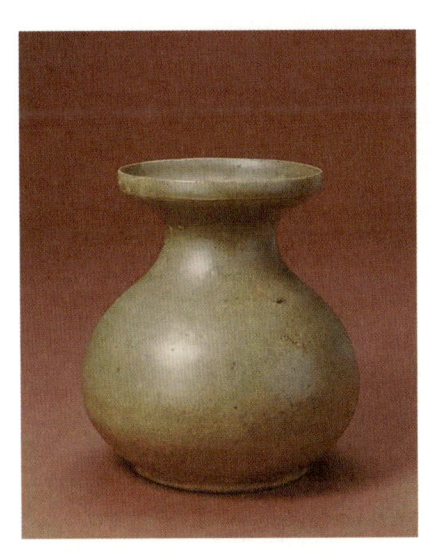

图2-173 青釉唾壶 东晋时期 瓷器 高：14cm 口径：10cm 底径：8.5cm 故宫博物院藏

图2-174 珐琅牡丹纹唾壶 乾隆时期 瓷器 尺寸不详 故宫博物院藏

第二章 雍乾时期外销粉彩瓷的品类与造型设计

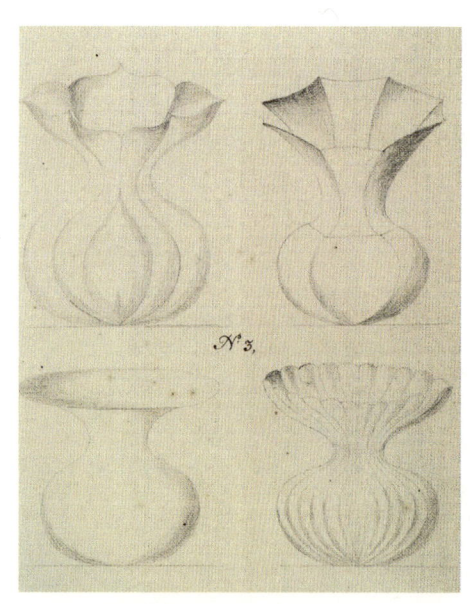

图 2-175　痰盂设计图　乾隆时期　铅笔画　尺寸不详　海牙国家档案馆藏

图 2-176　痰盂　康熙时期　瓷器　尺寸不详　阿姆斯特丹国立博物馆藏

在欧洲，咀嚼烟草时一定会用到痰盂。图 2-176 是荷兰代尔夫特制作的陶瓷痰盂。这个痰盂上的图像的构图形式很有中国构图特点。画面被分割为三个部分。第一个部分是一群贵族在房间内，围着一张桌子正在抽烟，桌子上放着两个痰盂。这个室内的空间特点是由左上角的窗子推断出来的。第二部分是三个黑人奴隶正在收割烟叶。第三部分是两个黑人奴隶正在制作烟丝。这三个部分连续贯通，采用中国的通景构图方式，很有叙事特点。

如图表 2-5 所示，这三件带把手的外销粉彩瓷痰盂的造型都是非常具有典型代表特征的。其中 I 型是一个球状心形痰盂，口沿敞开，柄弯，撇足，肚腹大，形状也是心形，把手设计安装在痰盂的颈部和腹底部。II 型痰盂是球状形肚腹，把手在肚腹中央位置，口沿敞开。III 型的口沿呈倾斜式，敞开，颈部偏长，肚腹球形，把手连接口沿和肚腹中央。其实，在外销粉彩瓷中，没有把手的圆形痰盂数不胜数，希夫（Sheaf）和基尔伯恩（Kilburn）展示了从沉没于 1752 年的盖尔德马尔森号（Geldermalsen）沉船中打捞上来的两个蓝白色痰盂。[1] 另一个从沉船中找到的例子，之前是按照伊万里

[1] Colin Sheaf and Richard Kilburn: *The Hatcher Porcelain Cargoes*. Oxford: Christie's Ltd, 1988.

图表 2-5　外销粉彩瓷带把手痰盂示意

	带把手痰盂Ⅰ型	带把手痰盂Ⅱ型	带把手痰盂Ⅲ型
侧立面图示			
实物图			

样式（imari）装饰的，但大海侵蚀了红色和金色的装饰。[②]RA 系列中有一个带有喇叭状的粉彩瓷[③]，另一个在布鲁塞尔的皇家艺术与历史博物馆。[④]

2. 欧洲样式的中国风格再设计

烟草最初出现在美洲，于 16 世纪传入西欧。尽管烟草价格昂贵，但在西欧却受到高度重视。17 世纪末，吸烟已经成为欧洲社会各个阶层中的流行风尚。在英国，估计每年进口的烟草从 2.5 万磅上升到近 3800 万磅。而烟草以鼻烟的形式被消费似乎起源于 17 世纪西班牙皇室和宗教圈，并很快发展为一种时尚潮流在贵族和精英阶层中流行起来。鼻烟是一种发酵的粉末状烟草，通常与香料、香草混合在一起。据说它有利于身体的健康，其中一些被 J.B. 拉巴特（J.B.Labat）在 1742 年标注道：鼻烟能治愈感冒、眼睛发炎、不由自主地流泪、头痛、偏头痛、浮肿。它对分娩疼痛的妇女有强有力的帮助，对歇斯底里的激情、头晕、躁动、忧郁、精神错乱等情况有治疗功效。那些使用鼻烟的人甚至对污染的空气以及对鼠疫等容易通过空气传播的疾病都不用感到害怕。18 世纪时，鼻烟在欧洲流行起来，这促使大量的鼻烟壶被生产出来。这些鼻烟壶通常使用金、银、瓷、玻璃、玳瑁等相当奢华的材料制成，鼻烟壶的装饰也被认为是地位、品位和时尚的标志。富人在不同的场合可能会

[②] David Sanctuary Howard. *Chinese Armorial Porcelain*.Scotland:Heraldry Society of Scotland, 1994.

[③] Fuchs, Ronald W. II in collaboration with Howard, D.S.*Made in China. Export Porcelain from the Leo and Doris Hodroff Collection at Winterthur*.Winterthur:University Press of New England, 2005.

[④] Jörg, C.J.A. in collaboration with J. van Campen, *Chinese Ceramics in the Collection of the Rijksmuseum, Amsterdam*. The Ming and Qing Dynasties. London,：Philip Wilson Publishers Limited, 1997

图2-177 来自加莱的僧侣
18世纪 油画 尺寸不详
圣彼得堡艾尔米塔什国家博物馆藏

使用几个不同的鼻烟壶。当时，普鲁士的腓特烈大帝收集了大量的鼻烟盒，法国皇帝路易十五的情人蓬帕杜夫人每年十二月都会订购新的鼻烟盒作为礼物。将自己的鼻烟壶提供给他人使用成为一种社交礼仪，这就为鼻烟壶的展示和欣赏提供了一个机会。在圣彼得堡（Saint Petersburg）艾尔米塔什国家博物馆（State Hermitage Museum），安吉莉卡考夫曼（entitled）的一幅名为《来自加莱的僧侣》（Monk from Calais）的画作展示了两个宗教人士交换鼻烟壶的场景（图2-177）。

早在17世纪40年代，欧洲商人和传教士就把鼻烟引入中国，因此在中国，鼻烟也成为一种流行于社会的时尚。由于早期的鼻烟均从西方国家传入中国，价格昂贵，所以只有官僚及贵族等上层消费群体才有能力购买。当时，宫廷内流传一句话，"黄金易得，高尚鼻烟难求"，而一般百姓只闻其名不见其物。正因为如此，当时传入的鼻烟十分稀少，最初只是作为士大夫和达官显贵的一种雅好，并当作贵重礼品馈赠亲友，或以嗅闻鼻烟来招待宾客，表达相互的友谊和尊敬。康熙中叶是鼻烟的鼎盛时期。清人方薰《静山居诗话》中有"碾成琵琶金屑飞，嗅处微微香雾起。海客售来价百缗，大官朝罢当一匕"的诗句。虽然鼻烟是舶来品，但是鼻烟文化特别是鼻烟容器的造型、装饰已逐渐中国化。中国的鼻烟容器常以壶的造型呈现。这种鼻烟壶的雏形来自中国的药瓶。鼻烟传入中国后，中国人是用传统小药瓶来盛放鼻烟，后来在使用的过程中，人们发现这种口小腹大的瓶子存放鼻烟效果更好，因为能保证鼻烟的香味长久不挥发，也不容易变质，而且携带方便。因此，这类传统器型便以不同的材质、不同的装饰工艺被制造成鼻烟壶。第一章我们也提到了康熙皇帝非常喜爱法国利摩日的珐琅器皿，并且邀请了很多珐琅匠人进宫传艺，在造办处设立珐琅作，生产绘制珐琅鼻烟壶。由于清朝宫廷匠师技艺高超又独具创新精神，珐琅胎体也由最先的铜胎发展到玻璃胎（图2-178），再到瓷胎。鼻烟壶中瓷质者最多，并且清朝的每一任皇

图 2-178　玻璃胎珐琅鼻烟壶　乾隆时期　瓷器　尺寸不详　台北故宫博物院藏

帝都会下令制造瓷质鼻烟壶，其形式有青花、釉里红、珐琅彩、粉彩、斗彩等。鼻烟壶至今也一直流传在中国民间，并且成为老北京的非物质文化遗产。

　　中国制造的陶瓷鼻烟壶在整个18世纪定向出口欧洲，但是这种销往欧洲的鼻烟壶与中国本土的鼻烟壶的造型有所不同。前者都是以1730年流行的迈森（Meissen）鼻烟壶为原型，在中国订制生产的。这种鼻烟壶从造型上更应该被称为鼻烟盒。其形状有方形、长方形、圆形和椭圆形等。中国的陶瓷鼻烟壶装饰有各种题材纹饰：从纹章到爱情题材，从中国花鸟到中国山水，从欧洲风景到港口码头等。里斯本的阿尔梅达基金会（Fundacao Medeiros e Almeida）收藏了大量鼻烟壶，如图2-179，这一组收藏是清乾隆

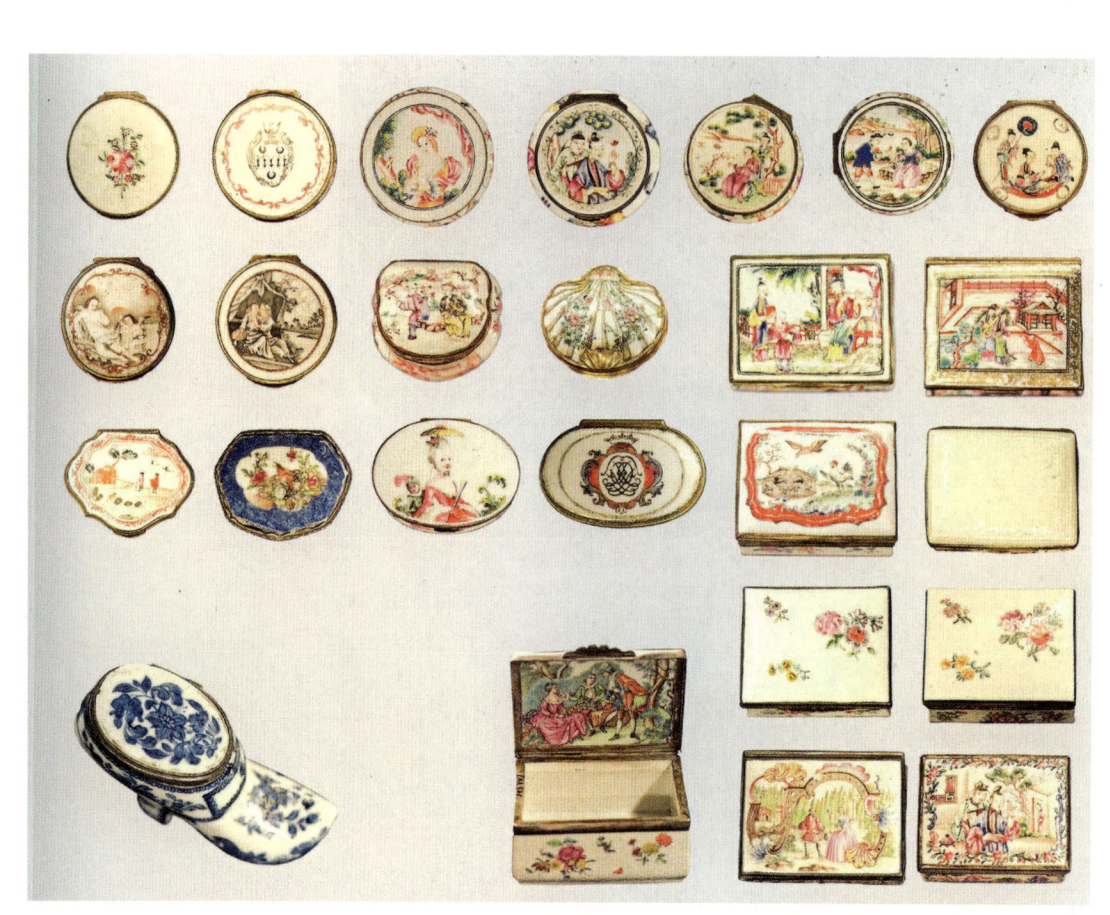

图2-179　青花和釉上粉彩装饰的鼻烟壶　乾隆时期　瓷器　尺寸不详　里斯本的阿尔梅达基金会收藏

图表2-6　中国与欧洲鼻烟壶造型对比

中国鼻烟壶造型					
欧洲鼻烟壶造型					

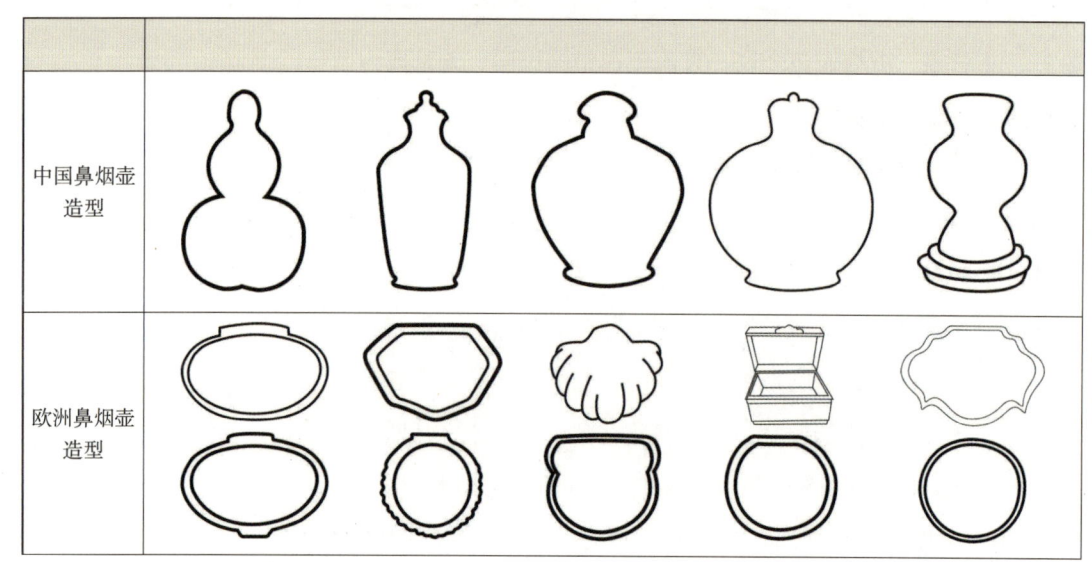

年间的青花和釉上粉彩装饰的鼻烟壶，造型有圆形、椭圆形、贝壳形、半圆形以及长方形等。我们可以从图表2-6中看出中国与欧洲鼻烟壶造型的差别。

第三节　雍乾时期外销粉彩瓷造型设计的总体特点

中国清代器皿的造型经过了数千年的发展，集合了历朝历代的器物特点。随着时代的变迁以及中国人的使用习惯、审美特征的变化，器物也经历了漫长的发展岁月，有的旧式样可能直接被淘汰，有的旧式样渐次地发生局部改变，形成一种新式样的器物。公元前114年至公元127年，中国与中亚、印度之间以丝绸贸易为媒介的"丝绸之路"出现，中国的文化随之也进入了这场全球化的互动与交流当中。在这一进程中，中国文化既对外传播又无可避免地受域外文化的影响，并直接将这一互动的结果反映在民间工艺用品、宗教、艺术等多个方面。15世纪欧洲的航海技术发展迅速，葡萄牙人开辟了绕过非洲到达印度和中国的航线，这才把地球两端的两块大陆文明连接起来。在明清之际，不同地域的器皿造型样式横向交流互动，并相互影响、不断交融。这一时期器物的造型可以总结为三个特征。

一、以生活实用为基础

器皿涉及人们生活领域的各个方面。其最初因生存的需要而产生。此后，人们设计了各种各样的器皿来作为生活之辅助。随着生活方式的变迁，器皿的造型样式也在不断地发生着改变。人们在选择自己生活方式的同时，也选择了与自身的文化特质相对应的器皿造型以及纹饰。不同的器皿是构筑不同生活方式的重要组成部分，二者之间无法分割。随着社会的发展和文明的进步，社会分工越来越细，不同人群、不同民族身份的生活方式差异也就越来越大。人们已明确认识到："物质文化、仪式和日常生活之间存在着难以理解的复杂关系。这些关系构成了其内部意义和信仰的语境……我们有必要弄懂物质文化、仪式和日常生活是怎样交织起来构成文化语境的，而后者即呈现于我们研究的古器物、现象、遗址和景观之中。"[1]中国古代器皿的造型变化，是其生活变化的反映，将器皿还原至其所在的环境，探寻二者之间的互动往往是很具体的。关于生活方式的概念，人们广泛认可的一条重要观点是，生活方式是一定的社会历史条件下，人类生活活动形式的总和，是一定的客观条件和主体能动作用相结合的产物。一定的物质生活资料和精神生活资料，是生活方式存在的基础。这些物质生活资料当中，诞生最早的即为维持生存最必需的饮食活动所使用的器皿。越是生产力水平的低阶段，饮食活动在人的生活中越是占据核心的地位。饮食结构及餐饮方式的变化，是器皿发生改变的重要因素。随着社会的发展，娱乐活动对丰富人们的生活方式起到关键作用。娱乐方式不同，所用器皿造型有别。人类生活方式的发展由单一到多元，由侧重物质到侧重精神，构成人们生活方式物质基础的器皿也在丰富和进化，并逐步渗透到人们的思想信仰、生活情趣、生活态度、社会习俗、道德观念、娱乐方式等之中。这些精神内涵的变化会淘汰旧的生活方式，创造新的生活方式，从而对器皿造型的设计也起着导向和规范作用。饮食文化是中国传统文化中的重要组成部分，也是世界文化中颇具特色的现象。饮食文化内涵非常丰富，主要包括三个层次：物质层次，包括饮食结构和饮食器具；行为层次，包括烹饪技艺、器具制作工艺、食物保藏运输方法等；精神层次，包括饮食观念、饮食习惯以及蕴含其中的人文心理、民族特征等文化内涵。无论是物质、行为还是精神层次，饮食文化均与器皿造型样式的发展演变密切相关。不同的环境所用器皿颇有讲究，婚、丧、祀、宴，不同场合、不同仪式所用器皿有别，不同食物、不同烹饪方法，所用器皿造型亦有差异。随着社会的发展和文明的进步，器皿造型日渐成为饮食文化的一个重要组成部分。

---

[1] （美）艾米·加金-施瓦兹，周惠英译：《考古学与民俗学中的物质文化、仪式和日常生活》，中国民俗学网，2018年。

二、以文化习俗为依托

文化习俗是社会不断进化与发展所形成的风尚、礼节、习惯等的总和,是物质文化和精神文化的综合体现。中国古代的大量器皿是相应风俗习惯的物质体现,是风俗衍生的结果。休闲娱乐、婚丧嫁娶、祭祀先祖、祈福禳灾等各种风俗,既是精神文化内涵的延续,也是物质文化的传承,而器皿往往是二者相互渗透的产物。"对器物造型和装饰的风格特征起决定作用的往往是风俗习惯。风俗习惯不仅约束器物的品类和形态,而且还直接制约着器物的造型及装饰的风格特征和审美趣味。"②

在中国古代与风俗习惯相关的众多器皿中,茶具与风俗习惯变革之间有着密切的关系,因而有着突出的文化地位。此外,插花、盥洗等日常生活的变化也对器皿造型产生了重要影响。

三、以审美习惯为导向

中国古代器皿造型样式的设计过程,是人们通过审美思维对器皿进行艺术化创作的过程。工匠通过长时间设计、加工、制作器皿的实践活动,丰富了对造型样式的审美体验和审美意识,进而凭借一定的物质材料和手段,将审美意象以物态化的形式表达出来,使其成为具体可感的器皿造型样式。因此各类器皿既有实用性,又有审美性。关于实用性与审美性的关系,"只要考察一下工艺美术的历史,便不难看出,它的发生和发展,两者始终是统一,融合在一起的"③,所以作为工艺美术史的器皿造型同这两大要素是密不可分的。人们对器皿造型样式的审视过程,就是将自己的审美观念倾注其中的过程。如人们在使用陶瓷器皿时,目光所及自然会产生视觉感受,遇到精美者还会对其进行观赏把玩,从而将对器皿的使用上升为一种审美活动。古人对器皿的欣赏动活会演化为一种带有审美体验的休闲方式。可嘉的是,有许多文人、学者,对此进行了大量的理论总结,并于其中总结了一些关于器皿的评价标准、美学思想及鉴赏技巧。"中国审美文化

② 王祖龙:《楚风俗对楚器物造型和装饰的影响》,载《三峡大学学报(人文社会科学版)》,2007年第5期,101页。

③ 张道一:《造物的艺术论》,福州:福建美术出版社,1989年,40页。

的许多概念术语,也可以用来评价陶瓷的艺术特点,比如在艺术品格方面,像意、深、远、高、逸、闲、淡、典、古、清、净、奇等;在形式方面,像华艳、华绮、丰饶、典丽、清润、清巧、闲雅等等。"[1]在对器皿的审美过程中,设计者和使用者从审美创制、审美体验和品评交流各种活动中,不断总结和归纳各种规律,推动器皿样式趋于完善。

---

[1] 程金城:《中国陶瓷美学》,甘肃:甘肃人民美术出版社,2008年,188页。

第三章

雍乾时期外销粉彩瓷的装饰设计

　　18世纪，中国和欧洲之间因为商业贸易使得精神文明的接触更加紧密。耶稣会士在华从事传教事业，成为中欧艺术交流的媒介。他们是当时欧洲人中真正深入中国内陆的人。他们熟悉中国的文学和思想，把欧洲的宗教和学术带到中国，想引起中国人的广泛关注。然而在这项工作进行的过程中，中国的文学、思想、国情和工艺也随着他们的著作和翻译传到欧洲，欧洲人开始熟悉中国这个梦想国度的一切。中国艺术在欧洲成为一股潮流，这股潮流带去的并不是洛可可的中国特征，而是整个中国艺术的代表。洛可可的设计师们只是撷取中国艺术中符合他们趣味的东西，而这仅是中国传统的一个方面。他们对中国艺术中所表达的宏伟和庄严无动于衷，他们只寻求稀奇和典雅风格的精华。瓷器作为最有文化影响力的载体之一，其装饰纹样是最直观、最具传播性的工具。通过分析外销粉彩瓷上的仕女图式、西洋人物、花卉纹样及风景园林等类别的题材图像，我们可以探寻外销瓷中的中欧文化交流的源流。

第一节　雍乾时期外销粉彩瓷装饰的主题与类别

一、中国传统仕女人物

　　自原始时期的母系社会以后，女子的地位逐渐低下，男权为主的社会形态在中国延续了几千年,即《诗经》中所描写的"乃生男子,载弄之璋。乃生女子,载弄之瓦",可以说男女的地位悬殊从出生的那一刻就已注定。"养在深闺人未识"是古代女子的成长写照。古代女子自小大门不出二门不迈,学习女红和礼仪,大户人家的女儿在家学习琴棋书画,所看之书为《列女传》《女戒》《内训》等。未出阁的大户人家的女子虽然可以"轻罗小扇扑流萤""蹴鞠屡过飞鸟上,秋千竞出垂杨里",也能"月下穿针拜九霄",但是她们的活动场所都只限于这偌大的深宅院里。出嫁后的女子,如《尔雅·释亲》中所曰"子之妻为妇。又女子已嫁曰妇。妇之言服也,服事于夫也",其日常活动范围仍旧以深庭内院为主,在家相夫教子,闲时梳妆,吟诗作画或是独自小酌几杯,清清冷冷,深闺寂寞,正应了雍正所作的诗句:"晓寒庭院闭苍苔,妆镜无聊倚玉台。怪底春山螺浅淡,画眉人却未归来。"①

清代"踵前代旧制,设立画院"。皇帝诗文、画迹题跋、文献记载等均可证明清内廷有画院之设,或类似画院的机构。院画可分为御容、肖像、筵宴、马伎、临雍、冰嬉、万寿、南巡、秋狝、狩猎、大阅、文翰、鉴赏、行乐、园林、水法、人物、佛道、风俗、山水、界画、舟车、犬马、鸟兽、龙、鱼、花卉、草虫等题材②。清宫院画在康熙三十年(1691)前后始告成熟,迄五十二年(1713)康熙六旬《万寿图》的创作为止,是清宫院画发展的第一次高潮③。《雍正十二美人图》的创作时间,正是康熙诸子争夺皇位继承权的康熙五十一年至六十年间(1712—1721)④,当时胤禛还是皇子,在圆明园过着韬光养晦的生活。《雍正十二美人图》是围屏,如真人一般大小,摆放在胤禛的书房里。虽然这十二美人图没有画者署名,也找不到相关作者记录,但是从画面布局的章法、线条设色的讲究和题诗行文的谨慎上看应该出自宫廷画师之手。康熙时期内廷画家,出自"四王"和恽南田等正统派的有王源祁、蒋廷锡、宋骏业、唐岱等画家,御用院体画家亦有人在。以中法为主,参用西法的新派,以焦秉贞⑤、冷枚为代表。这一派的

---

① 乾隆时期搜集编辑的《世宗宪皇帝御制文集》卷二十六中《美人把镜图》四首。引自杨新:《胤禛围屏美人图》,载《故宫博物院院刊》,2011年2期,8页。

② 杨伯达:《清代院画》,北京:紫禁城出版社,1993年。

③ 同上。

④ 杨新:《胤禛围屏美人图》,载《故宫博物院院刊》,2011年2期。

⑤ 焦秉贞,字尔正,山东济宁人,在宫中任钦天监五官正,负责天文气物,画风工整细致。当时钦天监里也有西方传教士工作,他们既精通自然科学又通晓西洋画理。焦秉贞可能是通过他们接触到西洋绘画,使得他的作品在传统的工笔重彩的基础上,受到某些西画的影响。他还绘制了《耕织图》,雕版印制,流传甚广。

存在远远早于郎世宁⑥。《雍正十二美人图》用笔纤细，设色浓丽，画法主要是传统的工笔重彩，但是在空间布局上又融入了西洋画法，讲究明暗远近。这一时期，女子深闺寄情于庭院品茶赏花、读书鉴画、闺房梳妆，床帐之下忧思、书房育子等生活状态也成了一类艺术题材，这类题材的图像表现材质有绢画、版画、瓷器等。雍正时期，由于"文字狱"，在官窑粉彩瓷器中，人物题材极少，以花卉题材为多。但是在民窑中，人物题材还是一个较大类别，特别是在外销瓷中出现了一部分民窑精品。仕女婴戏系列题材的粉彩瓷就是描绘女子在内阁中日常生活的情景，它们在外销贸易中尤显特别。首先，它们在工艺上是民窑中最顶尖的。这类外销粉彩瓷器均胎体轻薄，玲珑俊秀，有"蛋壳瓷"之称。大部分瓷盘的外壁、内壁施白釉，内饰粉彩；有少量是外壁施胭脂水，内壁施白釉并且用粉彩绘制画面加以装饰，这一类市场收藏价格会更高。英国国立维多利亚和艾伯特国立博物院等多家博物馆以及专门从事中国外销瓷收藏的英国"Cohen&Cohen"机构都收藏了此类题材的瓷盘。其次，宫廷院画题材在陶瓷媒介上进行了创造性转化。巧夺天工的陶工们通过自身对民俗文化的理解，用陶瓷的表现语言和形式去诠释宫廷题材。最后，这类代表着中国宫廷文化的瓷盘通过贸易流向欧洲，也影响了欧洲瓷器的画面设计。

仕女专指官宦人家的女子和贵族妇女，其称谓最早出现在《唐朝名画录》中。书中提到张萱、陈闳、李凑等人擅长画"仕女"。宋朝中期，"仕女"一词被广泛使用，中国画中还有专门的"仕女画"类别，所以仕女是历代画家非常热衷的一类题材，更是清宫院画的主要题材之一。康熙年间，焦秉贞所绘的《仕女图册》（图3-1）用笔纤细，设色浓丽，画法主要是传统的工笔重彩，但亭榭楼阁融入了西洋画法，讲究明暗远近，开创了清代宫廷绘画的全新风貌。

雍正时期，陈枚所绘《月曼清游图册》（图3-2），共十二幅，描绘了仕女于宫廷中寻梅、赏花、吟诗、观画、品古、玩耍等生

⑥ 杨伯达：《清代院画》，北京：紫禁城出版社，1993年。

图3-1 仕女图册 焦秉贞 雍正时期 中国画 尺寸不详 故宫博物院藏

图3-2 月曼清游图册 冷枚 清朝时期 中国画 尺寸不详 故宫博物院藏

活。此作笔法流畅，形象纤秀，设色妍丽。画中的建筑、器具等描绘，运用了一些西洋画法。这些鸭蛋脸、丹凤眼、细眉高挑、悬胆鼻、溜肩、细腰，有着一副柔人之姿的仕女图像也被转移到陶瓷这一媒介上。雍正时期，"仕女婴戏"系列外销粉彩瓷盘作为一类高级订制瓷器远销欧洲。这类瓷器具有三个重要特征：第一，薄胎；第二，大多外壁施胭脂水；第三，仕女与儿童玩耍（又称"婴戏"）的搭配构成画面的主体。这类特征的外销粉彩瓷被学界和收藏界断代为雍正时期。

从雍正时期外销粉彩仕女婴戏盘系列（以下简称"仕女婴戏盘"）中对仕女的头像的描绘，我们可以看出，瓷盘中所有美人的头像只用两个角度：一是四分之三侧脸，二是全侧脸，方向或左或右。这种绘制头像的方式和宫廷画中的仕女头像绘制是一样的。虽然这些仕女的服饰、头饰、首饰不尽相同，但是神态和头像角度都一样。从《雍正十二美人图》这幅画中，我们也可以看出，十二个美人虽然所处场景不同，服饰、装扮不一样，但其实可以视为描绘的是同一个人。杨新先生在其论文《胤禛围屏美人图》中说："这十二幅美人图画的其实是一个人，画师采用四分之三侧面写生，正反两面交叉使用，使之大体能够统一，但一到正侧面就难为画师了，好像她被游离出来了。"① 因为，正面写像过于端正、严肃，难以展现女子柔美姿态。画面中女子或坐或立，头微低前倾，"柳叶眉尖带戚痕""缃编欲展又凝思"，以描绘出女性的柔美、羸弱及忧思。"仕女婴戏盘"中的仕女面目及裸露的皮肤勾线颜色是黑中泛红的显色，就是专业术语中的"麻色"。这种颜色的勾线有的还用在衣纹和边饰上，整个画面给人颜色粉嫩、柔和的感觉，不似康熙五彩瓷的颜色硬朗、明快。雍正时期，粉彩人物的面目施彩，仕女的两颊会施以淡淡的胭脂红。粉彩瓷中的这些绘画特征与绢画中的仕女人物脸庞的勾线、设色很像。《雍正十二美人图》中美人的脸部、手部等裸露皮肤的线条并非墨线，而是用赭石、胭脂、朱磦、土红等色调和代之，而且这时的画法已经形成了"面"的概念，也就是说线条不是孤立存在的，而是和染色融为一体形成"面"。鹅蛋形的一条曲线即表示人的脸孔，其实人脸孔的周围并无此线，此线是脸与背景的界线。在脸部设色上，画家也是借鉴了西洋绘画的表现手法，融合了中国绘画自身的审美传统，在表现美人的面部和五官时，使用颜色的浓淡分出明暗、凹凸效果，使面部显得柔和秀润，然而画面仍然有中国画的传统审美特点。雍正时期粉彩人物的面部处理更具层次感、立体感，表现手法更细腻，在绘画技法上已经和绢画、纸画不分伯仲。

① 杨新：《胤禛围屏美人图》，载《故宫博物院院刊》，2011年2期，16页。

从"仕女婴戏盘"的仕女发髻、头面②及服饰等可以看出，其人物是汉族女子的装扮。清朝的仕女画中的女子扮相大部分是以明朝汉族女子的服饰、发髻、头面为原型。这从焦秉贞所作的《仕女图》、陈枚所绘的《月曼清游图》及《雍正十二美人图》中可以得到印证。当然宫廷画《胤禛行乐图》中也有身穿旗服的女子，但是这类着装的女子在仕女画中所占比例并不多。瓷盘中的仕女妆饰华丽、神态娴静、体态优雅，展示出女子的娇柔和飘逸之姿，我们可以看出其描绘的是富贵家庭的妇人。古代妇女的发髻是辨认其身份的特征之一，有"宫女多高髻，民间喜低髻"之说。自明代嘉靖以

② 头面由挑心、顶簪、头箍、分心、掩鬓、围髻、钗簪、耳坠组成。引自孙机：《明代的束发冠、䯼髻与头面》，载《文物》，2001年7期。

后,"桃心髻"发式兴起,妇女的发髻梳理成扁圆形,再在髻顶饰以花朵。"桃心髻"的变形发式,花样繁多,如"桃尖顶髻""鹅胆心髻"及仿汉代的"堕马髻"等。这些发式大多为金银丝挽结,且将发髻梳高,髻顶亦装饰珠玉宝翠等。明代晚期,鬏髻的式样丰富,有"罗汉鬏""懒梳头""双飞燕""到枕松"等[①]。虽然陶瓷上的仕女发髻、头面没有书画中的仕女扮相来得华丽,但是装扮特征更符合贵族妇女的形象特点。陶工们一般用珠明料将女子的发髻填满,但是在额际、双鬓与皮肤衔接的地方会画出根根分明的线条,显露出发丝,然后以淡淡的珠明料往深处晕染,最后统一罩一层雪白。雍正时期民窑瓷器上的人物,画工精细,线条纤细,细节处理考究,呈现一副"云堆翠髻、脂粉罗衣"之态,和康熙时期的粗犷之风形成强烈对比。

清朝汉族女性的服饰沿袭了前朝的服饰传统,保留了本民族的服饰形制——"上衣下裳"。上身主要穿着袄、衫,下身以束裙为主。李渔曾形容过汉族女性的裙式"八幅之裙,宜于家常;人前美观,尚需十幅"[②]。清代民间汉族女子以多褶的裙子为时尚,如"月华裙"和"凤尾裙"[③]。这种飘逸、华丽的女性着装之所以能保留,得益于清政府"男从女不从"的政策保护。明末清初,叶梦珠在他的《阅世编》里就详尽记录:"尤其是在清初,命妇及民间妇女的服饰风尚还保留着明代服饰的式样和装饰风格。如命妇之服,其'绣补从夫,外加霞帔、环佩而已。其他便服及士庶妇女之衣如纻、丝、纱、缎、绸、绢、绫、罗,一概用之,色亦随时任意,不大径庭也。'"[④] "仕女婴戏盘"中仕女的内衣领子形式有三种——立领、交襟和圆领(图3-3)。其中,交襟款式数量居多。此款裸露了颈部肌肤,有些瓷器上的仕女裸露的部位较多,甚至袒胸露乳。

民间工艺美术相较于宫廷艺术更加奔放、浪漫,在表达女性的气质神态的方式上也有些许差别。虽然有些瓷盘很有可能是以《雍正十二美人图》为创作母本,但是作为宫廷画匠的那种拘谨和讲究

---

① 刘冬红:《明代服饰演变与训诂》,南昌:南昌大学硕士论文,2013年。

② 李渔:《闲情偶寄》,上海:上海古籍出版社,2008年,158页。
③ 同上。

④ (清)叶梦珠:《阅世编》卷八《冠服》《内装》,上海:上海古籍出版社,1981年。

立领　　　　　　　　　　　　　交襟　　　　　　　　　　　　　圆领

图3-3　瓷画仕女衣领的三种形式　雍正时期　作者不详　尺寸不详　余春明收藏

是民间匠人怎么也模仿不了的。长期绘制外销瓷器的画工能接触到当时最开放的文化题材，他们在绘制本土题材上不排除为了迎合国外市场所作的改变。"仕女婴戏盘"中仕女罗裙的裙幅褶皱，长及拖地，绘制所用线条变化讲究。其线条表现方式有两种。其一，钉头鼠尾描。端坐着的仕女衣着华丽精致，这类仕女的衣纹还是沿用着康熙时期五彩的线条风格——钉头鼠尾描，用焦墨为料，笔道自然流畅，笔锋劲挺有力，绘画工致精丽、生动传神，把仕女的绸缎长裙因蹲坐这一动作而形成的褶皱以及绸缎的坠地感表现得淋漓尽致。其二，高古游丝描。用油料调珠明料勾勒仕女衣纹，笔法圆润柔和。仕女站立，衣带飘扬，衣纹简劲，展现出女性的婀娜多姿之态。仕女衣纹、裙纹褶皱生动、自然，有阴阳向背的层次感。（图3-4）

雍正粉彩仕女婴戏盘（图3-5）的人物背景是文博类的陈设品，与《雍正十二美人图》中的《博古幽思》（图3-6）的背景题材很相似。因为《雍正十二美人图》"应当说在创作构思和部分制作上，是画师与胤禛合作完成的"⑤，所以，《博古幽思》中的家具和陈设品可能是雍正房间里的日常摆设，体现的是雍正个人的审美情趣和艺术品位。画中女子倚在六角形斑竹椅上低眉沉思，身边环绕着黄花梨木质的多宝阁⑥，其上摆放着各种器物，有青铜斝、

⑤ 杨新：《胤禛围屏美人图》，载《故宫博物院院刊》，2011年2期。

⑥ 顾杨：《传统家具》，合肥：黄山书社，2013年。

钉头鼠尾描　　　　　　　　　　　　　高古游丝描

图3-4　瓷画线条的表现形式　雍正时期　作者不详　直径：22.5cm　余春明收藏

图3-5　粉彩仕女婴戏盘　雍正时期　瓷器　直径：22.5cm　英国国立维多利亚和艾伯特国立博物院藏

图3-6　博古幽思　清朝时期　中国画　尺寸不详　故宫博物院藏

① 共勉：《明清家具式样图鉴》，合肥：黄山书社，2014年。

玉插屏、"郎窑红釉"的僧帽壶、仿汝窑的瓷洗等。⑦这些陈设均彰显了皇族的雍容华贵的生活环境。

雍正的思古情结和他的成长经历有关。康熙对雍正的影响是巨大的。雍正还是皇子的时候接受的是中国传统综合的礼义诗书画印文化及满人骑射的教育。这种教育实质上是一种以汉族文化为主、以满族文化为辅的综合教育，这是清人入关后发生的一个质的改变。

雍正登基后，周边汇聚了一批精通文史、娴于诗书画印的群臣，这样的环境对雍正产生了耳濡目染的影响，雍正时期的美学趣味和时尚也在其中逐步形成。从雍正宫里的御瓷"瓷胎画珐琅"中可以看出，雍正时期的瓷器画面不同于康熙时期的"满"和"大"，而是更具有"计白当黑""经营位置"这种中国画的意境美。雍正粉彩仕女婴戏盘画面以仕女和儿童为主体，以博古陈设为背景，盘沿口一圈锦地开光边饰，剩余部分留白，这种画面设计突出了人物和陈设品。自明清以来，瓷器上的图案纹饰是"有图必有意，有意必吉祥"的写实寓意风格。画面中，女子、婴孩、博古陈设的组合让人联想到明末清初戏曲小说家李渔的《无声戏》中《三娘教子》的场景。但是仔细分析画面的构成元素，我们可以发现，婴孩的手里捧着一盆结了莲蓬的莲花献给女子，这应和了"连生贵子"的彩头。清代无论是官窑瓷器还是民窑瓷器，所描绘的很多图像都脱胎于戏曲、小说、版画等艺术形式，其中教化人民、寓意吉祥是瓷器构图叙事之主旨。雍正粉彩仕女婴戏盘中的仕女、文房家具背景等图像模块只是宫廷院画题材转移到陶瓷媒介上的例证之一。诸如此类以宫廷画、版画等民间其他图像表现形式转移到陶瓷载体上的例子还有很多，这是工艺美术中的一种创作模式。当然，陶工有时会根据陶瓷装饰画面的需要，对所绘的原有图像模块重新组合或改变其构成形状，以形成全新的陶瓷装饰画面。然而这种装饰形式不为中国风格题材所局限，在18世纪中后期，大量的欧洲油画、版画等图像传至中国，也成功变成陶瓷中的适合纹样。这是中国匠人的智慧，也体现出中国匠人技艺之高超。

二、西洋人物

（一）欧洲仕女图式

荷兰人从17世纪初就开始称霸海上，直至17世纪中期，他们都是中欧海上贸易的最大经营者和运输者。1662年中国的海禁政策使得荷兰人不得不把瓷器贸易转向中国的邻国——日本。直到

1682年康熙皇帝解除海禁，中国商人才得以满载货船来到巴达维亚港湾（雅加达）向外国人兜售货品。这时，荷兰东印度公司通过中国商人与中国进行商贸活动。在康熙和雍正前期，中国题材的外销瓷占绝大多数，西方的设计订制很少，直到1739年，荷兰人才开始在广州与中国直接贸易，因此，大量的西方绘画、设计订制稿、木质模型等订制订单涌入中国。具有敏锐商业嗅觉的荷兰东印度公司在长期从事陶瓷贸易的过程中已经明白，要在中国创造出高品质、令人耳目一新的带有欧洲设计的瓷器，才能适应市场上的最新流行风向。因此，他们建议"荷兰应该每年寄去6件完整的、烧制好并画好的、需求量最大的瓷器样本"，回到以前的间接贸易，"与他们商讨有关寄送、贸易等方面的事宜"。荷兰东印度公司的管理者们道："……可以从荷兰寄去一些画有瓷器的画和图纸样本，以便在中国能生产出一模一样的来。"① 于是，他们找到了荷兰著名画家、设计师科内利斯·普龙克（Cornelis Pronk）。普龙克从小跟随著名画家简·范·侯登（Janvan Houten）学画。成年后他给荷兰许多名人画过肖像，但他更著名的是画城镇、乡村景色的风景画，而且还做了不少瓷器和奖章设计。荷兰东印度公司于1734年8月3日举行会议，与普龙克签订了为期3年的合同（图3-7）。

合同要求普龙克每年要为公司出一套设计图送去中国生产瓷器。一套设计图即一份纹饰以及该纹饰在五种不同器型上应用的图示，也就是要有花瓶、盘子、汤盆等。所有的花费都由公司报销，普龙克一年的薪水是1200荷兰盾。在为公司工作期间，普龙克不仅设计了纹饰和样式，还做了模型。公司支付的含模型在内的费用，1735年是239.8荷兰盾，1736年是154荷兰盾，1737年是220荷兰盾。普龙克为公司工作了3年半，共设计了四套纹饰，如"撑洋伞的女士""博士""花园"和"射手"。

第一套设计稿为"撑阳伞的女士"。科内利斯·普龙克于1734年完成设计稿，复制的设计稿被荷兰东印度公司送往中国、日本和坎顿（Tan suqua）制作瓷器。送去日本的设计稿是用来制作青

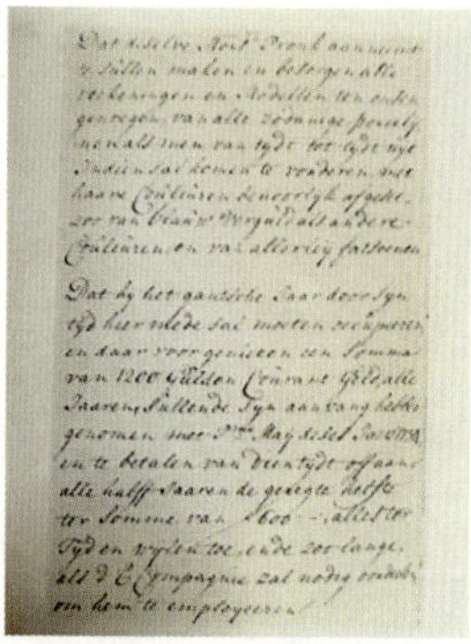

① Pronk, Cornelis, *Pronk Porcelain: Porcelain after designs by Cornelis Pronk*, Groningen: Groninger Museum, 1980, P8.

图3-7　普龙克与荷兰东印度公司签订的合同书　18世纪　尺寸不详　馆藏不详

花样品和伊万里瓷器的，不过订单不多。坎顿的订单一开始被延误了，有天气原因，也因为商人的小心谨慎。在所有版本中最稀有、最珍贵的要数粉彩瓷成品。因为中国的经销商对这种完整图案要价太高，再加上粉彩的制作工艺最复杂，工期用时也是最久的。（图3-8至3-10）

设计稿（图3-11、图3-12）1736年由荷兰东印度公司运送到巴达维亚（雅加达），然后再由中国的经销商运往广州，紧接着送往景德镇订制。制作完成的瓷器从巴达维亚由玛格达莱纳船送回，1737年春天在阿姆斯特丹靠岸。由图3-8至图3-10可以看出，三个盘子的主体画面是相同的。画中描绘了一位站在水边的女士，面

② Jr.Thomas V. Litzenburg, Ann T. Bailey, *Chinese Export Porcelain in the Reeves Center Collection*, California: Third Millenium Pub Ltd, 2006, P175.
③ Jorge Welsh, *European Scenes on Chinese Art*, London: Hardcover, 2005, P58.
④ Jorge Welsh, *European Scenes on Chinese Art*, London: Hardcover, 2005, P59.

图3-8 普龙克青花杯碟 乾隆时期 瓷器 直径：10cm 科恩收藏

图3-9 普龙克粉彩盘 乾隆时期 瓷器 直径：23cm 科恩收藏

图3-10② 普龙克青花矾红描金盘 乾隆时期 瓷器 直径：23.2cm 科恩收藏

图3-11③ 撑阳伞的女士 普龙克 雍正时期 设计稿 尺寸不详 荷兰国立博物馆藏

图3-12④ 撑阳伞的女士 普龙克 雍正时期 设计稿 尺寸不详 荷兰国立博物馆藏

对着地上的三只水鸟，好像是在喂鸟。她的身后，一位仕女斜着身体为主人撑伞。水中游着一只鸭子，后面画着芦苇等植物。内边饰画着一圈由八朵玫瑰花和折枝花组成的条饰，外边饰是一排排如锦地纹一样、来自银饰纹饰的长方形图案，其中八个开光，四大四小。四个大的开光内画着类似白鹭、鸭子一样的鸟，小的开光内画着人物，背面画着八只精致的昆虫并施以胭脂红。从中可以看出普龙克的设计应该是受到中国传统主题的启发。

格罗宁根博物馆（Groninger Museum）展示了一套康熙时期的青花杯子和茶托，上面绘有一把中国风格的伞。比较有趣的是，中国人也利用这个设计生产瓷器，并将它们投放市场。1738年荷兰东印度公司第一个订单刚完成不久，人们在广州的瓷器商店便可以买到由371件精致的瓷器组合成的这个样式的成套餐具。但根据1741年的文献记载，这样的瓷器在瓷器店只有一套，和荷兰原订制纹饰不同，中国人把女士身后的仕女改成了小男孩。中国人无法理解两个成年女性在一起，而小男孩与女士的组合与传统的仕女婴戏图是一致的。为了适应本土市场，中国陶工把普龙克的设计变成了符合中国人传统审美习惯的一幅风景人物画。这种随俗应变的设计反映了中国陶工吸收、融汇外来文化的强烈意识与强大能力。（图3-13）

雍正时期，随着中国对欧洲外销瓷器的数量越来越多，更多的欧洲人喜欢把自己本土文化的题材传输到中国制作的瓷器上。在制作精美的瓷器上绘制他们熟悉并且喜欢的题材，成为欧洲上流社会的流行趋势与审美需求。饰有西式图案的陶瓷需要特别制作处理，因此价格不菲。广州的荷兰商人转告荷兰东印度公司的董事群："欧式画面或人物会比中国本土纹饰贵上一倍。"[1]他们在这些高级定订餐具、茶具上有时还会画上家族徽标，使之具有传承和象征意义。但是这些对欧洲人非常熟悉的图像，对中国陶工来说却是十分陌生的。他们在面对这些陌生图像模块时还要考虑如何组合设计，这些都是对陶工们技术与艺术审美的考验。然

---

[1] 罗伯特·芬雷著，郑明萱译：《青花瓷的故事》，台北：猫头鹰出版社，2011年，49页。

图3-13 粉彩葵口杯和碟 乾隆时期 瓷器 直径：7cm 馆藏不详

而，有着丰富的绘瓷经验的中国陶工善于把立体图像平面化、图案化处理。他们提取外来画作的主要内容，设计与之相配的边饰纹样或背景图案，从而构成一个全新的适合图样。欧洲人非常喜欢中国瓷器上的仕女画，大量出口欧洲的画有仕女图像的瓷器可以证明这一点。意大利画家郎世宁也绘制过一幅仕女图《人比花娇》（图3-14），图中女子黑发，五官特点及娴静、柔弱的神情都像极了中国画中的仕女（图3-15），但是仕女穿着打扮似西方人，绘画手法也是西方明暗为主的表现手法，这也从一个侧面说明了仕女图像确实很受西方人的喜爱。

图3-16是雍正年间的茶杯和茶托，深褐色描金边缘装饰着四个开光，里面一层环绕着带状卷云形纹饰，其中绘着蓝色人字纹锦地装饰。自1725至1730年以后，这种人字纹锦地装饰大量出现在外销粉彩瓷上。金色的花朵和卷云图案加宽了内层边缘。在茶托中央，陶工用细致调配的自然柔和的色彩描绘了一位端坐的女士，她把布衬放在膝盖上的木架上刺绣。这个仕女的原型来自国外，《中国外销瓷杰作》(*Masterpieces of Chinese Export Porcelai*)

图 3-14　人比花娇① 郎世宁　清朝时期　中国画　尺寸不详　馆藏不详

图 3-15　元机诗意图　改琦　清朝时期　中国画　尺寸不详　故宫博物院藏

图 3-16　粉彩茶托　雍正时期　瓷器　直径：11.7cm　英国霍华德家族收藏

① 图片来源网络：雨林修养馆 http://www.360doc.com/content/16/0810/03/15883912_582248413.shtml

② David Sanctuary Howard, *Masterpieces of Chinese Export Porcelain: from the Mottahedeh Collection in the Virginia Museum*, California: Sotheby Parke Bernet, 1981, P51.

③ David S.Howard, *A Tale of Three Cities(Canton, Shanghai & Hong Kong): Three Centuries of Sino-British Trade in the Decorative Arts*, London: Sotheby's, 1997.

这本书里介绍了该人物的原型是名混血儿，她可能是法国或者佛兰德人，也可能是荷兰人。有趣的是仕女金色头发上的花被中国陶工误认为是插在头上的，其实很可能是原画作上的背景。《博伊斯曼博物馆公报》（*Bulletin Of The Museum Boymans*）中介绍了一套有同样图案的茶杯和茶托，它的名字叫"雷切尔和布朗（Rachel aan de bron）"②。这套茶具中的"女裁缝师"的图像模块也出现在多种外销粉彩瓷器上，图案的设计根据瓷器器型的需要而变化重组。图 3-17 和图 3-18 是两个乾隆年间的墨彩描金盘子，这两个盘子的中心图案是以墨彩、铁红、胭脂红装饰。画面中一位坐着的女士，穿着固定样式的裙子，正在做着刺绣，一个翻倒的篮子在厚重的帘子下，透过开着的窗户可以看到三艘船在一个矗立着两座塔的岩石峭壁附近航行。从画面上的墨彩着色上，我们能看到交叉格纹的明暗关系。这个画面有可能是中国陶工临摹自某张油墨版画。这个图像模块也在荷兰的陶器上被发现③。它以中心场景为"女裁缝师"或"女刺绣工"而广为人知。图 3-19 是乾隆时期的粉彩瓷碟，其中心图样也是"女裁缝师"的人物模块的设计组合。这个碟子没

图3-17 墨彩描金盘 乾隆时期 瓷器 直径：22.5cm 英国霍华德家族收藏

图3-18 墨彩描金盘 乾隆时期 瓷器 直径：22.8cm 英国霍华德家族收藏

图3-19 粉彩瓷碟 乾隆时期 瓷器 直径：10cm 英国霍华德家族收藏

有像大部分外销瓷一样有着华丽、浮夸的边饰装饰，而是设计了一个有着中国传统审美特征的背景：松树和远山。构图采用中国传统的"S"形构图，空间层次分明，中国画意较浓。中国陶工根据欧洲客人的要求重新组合设计画面，即根据瓷盘画面的需要对原画的构图做了适合纹样的处理。为了生成不同款式的产品，中国工匠往往会对同一个图像模块做不同的装饰设计，有些是配以不同模块背景，有些是配以不同形式的边饰。

（二）西方文学及绘画中的人物图式

中国的外销瓷的装饰中有许多西方题材绘画，这些绘画都是以欧洲人特别喜欢的文学历史和一些著名的文学作品为主题，如古希腊神话、寓言等。这类题材在西方社会有着广泛的市场，商人们看准商机，把这些西方绘画的原稿送来中国作为订制中国瓷器的纹样。1740年以后，画有西方文学和绘画内容的中国外销瓷器被大量生产制作。

《唐·吉诃德》是西班牙作家米格尔·德·塞万提斯·萨维德拉的经典小说，在欧洲家喻户晓。塞万提斯分别于1605年和1615年分两部分出版了此书。书中的主人翁阿隆索·吉哈诺因为沉迷于骑士小说，时常幻想自己是个中世纪骑士。他拉着邻居做他的仆人，游走天下，行侠仗义，结果四处碰壁，最终从梦幻中醒来，回到家乡后死去。小说用喻义的手法讽刺那些不合时宜且鲁莽的行为，把现实中有如此行为的人叫作"唐·吉诃德"。这个故事在欧洲非常流行，以至于法国宫廷画家查尔斯·安东尼·夸佩尔（Charles-Antoine Coypel）于1714年画了一幅有关唐·吉诃德的油画《戴着曼布里诺头盔的胜利者唐·吉诃德》（图3-20）。这张油画在1725至1731年被作为插画复制在小说《唐·吉诃德》中（图3-21）。欧洲商人看准这类题材的市场价值，把这幅插图带来中国，以此作为订制瓷盘的纹饰。1745年前后，有唐·吉诃德图案的瓷盘在景德镇绘制而成（图3-22）。这也是迄今为止发现的中国瓷器上绘制唐·吉诃德的最早版本。对比上述这三种载体（油画、插画、瓷盘）上的场景和画面，其图式几乎一模一样：背景是一片树林，唐·吉诃德留着小胡子，身穿盔甲，手持长矛，骑在马上，右边是他的侍者桑丘·潘沙牵着小毛驴，左边的树后面有几个妇女在窥视，脸上带着微笑。从瓷盘的画面中，我们可以看出除了人物的衣服颜色和油画不一样，其他几乎一致。景德镇的陶瓷画工为了力求和原作一样，在绘制唐·吉诃德的盔甲时也用了留白来表现高光，衣服的褶皱也呈现出很强的浓淡虚实，马也塑造得比较立体，

图3-20　戴着曼布里诺头盔的胜利者唐·吉诃德　查尔斯·安东尼·夸佩尔　年代不详　油画　尺寸不详　法国贡比涅城堡藏

图3-21　戴着曼布里诺头盔的胜利者唐·吉诃德　杰勒德·凡·德古赫特　年代不详　插画　尺寸不详　英国国立维多利亚与艾伯特博物馆藏

整个画面遵循着西方人所追求的立体空间感。盘子的边饰绘有梅森风格的金色花朵并用黑色勾线的边饰。这批瓷器被运回欧洲后销量不错，很快就卖完了。于是，欧洲商人又在1745至1750年，开始向景德镇订购第二批瓷盘。然而，景德镇陶瓷画工对已经熟悉的题材就开始运用中国式的方法进行处理。我们看到图3-23，绘制画面背景的石头运用了皴法，树也有了弯曲的姿态和树枝的穿插，这是典型的中国样式。同时，人物和马给人的立体感也没有那么强了，形态注重线条的表达，画面留白也变多了，整体更为简洁。1750至1760年，第三批订单的瓷盘更为中国化了（图3-24），画面虽然也有阴阳向背的光影效果，但是以单色浓淡去表现体积感，就像中国水墨中的墨分五色的概念一样，这和第一批订单中所追求的效果截然不同，人们从中已经找寻不到油画效果的影子了。在长期从事瓷器绘画的过程中，中国传统程式化的因素已经植入中国陶工骨髓，当面对比较熟悉的题材时，这种程式化的绘画方式就会呈现出来。

（三）西方宗教神话人物图式

16世纪的海上霸主是信仰天主教的两个大国——葡萄牙和西班牙。1518年，葡萄牙船队占领了马六甲海峡，并将之作为远洋航线的战略据点，以此为枢纽向东部扩张，并于1513年首次到达我国广东。他们本想进入中国开展公平贸易，但是时值明朝，周边邻国一

图3-22 粉彩盘 乾隆时期 瓷器 直径：22.3cm 英国国立维多利亚与艾伯特博物馆藏

图3-23 粉彩盘 乾隆时期 瓷器 直径：39cm 科恩收藏

图3-24 粉彩盘 乾隆时期 瓷器 直径：23cm 乔治·威尔士收藏

直都有着向明代皇帝朝贡的外交政策,所以葡萄牙人公平贸易的想法根本不可能实现。因此,他们以船遇到风暴,货物被水浸湿为由要求明朝政府借澳门岛晒货,并且贿赂当地的官员,让他们同意。从此,葡萄牙人占据中国澳门,并很快形成以中国澳门为中心的海上贸易网络。这条贸易航线是当时最长的国际贸易航线,充当运送传教士、欧洲传教经费和欧洲珍奇物品的通道。利玛窦等传教士就是从这里进入中国内陆的。利玛窦是意大利天主教耶稣会教士,他于1578至1580年在印度传教,于1582年8月抵达中国澳门,从广东进入,一路走向中国内陆。利玛窦在广州时,送了一些钟表和其他礼物,请地方官员转送给朝廷,结果被地方官员贪污。于是,他于1598年来到北京,带了16件自鸣钟和洋琴等礼物,成功见到了万历皇帝。这些西方的礼物引起了王公贵族的兴趣,因此,1601年,利玛窦被获准长期居住在北京,并且拿到了朝廷的俸禄。他是大航海时代天主教在中国传教的第一人,去世后被葬在北京,也是第一个葬在北京的天主教传教士。设在澳门的天主教耶稣会,为纪念这位首次成功进入中国传教的耶稣会成员,在景德镇订制了一批绘有十字架的青花瓷[①]。如图3-25所示,这个小型的将军罐是明清外销瓷中最早绘有宗教内容的瓷器之一。这批将军罐既是为了纪念利玛窦,也是为了纪念葡萄牙耶稣会成功入驻中国澳门并且能迅速在中国内陆得到发展。1579年,天主教耶稣会在澳门建立圣弗朗西斯科修道院,并于次年开放了诺萨·圣荷拉·多斯·安诺斯(Nossa Senhora dos Anjos)教堂。该机构订购了许多带有其徽章的瓷器。图3-26中这个带有十字架的粉彩瓶就是为修道院订制的一件器物。瓶子的装饰为典型的中国风格,瓶身中央开光的位置绘有金黄色的十字架,十字架缠绕的绳索头部设计成莲子的样式,装饰的花卉图样有莲花、牡丹,纹饰有常用的璎珞纹、蕉叶纹和莲瓣纹等。这个机构自中世纪早期就一直从事福音传教工作,与中国有着密切的联系。

康熙以前的宗教外销瓷都来自教会订制,一般是教堂使用或是为了传教用途,数量很少。1740年左右,大批西方绘画订单来到景

[①] 余春明:《一瓷一故事》,江西:江西美术出版社,2017年。

德镇，其中最多的是墨彩绘制的西方神话、宗教历史等题材，订制客户也不局限于教会，而是带有商业性质。图3-27是一个乾隆时期烧制的粉彩盘，图像描绘了耶稣受难的情景。画面主体人物有三个，头上都闪耀着金色的光辉。正中间的是耶稣，他被钉在十字架上，头上戴着荆棘的冠冕，双手和脚都飞溅出血。十字架上有一个传统铭文"INRI"，这是"Lesus Nazarenus Rex Iudaeorum"的缩写，

图3-25[②] 青花罐 康熙时期 瓷器 直径：12.7cm 余春明收藏

图3-26 粉彩瓶 乾隆时期 瓷器 高：21.9cm 宽：15.5cm 里斯本收藏

图3-27 耶稣受难粉彩盘 乾隆时期 瓷器 高：6cm 直径：39.5cm 里斯本收藏

开光中的茅和锤子

开光中的鞭子和芦苇

[②] David S.Howard, *A Tale of Three Cities (Canton, Shanghai & Hong Kong): Three Centuries of Sino-British Trade in the Decorative Arts*, London: Sotheby's, 1997, P57.

意思是"犹太人的国王，拿撒勒的耶稣"。站在耶稣左边的是圣母，她身穿紫色连衣裙，披着珊瑚色的披风，留着黑色的头发。右边穿着蓝色长袍、披着粉色披风的人是圣约翰。画面的背景中有着淡紫色的教堂和圆形穹顶建筑群，很可能代表着耶路撒冷。背景大面积留白是为了突出主要人物，并且让背景中的建筑群有着更深远的效果，这种构图模式是很典型的中国风格。盘子的边饰是红色底配有绿色蔓草纹饰，并且有六个开光，开光中只描绘了两个主题，一个是锤子和矛，另一个是芦苇和鞭子，这些都是耶稣受难的标志。每个主题都用绶带缠绕在一起，间隔穿插在边饰中。上述耶稣这一主题是来自荷兰版本的《圣经》故事版画（图3-28），由简·路肯（Jan Luyken）绘制，他的版画插图是1734年在阿姆斯特丹第一次出版，内容有耶稣诞生、耶稣受难、耶稣复活及雅各娶妻等。

关于这一主题的外销瓷品种有很多，形式也多样，有墨彩、青花、粉彩等。粉彩是最稀缺的一类外销瓷。图3-29和图3-30是同

《耶稣诞生》 　　　　　　　　《耶稣受难》 　　　　　　　　《耶稣复活》

图3-28 《圣经》故事　简·路肯　18世纪　版画　尺寸不详　馆藏不详

图3-29　耶稣复活粉彩盘　乾隆时期　瓷器　直径：22.6cm　里斯本收藏

图3-30　耶稣复活粉彩盘　乾隆时期　瓷器　直径：22.5cm　里斯本收藏

时期即1750年的粉彩瓷盘，它们都描绘了耶稣复活的场景。其中图3-29的这个场景与简·路肯绘制的版画场景很相似，它很有可能是中国陶工以简·路肯的版画为原型，做了适合圆形瓷盘的纹样设计。版画中的耶稣复活了，他的光辉驱散了浓浓的乌云，而图盘中耶稣周围被围绕着蓝灰色的圈圈图形，画法敷衍，很不美观，有可能中国陶工根本没有理解原版画的意思，只是依葫芦画瓢、照搬概念而已。1750年以后，荷兰首次把这个图式用在外销瓷茶壶上，这么做的结果是使得这种图像失去了本身的宗教意义，而更多地成为一种装饰纹样。由于中国的陶工对西方宗教信仰缺乏了解，以致常会产生错误理解，导致画面变得可笑滑稽。后来，欧洲人为了尊重宗教信仰，很少再来中国订制生产此类纹样的瓷器。

三、花鸟与山水风景

清朝顺治时期开始实行"文字狱"政策，雍正对知识分子的钳制更为变本加厉，文字狱涉及的对象已由以往禁止攘夷的思想扩及一般的政治思想冲突，而且几近于吹毛求疵的地步。文字狱是封建

① 戴逸:《简明清史》第二册,北京:中国人民大学出版社,2006年,233—240页。

社会皇权专制制度的必然产物,也是专制君主用以震慑官吏及知识分子的重要手段。在两千多年的封建社会里,清代的文字狱次数之多、株连之广泛、处罚之残酷超过以往朝代①。到乾隆时期,文字狱案件是康熙、雍正两朝合计的四倍以上。这时的文字狱更是望文生义、捕风捉影,硬加上莫须有的罪名,很多下层知识分子也因此获罪。在这种高压的政治环境下,对于出仕为官的文人来说,绘画可以梳理心中郁结,特别是花鸟山水这类题材怡情养性,非常适合在当时的社会环境下疏解焦虑之心情,而且可以免于人物画所涉及的不同的政治倾向和象征意义,导致引祸上身的情况发生。鲜艳绚丽的花卉具有祥瑞象征是渲染太平盛世最好的艺术形式。这也是自雍正时期开始,官窑瓷器上花鸟题材最多的原因之一。加之粉彩颜色鲜艳绚丽,其工艺表现技法和中国工笔画中的洗染工艺相似,它使得花卉层次丰富、娇艳美丽。官窑一直都是引领民窑时尚的风向标,特别是在清朝,景德镇御窑厂实施官搭民烧政策,使得民窑能更快、更准地获取关于官窑款式的信息。雍乾时期的粉彩外销瓷中花鸟题材占有绝大多数,其中一小部分是作为主体图像装饰画面。画面中出现最多的花卉是牡丹,其次是菊花、莲花、竹子、梅花、木槿花、罂粟花等,常和凤凰、锦鸡、鸳鸯、仙鹤等禽类及鹿等动物相搭配。还有一些花果类的植物纹饰,如桃、佛手、葡萄、石榴、葫芦等,其配景常以山石、栏桥等与之组合成具有象征寓意的图式。另外一些花卉作为辅助性装饰画面,不在器物的视觉中心,而是以边饰、开光纹饰的形式出现。

(一)花卉、植物和果蔬图式

1.莲荷纹

② 慕青:《试论中国瓷器上的莲纹》,载《文物春秋》,1990年4期。

莲又称"荷"。早在西汉末年,莲荷纹就随着佛教的传播进入中国。佛教发展鼎盛时期,莲荷纹也被赋予佛教象征意义普及于人们的日常生活之中,如供奉的礼器之上都有莲荷纹装饰。"荷莲纹用于瓷器装饰,始于六朝青瓷。"②在瓷器的装饰纹样中,莲荷纹大多是以"一把莲"的图像出现。所谓的"一把莲"是由莲花、莲实、莲蓬、茨菰等组成。这类图像大量出现在唐宋元明清的瓷器装饰画面上，然而每个时期的表现形式会有所不同。如唐宋时期，青瓷和白瓷上常以刻和划的方式展现一把莲纹饰，这种纹饰都是瓷器上的暗刻花；到了元明清时期，青花、五彩、粉彩等工艺陆续出现，瓷上绘画得到发展，一把莲纹饰开始有了更清晰的形象。这种纹饰的普及面更广，从佛教寓意逐渐演变成世俗化的吉祥纹样，也出现了很多延伸图案，如缠枝莲、折枝莲等，也有和昆虫和花鸟组合而成的具有吉祥寓意的装饰纹样。如图3-31是雍正时期的鸳鸯莲花粉彩瓷缸，外壁通体描绘夏日莲池景象，盛开的荷花与鸳鸯、蚱蜢、翠鸟共同组成"一路荣华"的吉祥纹样。

2.牡丹纹

牡丹被誉为花中之王，有"国色天香"之称，寓意幸福美好、富贵繁荣，广受中国人的喜爱。牡丹纹作为瓷器的装饰纹样在元代

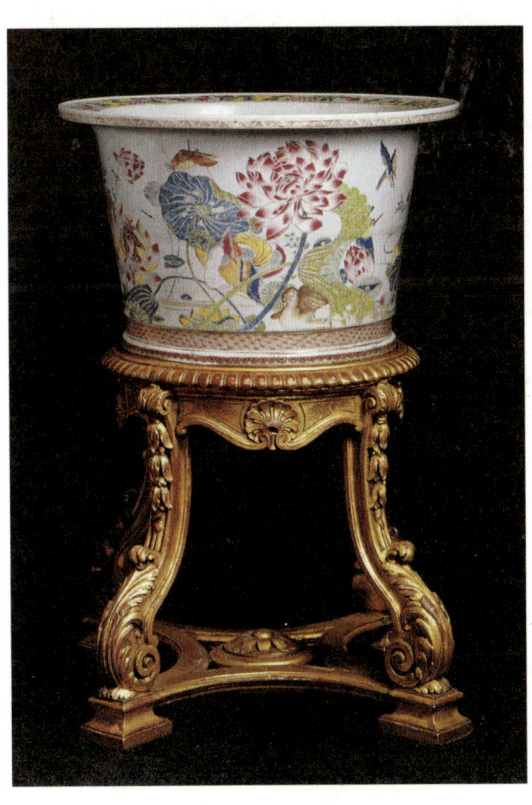

图3-31　鸳鸯莲花粉彩瓷缸　雍正时期　瓷器　直径：61cm　高：38cm　科恩收藏

就已经非常流行了。元明清时期，牡丹与宝相花、莲花一起成为瓷器装饰纹样的三大主要花卉题材，并且出现了各种形式牡丹花纹饰如缠枝牡丹、折枝牡丹等，以及各种装饰技法表现的牡丹纹如青花牡丹、五彩牡丹、珐琅彩牡丹、粉彩牡丹等。康熙时期的牡丹更显雍容华贵，珐琅彩牡丹的绘画线条饱满流畅，花瓣和叶子有阴阳反侧之分，并且出现了并蒂牡丹纹。雍正时期的粉彩牡丹生动逼真、清新脱俗，更具文人风骨。乾隆时期的牡丹炫彩夺目，更与其他花种搭配，呈现繁花似锦的热闹场面。图3-32是雍正牡丹粉彩八角盘，有三层边饰，最外沿和最里边的是两层锦地繁花边饰，中间的宽边饰绘有牡丹、菊花、百合等花卉，盘子中心的主体纹饰是折枝牡丹和茶花的组合，布局疏密有致，风格清新宜人。

3.松竹梅纹

松竹梅又称"岁寒三友"。松树，终年挺拔，冬不凋零，四季常青；竹子，宁折不屈，身形挺拔，夹缝中也能生存；梅花，冒雪迎春，不与百花争妍。这三种植物有着顽强的生命力，被人们赋予坚贞、高尚的象征意义。无论是文人画还是瓷绘，岁寒三友都是不可或缺的主旋律题材。清代瓷绘中松、石常组合成画面，如图3-33中的乾隆时期官窑粉彩麻姑献瑞纹大碗，除人物主

图3-32　雍正牡丹粉彩八角盘　1730年　瓷器　直径：48厘米　科恩收藏

图3-33 官窑粉彩麻姑献瑞纹大碗 乾隆时期 瓷器 尺寸不详 浙江省博物馆藏

图3-34 粉彩盘 雍正时期 瓷器 直径：22.9cm 私人收藏

体外，大面积背景绘制了松、石和梅花。松本身寓意长寿，和麻姑献瑞的吉祥之意契合自然。图3-34粉彩盘上绘制了梅花、菊花和两只鹌鹑，画面立体感强，动物和花卉趋于写实风格，整体画意清新、工致细腻而又不失韵味。特别是盘子的边饰比较特别，分为三层，包括两层细窄边饰和一条白色宽边饰，白色宽边饰是由竹子和梅花组合而成的凸起的白珐琅花卉纹饰纹样。这种白珐琅的装饰手法具有德国迈森瓷的装饰特色，在欧洲国家流行了很长一段时间，并且至今还是一种经常使用的装饰手法。

4.三果纹

三果纹由佛手、桃实、石榴或桃子、荔枝组合而成，是明清景德镇瓷器装饰典型纹样。桃是长寿的象征，在传统文化中代表祥瑞之意，雍正官窑粉彩瓷器多绘八只（图3-35），乾隆时期多绘有九只，有"雍八乾九"之说。佛手为多年生草本植物，果实如半握之手，因"佛"与"福"谐音而寓意多福（图3-36）。石榴多籽，被视为寓意多子多孙的祥瑞之果（图3-37）。三果在明清瓷器上有以单独折枝形式出现的，但多数情况下三者同时构成组合纹饰。三果纹也称"福寿三多"纹。自雍正时期开始，三果纹的表现方式增多，出现了带枝叶的三果及同一花枝上满缀三种果实的构图形式，尤以乾隆

第三章 雍乾时期外销粉彩瓷的装饰设计

143

图3-35 粉彩过枝桃纹大盘 雍正时期 瓷器 直径：50.5cm 英国国立维多利亚与艾伯特博物馆藏

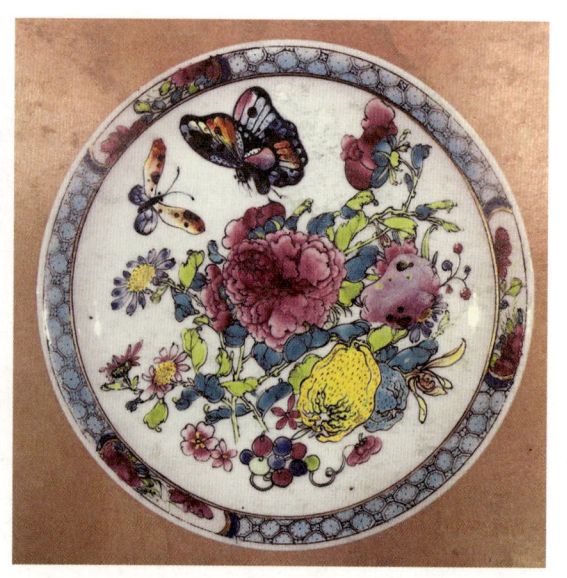

图3-36 粉彩花蝶盘 雍正时期 瓷器 直径：11.5cm 英国国立维多利亚与艾伯特博物馆藏

图3-37 粉彩折枝三果纹墩式碗 乾隆时期 瓷器 尺寸不详 馆藏不详

时最为突出。

5. 烟叶纹

烟叶纹是西方设计出来的纹饰，它被西方的商人带来中国用于瓷器画面的装饰设计。这种纹饰于1765年至1795年间在景德镇被大量绘制在瓷器上。大卫·霍华德（David S.Howard）认为这些图案模块的原型应该来源于印度的织物，后来是英国和印度的两位纺织专家把这种纹饰运用到瓷器上的。在1765年至1795年间，这种纹饰在景德镇被大量绘制生产，后来到19世纪上半叶也有一些绘制。烟叶纹饰有很多种类的模块组合设计，如烟叶和芙蓉花组合，烟叶与木槿组合，烟叶和西番莲组合，烟叶和罂粟组合，烟叶和石榴组合，烟叶和小白花组合，烟叶和雉鸡、凤凰组合等。这些组合中的元素有一些是中国的传统题材，如木槿、石榴、芙蓉花、雉鸡、凤凰等；有一些是西方的题材，如西番莲、罂粟等。它们在设计布局上也有中西方的审美差别。图3-38中，八角盘的中心图样是由石头、烟叶和罂粟花组成的。盘子的边饰上绘有竹子、牡丹和罂粟花。这是一个中国传统风格的粉彩盘，图像模块中除了烟叶和罂粟花，其他也都是中国传统的花卉装饰题材。外国资料里面形容中间的这个烟叶像中国的大白菜。对比右边的图3-39，我们可以看出，中国的陶匠在绘制烟叶图案时，遵循的是中国的绘画习惯，他们在突出主体物的同时，一定要选择衬景，如石头。绘制花卉和烟叶也注意了枝干的穿插，画面留白通透、气韵生动，非常有节奏感。西方人对盘面的设计方式和中国人截然不同。如图3-40所示，画面采用密不透风的设计构图，夸大叶子、西番莲和罂粟花的

图3-38[1]　粉彩烟叶盘　乾隆时期　瓷器　尺寸不详　余春明收藏

图3-39[2]　烟叶植物科学画　年代不详　插画　尺寸不详　馆藏不详

[1] Pierre L. Debomy, *Tobacco Leaf and Pseudo*, France: La Société des Amis du Musée national de Céramique Sèvres, 2013, P183.
[2] 同上，P25.

图3-40① 粉彩烟叶盘　乾隆时期　瓷器　尺寸不详　馆藏不详

特征，色彩鲜艳夺目。这个设计稿应该来自西方。比较有趣的是，烟叶和罂粟对我们现代社会来说，负面影响大于正面影响，然而在18世纪，这两种纹饰都受到人们的喜爱和市场的欢迎。

（二）鸟虫类图式

清朝瓷器上的鸟虫等一般是和花卉组合，取其谐音和寓意，去表达人们对美好生活的追求和向往，如仙鹤代表长寿、鸳鸯代表爱情、喜鹊代表有喜事、蝙蝠代表幸福、金鱼代表金钱富足有余、两只鹌鹑代表双安等。瓷器上的花鸟画多受宫廷画师的画风影响，康熙时期花鸟画较多使用平涂法，花卉会和洞石、禽类组合，而雍正和乾隆时期，外销瓷中画锦鸡、孔雀和凤鸟的装饰纹样较多，并且画法细腻有丰富的层次感。公鸡在十二生肖中排第十位，是十二生肖中唯一的禽类，与十二地支配属"酉"，下午5至7时即为"酉

① Pierre L. *Debomy, Tobacco Leaf and Pseudo*, France: La Société des Amis du Musée national de Céramique Sèvres, 2013, P237.

时"。公鸡被认为有五种美德：好学、勇敢、仁慈、忠诚、守时。18世纪上半叶，鸟类是一个流行的瓷绘主题，但在这段时间里，中国外销瓷上的公鸡纹饰比其他任何鸟类纹饰都要多。公鸡常和牡丹组合成画面，寓意"吉祥富贵"（图3-41）。除公鸡外还有锦鸡，特别是白眉锦鸡，是18世纪外销瓷画家们常用的题材。锦鸡象征着美丽和好运。如图3-42所示，这块雍正粉彩盘的不同寻常之处是画面中间的大开光是一个树叶的造型，并且不是居中的，开光周围环绕着牡丹、菊花等一些吉祥之花，盘子是薄而透的蛋壳瓷，开光里面绘有两只锦鸡和玲珑石，构图灵巧，从开光外围伸进一支牡丹花枝，锦鸡和花卉的组合寓意为前程似锦。根据现存于宫廷作坊的记录，珐琅制孔雀瓷最早于1725年生产。大约五年后，景德镇为英国市场提供了三种陶瓷纹章的订单，图3-43是雍正时期孔雀牡丹粉彩茶托。这是一个金色锦地开关的茶托，茶托的中央装饰着一只孔雀，周围环绕着一圈红色的如意花纹饰，最外围一圈是五个开光，其中四个开光的中心是牡丹花和鸟的组合画面，第五个开光是奈特利（Knightley）家族的纹章。

　　无论在中国还是在西方，花鸟图案都源于大自然，然而画在瓷器上的图案并不是直接得于自然，而是受绘画、刺绣、剪纸、版画等一些其他艺术形式的影响而形成具有自身特点的装饰语言。18

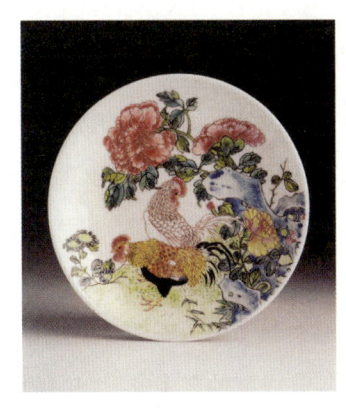

图3-41 牡丹公鸡粉彩盘　雍正时期　瓷器　尺寸不详　作者收藏

图3-42 锦鸡牡丹粉彩盘　雍正时期　瓷器　直径：21cm　余春明收藏

图3-43 孔雀牡丹粉彩茶托　雍正时期　瓷器　直径：11.8cm　作者收藏

世纪是欧洲经济、科技、自然等相关学科的发展上升期，各领域精英的研究对后世都有着深远的影响。整个18世纪，欧洲的重商主义态度是停止贵金属超支外流并立法禁止瓷器、印度棉布（尤其是细棉布和印花布）、中国壁纸和漆器家具等商品进口，这类看法垄断了欧洲思想与官方作为。然而亚当·斯密在《国富论》中主张，"无论资本如何外流，土地与劳力的年产值，其实都维持不变。黄金和白银经由贸易流通到远地异域的好处，以及贵金属的使用可促进多国交易，合而组成世上伟大的商业共和国"。这一经济学理论为全球化体系构建了最初的理论雏形。西方资本扩张也确实随着全球化贸易速度越来越快。经济的上升推动着科学技术的发展，契恩豪斯使用大型聚焦镜为陶土加热，他数年致力于研究瓷器的成分、性质，并与助手炼金师博特格共同烧造出瓷器。笛福对欧洲世界对中国以及东方物质狂热的现象持鄙视态度，他极力贬低中国瓷器乃至中国的艺术、文化，提倡欧洲要烧造出自己的瓷器，而不应该花大量黄金白银去进口中国的瓷器、印度的棉布。他鼓吹欧洲文化及绘画艺术，强调欧洲的文化自信。玛利亚·西贝尔·梅里安（Marie Sybille Merian）是17世纪德国著名的博物学、植物学、自然历史学家，从小受到家庭的艺术熏陶，并且长期研究昆虫，她的第一本书《新花卉图鉴》分三部分出版于1675至1680年。1679年，她出版了《毛毛虫的华丽蜕变及其奇特的寄主植物》。她在1698年游历了荷属西印度群岛，之后出版了其代表作《苏里南产昆虫变态图谱》的画册。梅里安是一位兼具科学和艺术双重造诣的传奇女性。晚年她的画集结于《毛虫的起源、食物和神奇的变态过程》，由三卷组成，每卷50个板块，前两卷由约翰内斯堡·奥斯特维克出版，第三卷是在1718年她去世后出版的。梅里安的第一版荷兰语书籍出版于1730年，作者是约翰·伯纳德和梅里安的女儿多萝西娅（Dorothea）。多萝西娅也是一位颇有成就的艺术家。当时的许多荷兰艺术家为了寻找单独的花卉细节而对梅里安的作品大肆抄袭。图3-44是乾隆年间的粉彩盘，这是一款普龙克系列瓷盘。瓷盘的中心图样是鸢尾花、海葵花、蝴蝶及毛虫，这些均取自梅里安设计的作品。图样中鸢尾花（a）取自梅里安1730年出版的荷兰语图录第20版（CXXI）原型，海葵花（b）取自34版（CXXXV）原型，朱砂蛾（c）似于28版（CXXIX）原型，海葵花上的大毛虫（d）是来自39版（CXL）中描绘的柳枝上的毛虫。树叶上较小的毛虫（e）来自背页CXIII Ssee分析。

a 梅里安版画CXXI　　b 梅里安版画CXXXV　　c 梅里安版画CXXIX

d 梅里安版画CXL　　e 梅里安版画CXIII Ssee

图3-44　花卉粉彩盘与梅里安版画图样对比
　　　　花卉粉彩盘　乾隆时期　瓷器　直径：26cm　科恩收藏
　　　　梅里安版画　18世纪　版画　尺寸不详　科恩收藏

图3-44a中的鸢尾花和图3-44b的海葵花图形还出现在乾隆年间的一件御窑粉彩花瓶（图3-45）中。这件御窑花瓶目前收藏在英国国立维多利亚与艾伯特博物馆。花瓶上的花卉图形和普龙克瓷盘上的花卉图形共同来自梅里安版画中的花卉图案。我们从这种现象可以推断出，生产普龙克瓷器的作坊中的画师和御窑厂的画师肯定存在着某种联系。在清朝官搭民窑的烧窑制度下，能工巧匠相对比较自由，很多制瓷工匠和画师前期在御窑厂工作，经过严格的培训，熟练地掌握了制瓷技术并锻炼出了优秀精湛的绘画技巧，他们很有可能去民窑做技术和生产的主力，甚至自己当作坊老板，烧制出精美的外销瓷。不过在乾隆时期，乾隆本人对西洋制品也抱着尝鲜的态度，他本人曾经有过西洋人打扮的自画像，而且在官窑瓷瓶上也有过西洋人物的画像，因此，这件瓷瓶上出现梅里安的花卉图案也在情理之中。

"博士"系列是荷兰东印度公司于1735年委托给科内里斯·普龙克的第二个设计。像其他的画作一样，这个设计描绘了一种中国风格的西方生活观念。图3-46盘子中央描绘的是医生们给国王看病的场景，这个欧式设计的小开光是仿照克拉克式陶瓷盘子而设计

图3-45　粉彩花瓶　乾隆时期　瓷器　尺寸不详　英国国立维多利亚与艾伯特博物馆藏

的。克拉克风格是16世纪末期和17世纪初期中国向西方出口的外销瓷器类型。盘子的边饰由三层组成，盘子沿口描金绘制一条窄边，中间一层是六个椭圆形的开光，开光内绘有精美的鱼类。开光之间绘有水禽图样，最里面一层是描金锦地纹饰。1737年，这种设计被送到坎顿，由于普龙克设计的画面都非常精细，因此制作成本也非常高，押运员要承担很大的风险，所以押运员只敢提交一个小的订单。第二个稍微大一点的订单在来年提交了，但是在1739年，这个设计的另一个简化版本（图3-47）省略了站着的人物，被送往坎顿希望能够降低制作成本。押运员们对过高的报价不满意，上报说他们不会再接受这样一份订单了。但是，荷兰东印度公司的记录表明这个大的订单成交了，包括60套371件瓷器的餐具，超过30套94件瓷器的餐具和871件茶具。

在图3-47这幅画里，左右两侧坐着的人物都拿了一条鱼给帝王。这也许是伯爵夫妇关于中国现状的新回忆录（1696）的一个参考。他把中国鱼米为药品的习俗和荷兰卖鱼治病的传统习俗作了比较。荷兰的这种习俗在《世界宗教礼仪》中提到过。1723至1737年，这本书首次在阿姆斯特丹出版，普龙克有可能从这本书中得到

图3-46 四博士粉彩盘 乾隆时期 瓷器 直径：25cm 科恩收藏

图3-47① 尼古拉斯·庞斯 雍正时期 设计图 尺寸不详 馆藏不详

① Pronk, Cornelis, *Pronk Porcelain:Porcelain after designs by Cornelis Pronk*, Groningen:Groninger Museum, 1980, P19.

灵感和启发。画面中心还绘有孔雀站在木围栏上，树的枝头站着一只鹦鹉。虽然画面主体的人物是帝王，但是这件瓷盘应该不是供帝王使用的。在中国传统艺术中，鹦鹉经常象征着妓女和情妇，所以绘有这一类纹样的瓷器绝不会被允许靠近帝王。

"博士"系列瓷器还有一类非常特别的洗手盆瓷具（图3-48）。这类盆子的边饰中绘制的鱼类非常精美，它们是来自印度洋地区的热带海洋鱼。17世纪和18世纪初期，一些荷兰自然主义者在印度洋地区工作，这些人中的一员也是服务于荷兰东印度公司的，他就是塞缪尔·法洛斯。他的画作被路易斯·雷纳德及弗朗索瓦·瓦伦

洗手盆俯视面

水箱和洗手盆　　　　　　　　洗手盆和外立面装饰

图3-48 普龙克博士系列水箱与盆　乾隆时期　瓷器　水箱：高53cm　盆：高28cm 长47cm　科恩收藏

廷所借鉴和引用。这幅画中的水禽类动物是水鸟，与主画像中的孔雀和鹦鹉不同。鹳的来源还没有查明，不过反嘴鹬和两只鸭子（巡凫和番鸭）取自于约翰·琼斯顿编写的1718年版的《万有动物剧场》。

从以上的分析图可以看出，普龙克博士系列洗手盆上的每一个鱼图案都是由三条深海鱼组合而成的。通过对比，我们可以找出a组最表面的一条鱼与d组的最表面的一条鱼是出自塞缪尔·法洛斯的绘画中。而b组的三条鱼的组合在另外一个瓷盆上可以找到相

a-1 塞缪尔·法洛斯的绘画 相似于a组第一条鱼

b-1 类似盆子上的三头鱼组合 相似于b组三头鱼组合

c-1 鱼名：月光蝶 Chaetodon ephippium

d-1 塞缪尔·法洛斯的绘画 相似于d组第一条鱼

e-1 鱼名：肩环刺盖鱼 Pomacanthus annularis 相似于e组第一条鱼

e-2 鱼名：深黄镊口鱼 Forcipiger flavissimus 相似于e组第三条鱼

f-1 鱼名：鞍背小丑 Amphiprion polymnus 相似于f组第三条鱼

图3-48 普龙克博士系列水盆鱼纹饰分析图

第三章 雍乾时期外销粉彩瓷的装饰设计

153

类似的（b-1）。e组中三条鱼的最表面一条和最底下的一条分别找到了自然生态中的鱼原型e-1肩环刺盖鱼（Pomacanthus annularis）和e-2深黄镊口鱼（Forcipiger flavissimus）。c组和f组的最表面的鱼分别属于蝴蝶鱼科类和雀鲷科类。这类深海鱼类组合还被运用在其他普龙克系列瓷中，它们作为模块也在不停地被转移和复制。

图3-49是图3-46的简化版，学界对"博士"系列图像设计的来源仍然没有确切的文字记载。贾格（Jörg）认为普龙克可能是受明代陶罐图像中的道家形象，即"福禄寿（three star gods）"三星下棋的场景的影响，如图3-50所示。另一种来源可能是众多明代后期的青花碗，那些碗上描绘了一艘船上诗人苏东坡和他的两个友人围在桌边的场景。苏东坡有一首诗："举网惊呼得巨鱼，馋涎不易忍流酥。更烦赤脚长须老，来趁西风十幅蒲。"这首诗所描绘的场景与瓷盘图案上所描绘的场景应该有一定的关联性。

（三）山水、风景图式

欧洲的中世纪长达上千年，在当时宗教意识主导下，宗教人物自然成为绘画主角。这些宗教人物画的背景均以平涂的方式处理。中世纪，欧洲宗教绘画受波斯细密画的影响较大，而波斯细密画虽然受到印度和古罗马文化的影响带有少许自然物象的元素，但是大部分表现为将人物设置为前景的特点。元代是中国国土面积最

① Pronk, Cornelis, *Pronk Porcelain:Porcelain after designs by Cornelis Pronk*, Groningen:Groninger Museum, 1980, P31.

图3-49　普龙克三博士粉彩瓷浅碟　乾隆时期　瓷器　直径：11.4cm　科恩收藏

图3-50[①]　三星图罐　年代不详　瓷器　尺寸不详　馆藏不详

辽阔的时期，当时定都在伊朗边境的大不里士的伊利汗国是元帝国的三个附属国之一。很多中原地区的画师及众多的能工巧匠被带到这里为伊利汗的宫廷服务。中原画师将北宋山水画的技法带到了西亚，他们所绘制出来的细密画与原有的波斯细密画有着天壤之别。大不里士的细密画有中国北方的山川、河流、树木，甚至还有龙、凤等中国传统图像，还有中国山水画中经常出现的悬崖绝壁等文化意味浓重的典型性符号。大不里士的这种中国画风格在当时的西亚独树一帜。野心磅礴、凶猛好战的伊利汗国为了扩充领土和势力范围，不断向当时西亚波斯文明最发达的两河流域发起攻击。强势的武力征服和残酷的杀戮，致使这一地区的财富和手工技艺向西流入地中海地区，从而使拜占庭和意大利受益良多。然而，拜占庭帝国长期受到来自地中海南岸的土耳其势力的威胁，有大量的财富和工匠被迫迁移到意大利诸多口岸城市，这为意大利文艺复兴的发端打下了基础。应该说，元代势力西扩是文艺复兴在意大利发生的主要外部原因。13世纪末，伊利汗国和拜占庭王朝结为盟友，共同应对当时势力强大的土耳其帝国的威胁。因此为了巩固两国的结盟合作关系，两国的王室相互通婚，这种密切的交往也促进了文化上的融合，大不里士画派的细密画就是在这个时期传入拜占庭王朝并影响拜占庭的绘画风格的。拜占庭的绘画从14世纪初开始出现明显的自然物象元素以及作为人物背景的风景，北宋山水画中的竖式构图和多点透视深深影响了拜占庭的绘画风格。意大利与拜占庭的贸易、文化交往关系非常紧密，使得这种新型的绘画风格很快出现在意大利文艺复兴早期的作品中。意大利文艺复兴绘画的思想和灵感主要源自拜占庭，并借鉴了大量波斯文明的图像元素。文艺复兴早期号称"西方绘画之父"的乔托·迪·邦多内在阿西西圣方济各教堂上院所画的壁画《逃出埃及》（图3-51）在背景处理方面和同时期的拜占庭绘画中的背景处理一样，都与中国北宋山水画风格相似。甚至在15世纪达·芬奇的著名画作《岩间圣母》（图3-52）中，其背景中的风景都有着中国文人山水画的韵味。这种种迹象都能让我们

图3-51 逃出埃及① 乔托·迪·邦多内 13—14世纪 壁画 尺寸不详 馆藏不详

图3-52 岩间圣母② 15世纪 达·芬奇 油画 尺寸不详 馆藏不详

① https://chuansongme.com/n/1323133052333.
② 同上。

觉察出中国山水画的西传为西方绘画带去的全新视角和启发。

  14世纪，西方以科学的方法探寻自然，使得人类对自然的认知进入到一个崭新的境界，而此时的中国正值元代，蒙古人统治中原之后，自然山水却成为中原文人表达、抒发郁郁之情的物象。所以，此时中国艺术家对自然的描绘不是从科学的观察而来，而是从内心出发，无视山水的自然样貌，一味追求"笔意""神似"之趣。这种以物明志的画风和观念一直延续到明清时期，成为中国绘画的传统。随后，各种画谱相应产生，这中间充斥着程式模块化的各类物象的元素构件及相应画法，如梅、兰、竹、菊、牡丹等花卉造型，人物、动物的各种形态，以及各种山石的皴法等。人们熟练掌握各种画谱后，就能拼凑出一个还算不错的画面。这种程式化的绘画模式可以让人快速地掌握绘画技巧，提炼画面语言，但是从宏观来看，它极大阻碍了绘画的发展，实质上是中国艺术的一种倒退。这种绘画方式同样影响到了陶瓷绘画。中国的陶瓷纹饰在宋代之前都具有儒释道等精神层面的象征意义。宋代，陶瓷纹饰与文人思想融合，追求高雅、极致的美学标准。元代以后，陶瓷纹饰更多地反映了平民百姓所喜爱的历史故事、戏曲以及吉祥动物和花卉等民俗文化方面的内容。在明嘉靖以前，陶瓷纹饰中独立的山水纹样很少，即使有也很简单，大部分山水纹饰都是作为人物的配景而存在的。从嘉靖晚期、万历早期开始，陶瓷装饰纹样上独立的风景画已经出现得比较多。到了万历晚期，山水、风景纹饰趋于成熟，远近的山岭和水中的倒影、帆船、岸边的垂柳、松树，亭台楼阁与行人等均得到生动的体现。这些图像一度被西方人称为"南京式样"。其中，柳树图像模块更成为风景纹饰中不可或缺的一个重要构成部分。柳树图像代表着凄美、伤感的爱情故事，男女主人公殉情后变成了两只鸽子，它们在柳树枝头相伴飞翔。以此故事原型而创作的图案纹饰深深打动了浪漫的欧洲人。难怪，柳梢之上翱翔的比翼鸟，配上独具中国韵味的阁楼、宝塔、小船、拱桥，汇成了一股西方人无法抵御的东方格调与异域风情。这一模块在清朝五彩、粉彩的装饰纹饰上被广泛运用（图3-53），欧洲的瓷厂也在大量地仿制这种图案。

图3-53 粉彩盘 乾隆时期 瓷器 直径：43cm 科恩收藏

16世纪，西方传教士利玛窦来到中国，他在《基督徒中国布教记》（*Histoise de I' expedition Chrestienne en La China*）这本书里，对中国花园尤其是其中的假山和楼阁进行很详细的论述。和利玛窦同来的金尼阁（Nicolas Trigault）神父则通过第一次把"塔"的形象引进花园空间，给了欧洲人一个花园的新概念。荷兰东印度公司在1655年派遣了一个使节团来中国，随员纽霍夫（Johan Nieuhoff）写了一本详尽的见闻记录《外国造园艺术》，这本书在欧洲的主要国家都有翻译版，流传甚广。书中有数量众多的精美插图，第一次展现了欧洲人眼中的中国花园。书中以精美的绘画相当准确地刻画了中国的园林、村庄和自然山水，如插图中的南京大报恩寺的琉璃塔（图3-54）和假山（图3-55）。这些形状怪异而又巨大的假山，显然给欧洲人留下了深刻的印象，以至于在欧洲人的笔下，山水园林中的假山也被塑造成同样的造型。中国的风景园林艺术在西方受到关注，最初是由耶稣会士把看到的中国皇宫以及其他所见所闻通过书信和论著传到西方，随后又有许多外国的商人、学者来到中国，他们在归国时带回了一些图片和书籍等资料，以至于在1688年德国纽伦堡出版了《东西印度及中国游乐园和宫廷园林》（*East and West India and Likewise Chinese Pleasure and State Garden*）这样一本叙述中国风景园林的专著。当然，吸引欧洲人的不仅是这些园林景观的物质表面，中

图3-54 南京大报恩寺琉璃塔 17—18世纪 插画 尺寸不详 馆藏不详

图3-55 假山 17—18世纪 插画 尺寸不详 馆藏不详

国人独特的自然观应该也是欧洲人的关注重点。瓷器外销的需要，使得中国瓷器上的山水、风景纹样也逐步完善并形成许多固定模块，如：莲花水鸟和水草构成的边饰，荷花、水鸟和石头构成的图案纹样，远山近石、树、船和塔构成的风景图案等。可以说，这些中国风格的山水、风景图像模块对欧洲的瓷器产生了重要的影响；同时，瓷器外销市场的需要，也促进了中国陶瓷纹饰上山水、园林纹饰的独立发展。

图3-56是雍正时期的一个茶杯托，它的边饰是由四条龙首尾相连组合而成的不规则开光纹饰，边饰底纹是绿松石蓝以及绿色的人字形锦地纹样，龙纹由黑色勾线并描金而成。碟子的中心图式是一幅中国传统山水画，近景有人和马、树木和青草地，远景有远山和江水，江面上有小船和桥。18世纪30年代，绘有这种题材的茶具特别受欧洲市场的欢迎。当时，欧洲人对中国一直存有理想化的憧憬，表现中国山水风光的瓷器一直是欧洲人追捧的对象。就像图3-57的乾隆粉彩山水葵口盘一样，盘子中心的装饰图式是中国的亭台楼阁，有远山，有江面，江面上泛着小舟。这个图式延续了乾隆早期青花瓷上的构图，画面的原型很有可能来自杭州西湖。到了1760至1780年，这种图式出现了规范性和固定性的构图模式，这种模式在粉彩上运用较多。

图3-56　粉彩碟[①]　雍正时期　瓷器　直径：11.6cm　馆藏不详

图3-57　粉彩山水葵口盘　乾隆时期　瓷器　直径：23cm　中国园林博物馆藏

① David Sanctuary Howard, *The Choice of the Private Trader: The Private Market in Chinese Export Porcelain Illustrated in the Hodroff Collection*, London: Sothebys Pubns, 1994, P176.

图3-58选自一套乾隆时期的粉彩托盘。这套瓷器大概是1745年由瑞典东印度公司订制的货品。瑞典东印度公司成立于1731年。瑞典在瓷器上的人均花费可能比其他任何与中国进行贸易的国家都要多，他们时刻准备花大价钱购买他们所看中的高质量瓷器。广东商人知道，他们从瑞典押运员那里可以收取更高的价格，因此在瑞典的船只到达广州之前，他们会和各个陶瓷作坊商谈一个最低价格，然后以高价卖给瑞典商船的押运员。这个托盘的纹饰描绘了城堡和湖，一群瑞典人正与一艘挂着皇家三角旗、由八个人划船的接驳船接头。中心部分的城堡呈对称结构，有一条林荫大道通向湖边码头，码头由岗哨守卫。一个包含两艘划艇的船屋被放置在草坪花园边缘的小树林里。托盘有着精致的洛可可式边饰，盘子边缘有描金。订制这套餐具的主人不仅希望记录他的乡村别墅，更希望记录历史上的一个重要事件，而这一事件几乎可以肯定是一次皇室访问。从这个画面中，我们可以看出中西方园林的区别。西方园林讲究对称，而中国除了皇家宫殿讲究对称结构之外，园林讲究的是曲线和"之"字形的路线以及一步一景的特色。就像翁策尔在他的《中国园艺论》中所指出的那样，中国园林艺术的特色之一是"蛇形曲线"。他说："中国人喜欢用蛇

图3-58 粉彩托盘 乾隆时期 瓷器 直径：56cm 科恩收藏

形曲线，并且确定地认为曲线比直线更生动而多姿，故不只有小径石梯，幽谷水道，千回百折，若隐若现，甚至也用于桥梁的建筑。"①而法国画家王致诚则认为，"中国创造的园林不像欧洲那样，有着笔直的漂亮甬道，而是通向谷地需要走过蜿蜒的曲径和拐弯抹角的'之'字形道路。这些曲径本身又装饰以小亭和小山洞，而且，在园林以外的大地上，也到处可见这种极近自然的艺术。如堤坝没有筑成笔直的造型，而是用岩石粗糙地砌成。有的地方向前伸，有的地方又缩了回来，参差不齐。岩石砌得非常具有艺术性，我们甚至认为它是大自然的杰作。运河有时很宽，有时又很窄，有的地方蜿蜒崎岖，有的地方又有大拐弯，完全如同它是由山岭岩石所推动的一样。河岸上种满了鲜花，鲜花自假山后伸出，每个季节都有开放。"另外在别墅和一般的住宅中，中国人"都希望呈现出一种具有美感的不规则性和反对称的做法。一切都以这一原则为基础。大家希望设计出一种田园和自然的乡间环境来……一旦进入其中后就会产生截然不同的看法，就会情不自禁地欣赏处理这种不规则性的艺术。一切看起来就令人感到美不胜收，安排得如此巧妙，以至于使人不能将全部美景尽收眼底。"②

中国山水画的西传，其实也输出了一种中国人的自然观，而这种自然观对西方艺术产生了深远的影响。正如苏立文③称："中国山水画反映出来的美学思想，却以一种非常间接的、极其微妙的方式在欧洲艺术里得到了某种体现，尤其是在欧洲的园林艺术这一领域，中国艺术的影响立竿见影，并且有着革命性的意义。"④

四、家族纹章

纹章瓷是外销瓷中一个重要的品类。在这类外销瓷中，中国民窑的瓷器纹样所占比例最多，其次就是欧洲贵族的私人订单以及东印度公司的特别订单（包含欧美艺术家设计的瓷器）。这些特别的订单又分为公司团体订单和私人贸易订单，而这种家族纹章瓷就是私人贸易订单中最主要的品种。纹章这一术语指的是带有个人外衣

① 转引自严建强：《十八世纪中国文化在西欧的传播及其反应》，浙江：中国美术学院出版社，2002年，141页。

② 转引自乔治.洛埃尔：《入会耶稣会士与中国园林靡欧洲》，载《明清间入华耶稣会士与中西文化交流》，北京：东方出版社，2011年。

③ 苏立文（Michael Sullivan,1916—2013)，字迈珂，英国艺术史家、汉学家，牛津大学荣休院士。他是20世纪第一个系统地向西方世界介绍中国现代美术的西方人，是当代西方中国现代美术史研究的学术泰斗，被称为"20世纪美术领域的马可·波罗"。

④ （英）苏立文著，陈瑞林译：《东西方美术的交流》，南京：江苏美术出版社，1998年，98页。

的盾牌，所以，纹章通常被称为盾形纹章，它作为一种个人身份和地位的象征而被后人继承。纹章学是在2世纪发展起来的，因为纹章有着被要求授权和规范这一制度，所以纹章最初被克米特人用来在战争中确认身份，但后来逐渐被人们作为家庭身份和社会地位的装饰标志。纹章的上面绘有一只头盔，盔上有冠——通常是鸟或兽，但也有其他装饰。头盔上缠着一圈布，原先这是用来固定头盔的。披风通常是整套服饰的一部分，虽然现在的披风主要是装饰，但最初的时候是为了保护穿戴者免受太阳的照射。通常盾牌上还有一个书卷部分，上面主要写明家族或个人的座右铭，但这是个人选择的问题，不同的地区以及不同的家族都会有所不同。铭言很可能来自战争宣言、信念或是信仰等。纹章通常被授予贵族（公爵、侯爵、伯爵、子爵或男爵）、苏格兰氏族首领，以及后来的准男爵或高级成员等。贵族们还戴着一顶特殊设计的冠冕和头盔，每一个都表明了他的等级。不过，在欧洲大陆，一些国家也允许"无头衔的贵族"，即高级军事指挥官或"布拉夫"（头等公民头衔，不过这种称呼在英国没有）使用冠冕。

纹章是中世纪晚期骑士艺术的重要珍品。"纹章这一古老传统里结构名称和结构描述有精确性，如浪峰形对角线、反向浪峰形对角线、朵垒形对角线、对应朵垒形对角线、棘钩形对角线、鸠尾形对角线、小锯齿形对角线、大锯齿形对角线。"（图3-59）[1]

贵族们喜欢在他们的纹章里放入祖辈们的纹章以及祖辈们的财产和特权的所有证明物，这种设计安排给图像的呈现带来了无限的叠加组合形式。绝大多数盾牌不只使用一种纹章样式，它们还添加和套入许多符号，这样做最有趣的结果是导致了一种特殊的交错纹样的出现。

专注于研究纹章瓷的权威学者大卫·霍华德在其论著中阐述道："根据欧洲的传统，家族的纹章只有长子能够完整地继承，因为每一个完整的家族纹章出现时，都证明此人是家中的长子。而经过每一次婚姻，都要由女方家族纹章和男方的个人身份、地位及家族纹

---

[1] （英）贡布里希著，杨思梁、徐一维、范景中译：《秩序感——装饰艺术的心理学研究》，广西：广西美术出版社，2015年。

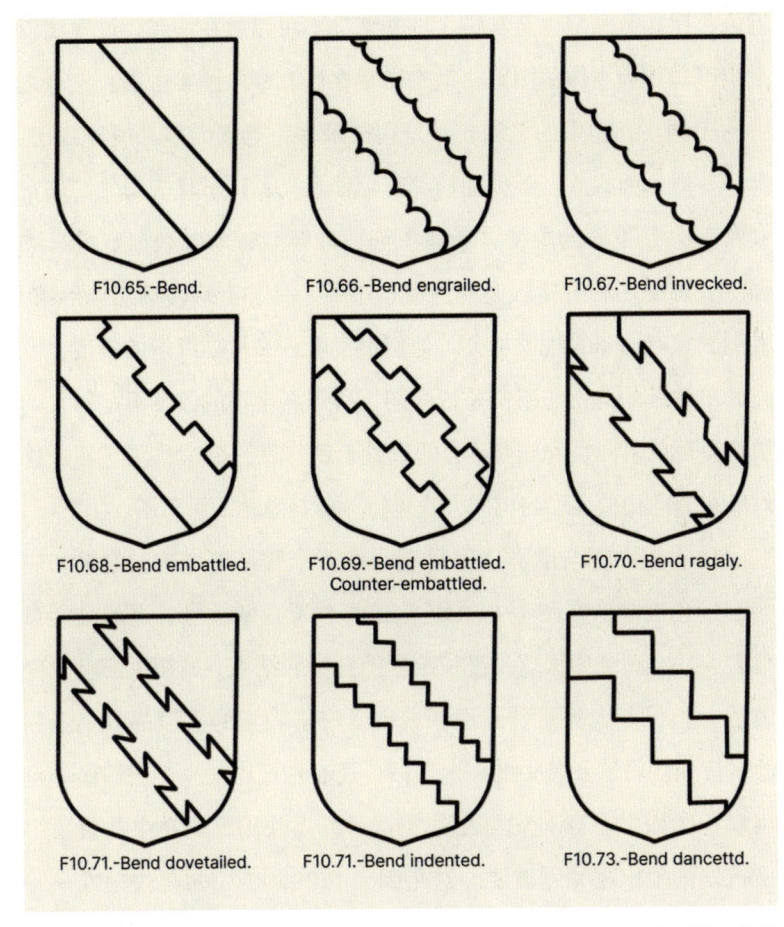

图3-59 描写纹章的术语 A.C.福克斯·戴维斯 1909年 插画 年代不详 馆藏不详

章三个方面组合成一个新的纹章。"[2] 如何鉴定纹章瓷的年代与时间？他说道："查找该家族的纹章和此人与哪一个家族联姻，以及此人的爵位等，再到族谱中查找，找到他们结婚的时间，由此来推断纹章瓷的年代，一般误差不超过两到三年。"[3] 所以，纹章可以区别家族、家族中的第几代、第几个孩子、男女性别以及身份、地位、封号、特权等，甚至社会职务都会在纹章中体现。欧洲的纹章特别多，对纹章的研究成为一门专门的学问，有着自己的体系。一般说来，纹章的色彩分为两类：一类是金属色，包括金、银两色；一类是普通色，主要是蓝、红、黑、绿、黄和紫色，紫色用得不多，金、银、白是通用的。为了使色彩鲜艳且对比强烈、易于识别，相

[2] David Sanctuary Howard, *Chinese Armorial Porcelain*, London: Faber & Faber, 1974, P101.

[3] 同上。

近色，比如黄和绿、金和银、红和紫等不可以放在一起。许多纹章采用以动物为主体的图案，动物图案在所有纹章图案中占有三分之一的比例。动物中的老鹰、狮子用得最多，老鹰大多都展开双翅，狮子一般侧面直立。各类动物都有象征意义：狮子代表勇气、高贵和雄壮，是王者的象征；老鹰象征勇敢智慧；熊和狼象征勇猛顽强。纹饰中还有野猪、鹿、鸭子、小鸟、马、蜜蜂、蝴蝶等形象。欧洲国家有司章管理委员会，他们负责管理和批准纹章的申请，审查其申请者的身份与事实是否相同，确保新申请的纹章不与别人的纹章重复或雷同是管理委员会的重要职责。图3-60是大卫·霍华德对纹章瓷的构成元素与构成方式进行分析、总结的示意图。

18世纪中国与欧洲之间最重要的两个贸易港口——伦敦和广州的景色被装饰在图3-61的这个纹章粉彩盘的边缘。这两个港口代表着从欧洲到中国这一漫长旅程的开始和结束。泰晤士河上的伦敦桥、圣保罗大教堂的圆顶和城市里许多教堂的尖顶都以全景描绘。广州的城墙和其中的一个城门，还有珠江中的一个城墙堡垒也出现在画面中。18世纪早期的瓷器可以反映出广州在中欧贸易中所占据的地位越来越重要。这是因为1729年，广州是中国唯一一个对外贸易港口。它承担着向国外输出茶叶、丝绸和瓷器的重任。这个盘子来自英国英格兰什罗普郡库顿镇的李家族。这个家族在美国有一个分支，就是美国南北战争时期南军的指挥官罗伯特·李将军及其后裔。

在清朝持续的200多年中，大约有6000个西方家庭想要在中国订制家族的纹章瓷器。这些纹章瓷器必须由一些专业人士来中国订制，其中，有些订单保存了下来，有些则没有留存下来。因为这些家族订制的瓷器不属于东印度公司的贸易，而只是以一种私人贸易的形式订制，这些专门帮人订制家族纹章瓷的专业人员或许会向雇主展示各种中国瓷器的纹饰和样式，以及成套餐具的品种等。一般，这个家族一旦选定他所需要的瓷器品种、纹饰和数量，那么他只要向这位订制瓷器的经纪人提供他们家族的纹章

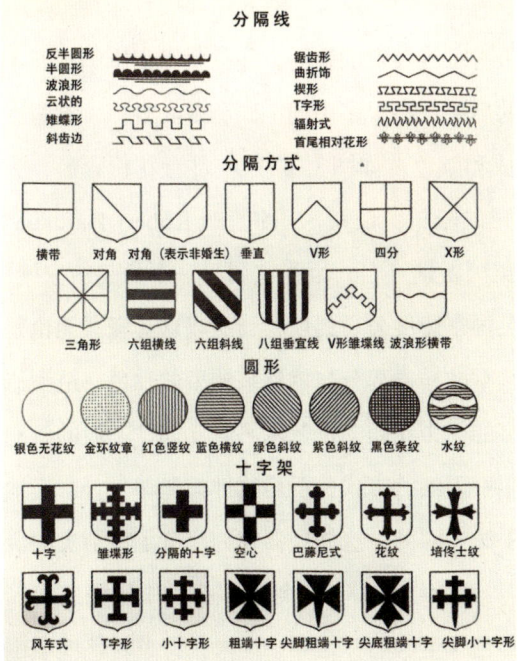

图3-60① 纹章组合元素及构成方式示意图

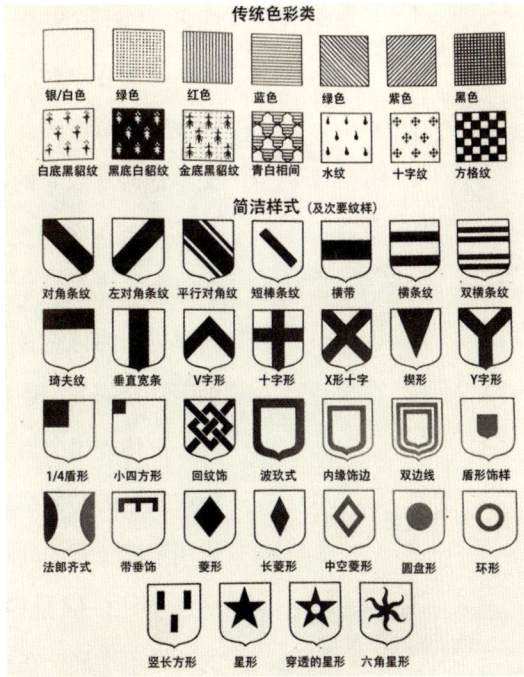

① Ronald W.Fuchs Ⅱ, David S. Howard, *Made in China Export Porcelain from the Leo and Doris Hodroff Collection at Winterthur*, Wilmington: The Henry Francis du Pont Museum, 2005, P184-P190.图中的中文注释由余春明先生翻译。

广州黄埔港周边景色　　　　伦敦泰晤士河沿岸风景

图3-61　李家族纹章粉彩盘　雍正时期　瓷器　尺寸不详　馆藏不详

样式和具体说明就可以了。英国的托维尔（Tower）家族中有家庭成员在东印度公司任职，所以他们从康熙晚期开始到雍正时期，在中国一共订制了五种家族纹章瓷，分别提供给家族的五个家庭。这个家族有一个画在羊皮上的彩色订单，订单的正面画着家族纹章，反面写着订单，这件瓷器订单也因为它的记录被完整留存而闻名。（图3-62）

欧洲客户要订制带有家族纹章的瓷器，往往要承担中国工匠不能理解纹章构成意义的后果。有很多中国工匠会随心发挥，有意或无意地改动纹章的构成和颜色。如图3-63是一件青花粉彩盘，为著名的英国东印度公司的船长罗伯特·霍尔丹（Robert Haldane）所订制。这件器物在英国特别有名，因为它属于一个显赫的家族，同时也因为订制者是英国东印度公司的船长，所以这套瓷器无论是釉下青花部分，还是纹章的粉彩部分，就连该器型的釉色、造型修坯，都体现出类似官窑的极为高超的工艺水平。比如，一般的订制瓷在修足的时候都采用一刀削的方式，可是这件陶瓷却十分严谨地使用了鳝鱼背的处理手法。因此，这件瓷器在如今有了特别贵的价格。[①] 图3-64是霍尔丹家族纹章。霍尔丹家族担心中国瓷工绘制的纹章不准确，在把彩色纹章的稿样送到中国时，特意将该纹章围在一个方框当中以示提醒。然而不解其意的中国陶工在绘制纹章时却连这个外框一并画出来了。因此，我们看到图3-63这件青花粉彩盘中的纹章便有了一个与整件作品颇不和谐的方框。

① 余春明：《一瓷一故事》，南昌：江西美术出版社，2017年。

图3-62 Tower家族纹章粉彩盘 雍正时期 瓷器 直径：39cm 温特图尔博物馆藏

图3-64 霍尔丹家族纹章

图3-63 雍正青花粉彩盘 雍正时期 瓷器 尺寸不详 余春明收藏

1700年左右的这段时间里，中国陶工将很多注意力集中在为英国市场制造纹章瓷器上。为了表现一万多英里之外的画家设计出的画面，中国陶工竭尽全力用了许多不同的方法，以使这些纹章被尽可能准确地复制在瓷器上。这些经过中国陶工复制的纹章除了形和特别说明的色块是按照原图复制之外，颜色的搭配和边饰都会被重新再设计。图3-65是欧克欧文（Okeover）家族的纹

图3-65① 纹章瓷插画 乾隆时期 纸画 直径：22.8cm 馆藏不详

章画面。这个家族为了保证自家纹章被精确复制到陶瓷上，请了专业画师画了家族纹章的瓷器稿样，然后送去中国订制。这件稿件所用的纸张是牛皮纸。为什么要用牛皮纸？目前还没有定论，有可能是画家为了追求瓷器上的颜料质感。值得一提的是这件画稿被中国陶工以几乎零误差的方式复制到了瓷器上，体现出当时中国陶工的专业水准。然而，从审美的角度看，中国陶工依然遵照自己的文化习惯，把这个色调沉重、乌漆墨黑的盘子配色改成了我国常用的色彩配色，因而显得轻快而明亮（图3-66）。

传统的纹章学是符号学和设计学之间相互作用的结果，现在仍然还有专家在专门研究骑士制度时代留存下来的这门深奥的学问。而研究设计的人也许会在这一传统学问中，通过对其名称和结构的描述，探寻构成纹章的元素，如花朵和野兽是怎样变成纹饰符号的。比如在纹章中，玫瑰和鸢尾花几乎完全被风格化了，因此很难

---

① David S.Howard, *A Tale of Three Cities (Canton, Shanghai & Hong Kong): Three Centuries of Sino-British Trade in the Decorative Arts*, London: Sotheby's, 1997, P57.

图 3-66[2]　欧克欧文家族粉彩纹章盘　乾隆时期　瓷器　直径：22.8cm　馆藏不详

辨别出来，它们只是代表花的一个符号而已。符号的功能是吸引注意力，给人以明晰、清楚的感觉，而图案设计者的任务则是要创造出合适的背景来增强这种明晰的效果。

五、边饰内容

边饰指的是器物边缘的装饰纹样，而纹样是符合图案的构成规律但经过抽象、变形等方法被规则化、模块化的图形。边饰可以是一个单独的适合纹样，也可以是模块元件进行无限延续的二方连续、四方连续等纹样。卢卡契认为："纹样本身可以作这样的界定，它是审美的用于情感激发的自身完整的形象，它的构成要素由节奏、对称、比例等抽象反映形式所构成。"[3]边饰的内容分为两种：一种是自然形边饰，其内容包括植物、动物、人物、自然景物等题材；另一种以圆形、方形、三角形、多边形等几何形为模块构件，

[2] David S.Howard, *A Tale of Three Cities (Canton, Shanghai & Hong Kong): Three Centuries of Sino-British Trade in the Decorative Arts*, London: Sotheby's, 1997, P57.

[3] 卢卡契:《审美特性》，北京：中国社会科学出版社，1986年。

并在限定的框架中复制、延续，如中国传统纹样中的锦地纹。

在明清时期的海外贸易中，中国瓷盘边饰的内容及构成方式也在推陈出新中持续地演变和发展，呈现出样式繁多、中西结合的特点。从克拉克瓷器的经典开光边饰到乾隆时期复杂的中西结合边饰，都能体现出中西文化的交流和融合。特别是18世纪30至50年代，是瓷器纹饰推陈出新最快速的20年，同时也是外销瓷的边饰从中国传统纹样走向西式纹样的时间节点。雍正时期，粉彩工艺已经日趋成熟。白地画彩体现了浓郁的中国传统工笔画的风格，特别是恽南田的没骨花鸟，既体现了花卉的娇艳、柔美，又刻画了鸟的丰满羽毛，神态灵动，对雍正时期的粉彩绘画影响很大。雍正是一位受汉文化影响颇深的皇帝，加之他本人于诗、书、画、印等艺术形式有很高的造诣，因此雍正时期的官窑粉彩瓷不但隽美雅致，而且更具文人画神采飞扬、删繁就简、气韵生动的艺术特征。而这种统治阶层的审美风尚也直接影响着民窑瓷器的装饰风格。因此，雍正时期的官、民窑粉彩瓷器，大多数图案纹样体现了中国传统的计白当黑、气韵生动的特点，画面注重留白透气，边饰则采用简单的类型甚至是没有边饰。但是，到了雍正后期即1730年以后，大量的西方订单涌入中国。这些订单有很多是来样加工。这些欧洲的纹饰对民窑的装饰风格冲击很大，很多工匠都从最初的依葫芦画瓢、按部就班地照着原画复制，到后面的自我发挥，创造了很多中西结合的边饰。乾隆初期的瓷器延续了雍正时期的装饰风格，不过由于欧洲的时尚风潮正处于快速变化的年代，导致乾隆时期的外销瓷出现了大量的欧洲纹饰。

外销粉彩瓷盘的边饰按内容作归纳总结，可分为简单边饰、锦地开光动物纹边饰、花卉纹边饰、开光风景纹边饰、人物纹边饰、纹章边饰、欧式边饰八个类型。

（一）简单边饰

简单边饰意为用单一的图案组成的一层边饰样式。如图3-67至图3-69是雍正时期的粉彩盘，盘的边饰只有一层简单的花卉。花卉是中国传统的折枝牡丹、梅花等，整个边饰清新淡雅，更

图3-67 粉彩人物盘 雍正时期 瓷器 直径：35cm 科恩收藏 　　图3-68 粉彩花卉盘 雍正时期 瓷器 直径：43cm 科恩收藏 　　图3-69 粉彩人物盘 雍正时期 瓷器 直径：20.3cm 科恩收藏

能衬托主体画面的内容。这是雍正早期瓷盘常见的装饰手法，不仅在民窑瓷器中有所体现，而且官窑瓷器也是这种淡雅秀丽的风格。

（二）锦地开光动物纹边饰

锦纹是汉族传统纹饰之一，它来源于丝织品的彩色花纹，后来作为瓷器装饰的典型纹样，常用于辅助纹饰或者作为起地纹，故称作"锦地纹"。锦地纹图案常以各种图形连续构成，有绣球、龟背、花卉、云纹、十字纹、万字纹等，繁密规整，华丽精致。瓷器上的开光又叫开窗，是一种装饰方式，即在瓷器的某个部位以线条勾勒出圆形、方形、菱形、叶形等不同框栏形状的纹饰，并且在框内绘制各种图案加以装饰。瓷器上的锦地开光纹饰一般为宽纹饰，开光里面可以绘制各种题材图案。

图3-70是一只雍正年间的粉彩人物盘，盘子的胎体是蛋壳瓷，用粉彩绘制的图案展示的是中国的传统图式。边饰分为两层，最靠近中心图案的边饰是锦地莲花缠枝纹样，第二层由四个开光和花卉纹饰组合而成。四个开光里的图案只有两种内容：一种是两条金鱼，一种是公鸡和母鸡。它们两两相同，依次错开排列。金鱼的谐音是"金玉"，因此有金玉满堂的寓意；两只鸡则有吉祥如意的寓意。

图3-71是雍正时期的粉彩人物盘，边饰分为四层。最接近中心一层的主体图案是蓝色人字纹和锦地纹。紧挨着的第二层是一条

图3-70　粉彩人物盘　雍正时期　瓷器　直径：22.6cm　馆藏不详

图3-71　粉彩人物盘　雍正时期　瓷器　直径：38cm　科恩收藏

用黑色颜料勾线并描金的锁链纹饰。这种纹饰源自西方，不属于中国传统纹饰。第三层是锦地开光，这层是条宽边纹饰，共有四个开光，每两个开光之间有描金的荷花头纹饰相衔接，开光里面的动物图案一致，均为麒麟兽。麒麟在中国传统文化中寓意吉祥。最外沿一层是几何纹饰。

（三）花卉纹边饰

花卉纹边饰是指用不同种类的花卉组合而成的花卉边饰式样，常见的有两种：一种是由各种花卉组合而成的一层或是多层的普通花卉边饰，另一种是花卉边饰中带开光的样式。图3-72是一个乾隆时期粉彩花卉盘，它的边饰有两层。这个瓷盘的特别之处在于边饰的形式结构。整个盘子的装饰主题是花卉，中心主体图案是牡丹，紧挨着主体图案的那层纹饰是莲花瓣纹样，这就属于主体图案的大开光。第二层边饰是由金银花、莲花和牡丹花组合而成的锦地纹，边饰内容和主体内容相呼应。

图3-72　粉彩花卉盘　乾隆时期　瓷器　直径：32cm　科恩收藏

图3-73　粉彩图盘　雍正时期　瓷器　直径：31.5cm　馆藏不详

图3-73是一个雍正时期三层边饰的粉彩盘。边饰用了大量描金工艺，最贴近中心图案的一层是描金花卉纹饰，第二层是锦地花蝶纹饰，由梅、兰、竹、菊和牡丹组成了三组花卉组合，有蝴蝶翩然其中。

图3-74是雍正时期边饰层数最多、纹饰最复杂的粉彩人物盘。它一共有七层边饰。最外沿的第一层是描金莲花缠枝纹。第二层是边饰中最宽的一层，为锦地开光纹饰，每两个开光之间穿插了一个凤穿牡丹的纹样。四个开光中有三个绘有牡丹，另一个开光内绘有菊花。第三层是绿松石锦地纹样。第四层是黄色锦地纹。第五层是四个开光与牡丹缠枝纹组合。第六层是淡绿色锦地纹。第七层是菊花缠枝纹。所有的边饰都是中国传统纹样，层层叠加，繁缛华丽。瓷盘装饰的复杂程度以及精细的画工，都说明它是一件雍正时期的瓷中精品。

图3-74　粉彩人物盘　雍正时期　瓷器　尺寸不详　巴黎吉美博物馆藏

图3-75 粉彩花卉盘 雍正时期 瓷器 直径：39.5cm 科恩收藏

  图3-75是雍正早期的粉彩花卉盘。这个图盘和上一个图盘一样，用中心大开光的方式，使得中心图式的旁边多了一层边饰。这层边饰是一层细密的蓝色人字形锦地纹。第二层是绿色锦地开光花卉纹饰。第三层是锦地莲花纹，这圈边饰上有六朵莲花变形纹饰。第四层是蓝色格子锦地纹。边饰纹宽窄穿插，使得盘子有景深感。

（四）开光风景纹边饰

  17至18世纪是大航海贸易时代，因此西方艺术中表现海洋船只的油画、版画很多，瓷器绘画显然受此影响。海船、码头和港口成为外销瓷中的一类热门纹饰，很受欧洲客商的欢迎。西方的收藏界也很喜欢收藏有关于大航海时期的地图册、古籍以及瓷器。图3-76是乾隆时期的粉彩风景盘，边饰简单，除了纹章以外就是两个大开光，开光里面画的风景就是坎顿的港口。坎顿作为环球商贸中转口，海面上常年有船只停泊。17至18世纪欧洲人用的都是三桅大帆船，其重达2000吨，一般一个船队出行还有一艘护航的船。

第三章 雍乾时期外销粉彩瓷的装饰设计

175

图3-76　粉彩风景盘　乾隆时期　瓷器　直径：41.9cm　馆藏不详

东印度公司的船是海船中最大的，它的船队还配有大炮，能够进行武装押运。

图3-77是一个乾隆时期的粉彩纹章盘。荷兰东印度公司驻雅加达总督阿德里安·瓦尔克尼尔（Adriaan Valckenier）利用职务之便订制了很多的家族纹章瓷，这是其中一件。该瓷盘有两层边饰，紧挨着中心图式的是一层描金花卉纹饰。第二层是四个开光花卉纹饰，其中三个开光里面描绘了三组不同的风景。据说，这三处风景中第一处为雅加达的东印度公司总督府，另一处是阿德里安·瓦尔克尼尔在阿姆斯特丹的出生地，还有一处被有些人认为是他舅舅的家里，或者是他曾经住过的地方。开光中的风景是用墨彩描绘的，精细的画工使这个瓷盘成为纹章瓷中的精品。

图3-78是一个乾隆时期的粉彩人物盘。盘子的边饰分为三层。最靠近中心主体图案的边饰是一圈矛头纹。第二层为锦地开光边饰，一共四个开光，每个开光中间间隔了一朵描金的菊花头纹样。

图3-77　粉彩纹章盘　乾隆时期　瓷器　直径：23cm　馆藏不详

图3-78　粉彩人物盘　乾隆时期　瓷器　直径：22.5cm　科恩收藏

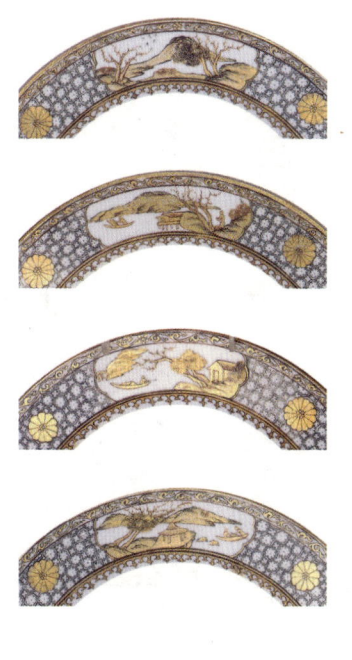

第三章　雍乾时期外销粉彩瓷的装饰设计

177

四个开光里面的图案均为风景，虽然描绘的风格差不多，采用的是墨彩描金装饰，但是仔细比对，四个图案在细节上却不一样。盘沿口是一圈描金卷草纹饰，精细美观。18世纪，中国陶瓷工匠非常喜欢采用风景、花卉作为开光装饰主题，主要是对生活理想化的一种传达。这种传达不是有意为之，而是工匠潜意识的表现。

（五）人物纹边饰

明清时期外销瓷中人物题材的装饰纹样是一个重要类别。与其他题材相比，人物故事具备了情节生动的戏剧性，并且可以充分地折射出特定的文化内涵和教化寓意。明代中晚期以后，戏曲小说空前繁荣，这为陶瓷的艺术装饰提供了丰富的人物图样。图3-79是一个雍正年间的粉彩盘。图盘的边饰分为两层。靠近中心的图样是一圈用黑色勾线、描金填色的矛头纹。最外面的那层边饰较宽，采用通景设计，描绘了八仙过海的场景。这圈边饰分为八个单元，每个单元一个人物，人物脚踩法器如葫芦、莲花瓣等，也有脚踩着鱼、海螺的人物。每个单元由海水纹和人物构成，以岩石分段，纹饰似断非断，设计非常巧妙。

图3-80是一个乾隆年间的粉彩人物盘。瓷盘由三层边饰纹组

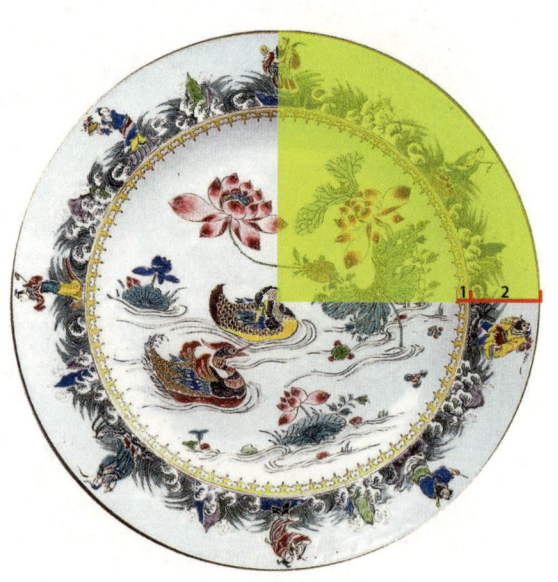

图3-79　粉彩盘　雍正时期　瓷器　直径：40cm　馆藏不详

图3-80　粉彩人物盘　乾隆时期　瓷器　直径：54cm　荷兰　ExHM Knight收藏

成。紧挨着中心图式的这层是一圈描金矛头纹。第二层是一圈很窄的莲瓣纹。最外沿的边饰较宽，是由锦地、牡丹缠枝纹以及四个开光组合而成。四个开光里面绘制的人物故事场景都不一样，构成了既生动又连贯的故事情节。

（六）欧式边饰

图3-81这个盘子的边饰是典型的欧洲题材式样。边饰的最顶端a是丘比特的箭袋和弓，弓上有两只鸽子。边饰的下方d是一只狗、一个牧羊人的手杖以及一个排箫。这两个主题在18世纪的欧洲代表着爱情。这种代表爱情的符号非常受音乐人和诗人的欢迎。这种形式最初来源于斯宾塞的作品。当时情人节题材的图案还有在爱的祭坛上燃烧的两颗心。这些都是18世纪欧洲的流行符号。图盘的边饰b有一只孔雀，旁边是王冠，象征着王权。孔雀是宙斯之妻赫拉的象征，也是婚姻女神。边饰c右侧是一面盾、羽毛头盔、

第三章　雍乾时期外销粉彩瓷的装饰设计

179

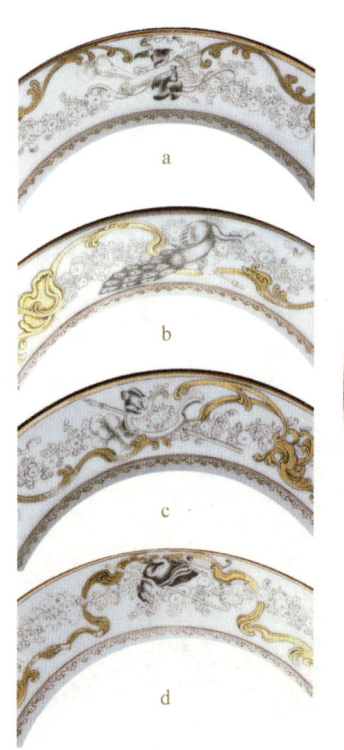

图3-81　粉彩盘　乾隆时期　瓷器　直径：23cm　科恩收藏

长矛和猫头鹰，这些纹饰都是雅典娜的象征。雅典娜是希腊的智慧和正义女神。雅典娜的智慧包括编织、金属加工和其他的手工艺。这种欧洲文化当中的象征符号和中国传统的吉祥纹饰异曲同工，都在表达人们对生活的美好愿景。

图3-82中瓷盘的边饰属于洛可可风格。边饰为两层带状环绕。最里面的那层是锦地开光，开光中的图案是几何形和璎珞的组合。最外层是洛可可风格边饰，每一个单元纹样由卷草纹、曲线以及在普龙克瓷器上的花朵图案组合，单元纹样之间由幔布连接组合而成环形带状纹饰。纹饰中穿插了四个交叉的火炬筒。这种形式很有可能是仿照中国传统文化中的八宝纹样，即法轮、法螺、宝伞、白盖、莲花、宝瓶、金鱼、盘肠结。

图3-83是一个乾隆时期的粉彩盘。瓷盘的边饰有两层，最外沿是一层狭窄的链条状边饰，贴近中心图式的是一条宽阔的花卉边

图3-82　粉彩盘　乾隆时期　瓷器　直径：39cm　科恩收藏

图3-83　粉彩盘　乾隆时期　瓷器　直径：28.1cm　馆藏不详

第三章　雍乾时期外销粉彩瓷的装饰设计

181

饰。这组漂亮的边饰为蓬帕多夫人设计,所以被称作"蓬帕多夫人纹饰",它由牡丹、菊花、荷花、罂粟和浆果组成。边饰的两端有两个叶状的装饰物,其中一个装饰物里面是老鹰,另一个则画着一条鱼。据说老鹰代表的是路易十五,鱼代表的是蓬帕多夫人。从1745年开始直到路易十五去世,蓬帕多夫人一直是路易十五的情人。蓬帕多夫人是法国洛可可艺术的先锋人物,因此她的纹饰设计能力不仅体现在陶瓷上,就连服装、墙纸、家具等其他艺术门类,她都有参与设计。

  图3-84是一个乾隆时期的粉彩风景盘。盘子的中心主体图案和边饰都是欧洲式样。边饰采用了欧洲很流行的元素——贝壳纹样。欧洲的洛可可艺术风格起源于17世纪晚期的法国,发展成熟于18世纪初。它支配法国人的审美喜好长达四十年,在此期间,它又在欧洲各国流行起来。洛可可(Rococo)的含义是"贝壳形",源于法语rocaille。变化多端是洛可可装饰风格的精髓。它的

图3-84 粉彩风景盘 乾隆时期 瓷器 直径:36cm 科恩收藏

设计以复杂和繁缛为特点，但仍保留有一种巧妙的统一平衡。这种设计最喜欢用中国纹样中的曲线，以其自由的运动突破直线的呆板，或者是用中国方格那样不规则的直线构图。这种纹饰与巴洛克繁复的不同之处，在于它避免了一切粗犷而呆板的外形，呈现出一种轻巧和跳跃的风格。它力求把所有直角都改为曲线，并以连续的增长来充实它的装饰，从而避免了呆板或夸张。此外，它还重视表面效果的光泽，清新明亮但不强烈，绘图的色彩精美而雅致，使得人们的想象力可以得到充分的驰骋。法国国王路易十五主导的这场艺术风格充分展现了他扇语传情、小步舞曲的贵族生活精神面貌。

图3-85是一个乾隆时期的欧洲人物风景粉彩盘。瓷盘的边饰分为两层：最靠近中心主体画面的一层是描金的蕾丝花边，显然这是迈森瓷的常用边饰；最外层是波浪形纹饰，在英国瓷器上非常典

图3-85　粉彩盘　乾隆时期　瓷器　直径：23cm　康德收藏

型，大概流行于1745年至1755年。

（七）中西结合边饰

1730年以后，欧洲的边饰逐渐大量地出现在中国陶瓷上，这种情况不但体现在边饰的题材和形式上，还体现在工艺上。图3-86是雍正末年乾隆初期的一件粉彩盘。瓷盘的边饰分三层，最外沿的一层边饰装饰着小花并有四个小开光，中间一层上下左右分布了梅兰竹菊图案，最里面的一层是黑色勾线描金的矛头纹。第二层纹样中的梅兰竹菊用白色珐琅线绘制而成，使得图案有很强的浮雕效果。这种浮雕风格在欧洲被称作"white on white"，有着很悠久的历史，很多欧洲的陶瓷工厂将其运用到陶瓷的装饰当中。16世纪的意大利马爵利卡陶瓷上、法国的圣阿蒙德·莱斯·奥克斯和瑞典的罗兰德的陶瓷工厂里都在采用这种带有浮雕效果的图案。我们注意到，运用这种绘制工艺的时候，瓷器的锡釉底色都是淡蓝色或浅蓝色，而不是中国瓷器的白釉。

图3-86　粉彩盘　乾隆时期　瓷器　直径：22.9cm　馆藏不详

第二节　雍乾时期外销粉彩瓷装饰的构成与方法

一、中国程式化模块构成

德国东亚文化研究学者雷德侯在对中国传统艺术的考察、收集、整理、研究中，发现"有史以来，中国人创造了数量庞大的艺术品：公元前5世纪的一座墓葬出土了总重十吨的青铜器；公元前3世纪的秦始皇陵兵马俑以拥有七千武士而傲视天下；公元1世纪制造的漆盘编号多达数千；公元11世纪的木塔，由大约三万件分别加工的木构件建造而成；17至18世纪，中国向西方出口了数以亿计的瓷器。这一切之所以能够成为现实，都是因为中国人发明了以标准化的零件组装物品的生产体系。零件可以大量预制，并且能以不同的组合方式迅速装配在一起，从而用有限的常备构件创造出变化无穷的单元。"①雷德侯把上述构件称为"模件"。本章论述的"雍乾时期粉彩外销瓷的装饰设计"主要运用的是雷德侯先生的"模件"概念（在文中称为"模块"），梳理、分析外销粉彩瓷中单个装饰模块的母题，以及这些不同母题模块的组合设计。

中国的传统装饰采纳了"大自然用来创造物体和形态的法则：大批量的单元，具有可互换的模件的构成单位、分工、高度的标准化、由添加新模件而造成的增长、比例均衡而非绝对精确的尺度以及通过复制而进行的生产。"②装饰纹样的母题模块指的是瓷器上装饰的主题单元，这些主题单元来源于自然与日常生活，就如我们常见的三大类题材：人物、植物、风景。而雍乾时期外销粉彩瓷上的装饰母题模块，其基本内容就是设计师对自然与日常生活的撷取，并根据具体器型加以变化。如在一件器型稍大的瓷器上，其装饰区域内的人物纹样也会稍微变大，以适合其器型装饰的需要。但是在超乎寻常的巨型器型上，一味地去增大人物纹样已经变得不合适了，这样设计方案中就会加入新的装饰图案。这就是本章节要论述的中心点——模块单元与模块组合设

① （德）雷德侯著，张总等译：《万物》，北京：生活·读书·新知三联书店，2005年，4页。

② 关于动物与人类中的模件性原理，参见格鲁德（Gould）《八只小猪自然史》(纽约,1993)，254—260页。转引自（德）雷德侯著，张总等译：《万物》，北京：生活·读书·新知三联书店，2005年，10页。

计。这种模块单元有两个增长方式：其一是按比例增长，其二是加入新模块进行画面重组。中国人常用的母题，譬如说牡丹、亭阁渔舟，或者成对的飞鸟等就可以称之为模块。画工以其母题组成构图——单元。有一些模件还可以自由地相互替换，或者可以将一些模件排除出图案的构成。但是，画工的自由度往往受制于程式与惯例。比如说，菊花旁边会画有栏杆、花蝶搭配，竹枝旁边一定会伴有假山（图3-87至图3-91）。模块的自由化组合还体现在，当绘制某一个特定的图样时，画工可以依其周边的图案而调整此模件的造型，也可以通过调整模件的精粗程度，来适应不同尺寸的装饰区域的需求。这种程式模块化的图形处理方式不单单应用在中国式母题模块上，也同样应用在西洋题材的模块上。

18世纪，欧洲来中国加工订制的瓷器上出现了很多以西洋人物、植物和风景等为题材的画面。这些画面来源于当时欧洲的政治、宗教内容，以及文学故事和画册。这些题材来到中国后，中国的陶瓷工匠会把这些人物、动物、植物或园林风景进行中国程式化的组合设计。这一行为完全由陶工们长期从事绘瓷艺术而形

图3-87　粉彩瓷碗　乾隆时期　瓷器　直径：39.7cm　高：17.5cm　馆藏不详

图3-88　粉彩瓷碗纹样展开图

图3-89　牡丹花卉粉彩碗　雍正时期　瓷器　尺寸不详　馆藏不详

图3-90　牡丹花卉粉彩碗纹样展开图

成的一套固定且行之有效的经验技能所支配。图3-92托盘上是一组西洋人物在野餐的情景。画面中有两个女人、两个孩童以及一位男士，这应该是一家四口与女仆。女仆手上端着玻璃酒瓶，男主人和女主人坐在草地上，手举高脚杯，两个孩童在戏耍。画中（图3-92）的背景为大树（a）、远山（b）与近处的石头（d），女主人身后的陶瓷罐子以及罐子里面插的如意（c），都是典型的中国瓷器上的传统装饰图案。我们无从得知瓷盘上画面的来源，究竟是欧洲货商仅仅提供了人物造型，而让中国陶工在瓷器上复制，还是欧洲货商提供了完整的画面，而中国陶工却根据画面的需要进行了再设计。我们从图3-93中a、b、c图形对比可以看出，西洋人物盘的画面具有很强的中国程式化特点，女主人、侍女及孩童的组合和雍正仕女盘的内容相似，背景中，瓷罐里插着如意的图形复制了图3-92b中的瓷罐如意，这与中国雍正时期的粉彩仕女婴戏盘中的程式——背景的远山、树木与近处的石头很是一致（图3-93c）。

图3-91　斗彩觚式尊　清朝时期　瓷器　尺寸不详　浙江省博物馆藏

图3-92　西洋人物粉彩托盘　乾隆时期　瓷器　高：10.4cm　长：21cm　宽：13.5cm　乔治·威尔士收藏

第三章　雍乾时期外销粉彩瓷的装饰设计

187

图3-93 瓷盘局部对比

（一）中国叙事语言与逻辑

销往西方的日用瓷上的纹饰，大多是中国传统的山水园林和花鸟，人物故事除了一些庭院仕女之外，情节清晰的历史故事画面不多。《凤仪亭》是三国时期的故事。中国戏曲和版画都是以《三国演义》为蓝本。在《三国志平话》里，貂蝉姓任，是吕布的妻室，但因为逃难进入王允府中。王允想出连环计，把美人貂蝉送到董卓府中，吕布因董卓收貂蝉入府为姬心怀不满。一日，吕布乘董卓上朝时，入董卓府探貂蝉，并邀至凤仪亭相会。貂蝉见吕布，哭诉被董卓霸占之苦，吕布愤怒。这时董卓回府撞见两人私会，怒而抢过吕布的方天画戟，直刺吕布，吕布飞身逃走，从此两人互相猜忌。之后王允说服吕布，铲除了董卓。从《凤仪亭》的故事中，我们可想象出的图像应该有亭子、柳树、吕布、董卓和貂蝉。在陶瓷画面的设计模块中，主体人物模块有头戴紫金冠、插双雉尾、身穿盔甲战衣、意气风发的吕布，温婉娇柔的貂蝉，以及年纪较大的董卓，背景模块是庭院、池塘、柳树。人们熟悉故事，对这些模块的组合清晰可辨。因此，这些模块成为设计《凤仪亭》画面的主要内容。图3-94是一件雍正晚期的粉彩凤仪亭图盘，边饰有三层，盘子沿口窄边描金，中间边饰是三个叶形开光，最里面一层是描金卷须蔓草纹。诸如卷须蔓草纹或花式边饰是法国国王路易十四宫廷的流行图案，它于17世纪初期开始在景德镇出现。[①]盘子的中心图案绘制了头戴紫金冠、插双雉尾、身穿盔甲剑衣的吕布，他抬头挺胸，气势雄壮，在貂蝉面前展现出男性的魅力；貂蝉坐在案前，体态娇

图3-94 粉彩凤仪亭图盘 雍正时期 瓷器 尺寸不详 馆藏不详

① 罗伯特·芬雷著，郑明萱译：《青花瓷的故事》，台北：猫头鹰出版社，2011年。

俏，动作柔媚，两人的神情表达很符合幽会的场景。他们所在的亭子之外是荷塘花草。设计中最别致、最出彩、最巧妙的部分是盘子左上方的半圆开光。从庭院的建筑形式来看，这个半圆开光也可以被理解为是院子中的圆窗。董卓从外面推门进来，透过圆窗看到吕布和貂蝉在亭子里幽会，脸上呈现出一副愤怒的表情。整个故事情节都从盘面的绘画中生动地展现了出来，并且这种画中画，平面展示多空间穿插的构图方式是中国艺术家独特而又具有审美趣味的创作方式。它虽然与西方所崇尚的透视学完全相悖，但西方人却又钟情于这种独特的视觉方式。这种构图方式很多被用在人物模块设计上。图3-95是一个清顺治至康熙早期的柳梦梅图青花盘，讲述的是《牡丹亭》的故事。《牡丹亭》是汤显祖（1550—1616）于明万历二十六年（1598）完成的剧本，也称作《牡丹亭还魂记》《还魂记》，由话本《杜丽娘慕色还魂》扩展改写而来，说的是南宋初年杜丽娘与柳梦梅的爱情故事。杜丽娘为江西南安府太守杜宝的独生女，年十六，正值情窦初开。一日至家中后花园游玩，满园的春色让她的情芽也跟着萌生，回房后梦见俊俏书生柳梦梅，并与他共享鱼水之欢，醒后念念不忘，终因相思之情而亡。其后因缘际会，柳梦梅暂住杜丽娘埋骨的梅花观，拾获杜丽娘生前所绘的自画像，日夜呼唤画中美人，杜丽娘终于以鬼魂之姿，于夜间来到柳梦梅房中共度良宵。之后，在柳梦梅的帮助下，杜丽娘复活了，然而杜宝不相信女儿回生之事，指杜丽娘为精怪伪装，柳梦梅为盗墓贼。历经种种波折，最后皇帝赐赦杜丽娘与杜宝一家团圆，并和柳梦梅结成连理。柳梦梅图青花盘所讲述的正是这一传奇故事，图中的仕女正在思念情郎，思春的画面通过开光的形式表现出来。这种图式的设计来自中国版画，图3-96是来自徽州的黄氏刻工刊刻的石林居士序本中的一幅图。石林居士序本为现存《牡丹亭》古籍中最早的版本，外框尺寸属于明末流行的较窄长的版式。全书共有40幅单面的插图，穿插于正文中。版画的画面也是采用画中画、景中景的构图方式，在同一个画面出现两个甚至是多个场景，以讲述一个完

图3-95 柳梦梅图青花盘 顺治时期 瓷器 直径：16cm 馆藏不详

图3-96① 《牡丹亭》第十出"惊梦" 年代不详 版画 尺寸不详 中国艺术研究院藏

① 图片来源于网络："典藏特别企划｜看图说爱：两本〈牡丹亭〉版画里的两样情"http://m.sohu.com/a/127266251_488954。

图3-97　粉彩张生跳墙图盘　雍正时期　瓷器　尺寸不详　巴黎吉美博物馆藏

图3-98　粉彩盘　乾隆时期　瓷器　直径：22cm　南昌大学博物馆藏

① Jr.Thomas V. Litzenburg, Ann T. Bailey, *Chinese Export Porcelain in the Reeves Center Collection*, California:Third Millenium Pub Ltd, 2006.

整的故事。这种叙事的方式极富创造性和想象力。当然中国艺术家的想象力不仅于此。图3-97是清雍正年间的粉彩瓷盘，瓷盘中心部位设计了一个卷轴开光，开光内画着一名男子脱了鞋袜，打着赤脚，双手抓着柳树爬上墙头，并想跳进院子与庭院里的姑娘相会。主体画面以画轴的方式铺开，画轴卷起的部分引起人无限的想象，人们很想知道这位男子进入院内后会有什么事情发生。这是清代陶工智慧、幽默的一面，让看图者意犹未尽。图盘绘制的故事叫"张生跳墙会莺莺"，此故事出自《西厢记》，讲述的是书生张生与崔莺莺这一对有情人冲破困阻终成眷属的故事。为了表现爱情这一主题，边饰中的花卉除了牡丹、莲花以外还绘制了百合，以寓意百年好合。这种物必吉祥、饰必有意的设计方式也是中国文化在设计思维中的体现。当然，聪明的中国陶瓷艺术家们也不局限于只组合、设计自己熟悉的中国图像模块，他们也会把中国本土故事的画面与西方纹饰结合起来，以设计出新的画面。图3-98是乾隆年间的粉彩盘，其边饰有三个精致的旋涡形开光装饰和类似于浮雕效果的花卉装饰图案。这个与众不同的背景是通过在白底上涂上厚厚的玻璃白绘制而成的。相似的工艺也被应用于意大利马爵利卡陶（maiolica）和荷兰代尔夫特（delftware）的陶器上。① 这种设计灵感可能来自1725—1730年的茶具和咖啡餐具，它们由迈森（Meissen）设计器物边界样式。这种迈森样式经常被运用在中国的外销粉彩瓷中，这可能是欧洲订货方指定的，毕竟这时候的迈森瓷已经风靡欧洲，深受欧洲贵族的喜爱。这个盘子的中心图案是中国传统的爱情故事——《张敞画眉》，此故事来源于《后汉书》。张敞是西汉人，他与妻子情深意长，因为妻子的眉角于幼年时受伤留有缺陷，所以张敞每天都替她画完眉才去上朝。这个故事常常用来比喻夫妇恩爱。此外，一些中国的爱情故事还被做成雕塑出口到欧洲。罗伯特·芬雷这么评论18世纪的西方社会："18世纪尚未结束，西方'现代性'的一大特色已经变得极为鲜明：为了追求利润，实业家与贸易商不断制造出新东西，消费者社会也着迷于新奇产品与新鲜快感。一个手上有钱的群众，带着无底的欲望，追求昂贵、时髦的装饰物，作为衡量自身社会地位与自我评价的准绳。奢华消费向来只是上层阶级的专利，用以区别他们与庶民的身份不同。"②

正是在这一时期，欧洲对中国瓷器还处于痴迷和追捧当中，那些具有中国风格、颜色鲜艳的雕塑人物很受欧洲消费者的欢迎。

② 罗伯特·芬雷著，郑明萱译：《青花瓷的故事》，台北：猫头鹰出版社，2011年。

（二）中国绘画审美习惯

在本章的第一节中，笔者就介绍了欧洲畅销小说《堂·吉诃德》的图像被复制到中国瓷器上的例子。面对这一陌生的题材，中国画工起初谨慎、死板地依照原图进行复制，后来就轻松、自由地创作画面。在这一过程中，随着对画面内容渐渐熟悉，画工对画面背景（树、石头、远山等）、人物形象、服饰纹理（衣褶纹路）的描绘，便顺其自然地转为中国绘画的处理方法。下面，笔者想以梅里安设计出的植物、昆虫图像以及普龙克设计的高级瓷器样式为例，对其图像模块在瓷器装饰上的运用和组合进行对比分析，以便鉴赏这些图案精美、制作精良的顶级瓷器的装饰纹样。当然，推动陶瓷纹饰发展的除了这两位外国设计师的优秀设计创作外，更少不了优秀的中国陶瓷画工的功劳。

具有科学家、博物学家和艺术家等多重身份的玛丽亚·赛比尔·梅里安一生创作了一系列高度复杂、精细的花卉和昆虫版画及其他绘画形式。梅里安在描绘昆虫时，会将昆虫的成长形态与昆虫的植物宿主巧妙地绘在一起，将自然中的美、艺术的畅想与自然科学的严谨完美结合。荷兰当地的艺术家在创作时都会借鉴或直接复制这些栩栩如生的昆虫和精美细致的花朵。而住在阿姆斯特丹的科内利斯·普龙克就像当时大多数文化人和艺术家一样，对梅里安的这些书和作品都非常熟悉。1734年，普龙克受雇于荷兰东印度公司，为其设计瓷器。他以每年一项设计的速度从容不迫地向东印度公司输送设计稿。他的设计有四个系列——"撑洋伞的女士""博士""花园"和"射手"。现存于荷兰皇家博物馆的水彩画被认为是他的原作，但是画作上没有他的签名，我们不能完全确定是他的作品。然而相当多的系列作品（图3-99至图3-105），具有同样独特的风格和色彩，我们认为一定是普龙克于同时期设计创作的。生产这些由普龙克设计的顶级瓷器的作坊，试图创造出非常精细、新颖的瓷器，并推动装饰风格的发展。在当时，粉彩瓷器是非常昂贵的，但是这种新的釉上彩瓷器可以创造出同样丰富、奢华的装饰画面。普龙克或者是荷兰东印度公司很有可能让中国陶工根据设计图创作了很多延伸系列的新作品。这种密切的合作方式，在当时具有全球最顶尖的瓷器设计师和绘瓷工的景德镇是完全能实现的。

图3-99 普龙克粉彩尊 乾隆时期 瓷器 高：32cm 科恩收藏

图3-100 白色普龙克粉彩尊 乾隆时期 瓷器 高：32cm 科恩收藏

图3-101 普龙克五件套 乾隆时期 瓷器 高：29.3cm 科恩收藏

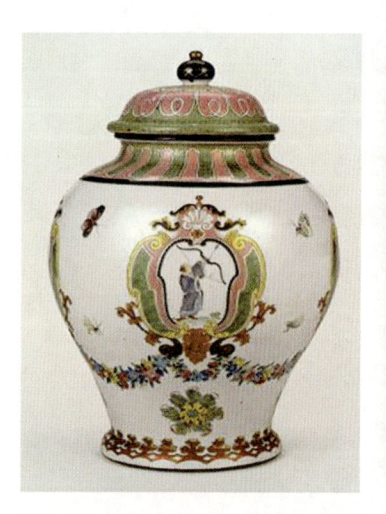

图3-102 普龙克射手系列粉彩罐 乾隆时期 瓷器 高：50.5cm 科恩收藏

图3-103 普龙克射手系列伊万里式样罐 乾隆时期 瓷器 高：50.5cm 科恩收藏

图3-104 普龙克粉彩奶壶 乾隆时期 瓷器 高：30.9cm 科恩收藏

我们看到以上普龙克系列瓷器装饰纹样中的昆虫非常精美、逼真，它们与花卉构成的纹样更是和谐、生动。我们把这些图像截取出来和梅里安版画中的昆虫图像进行对比，可以看出两者非常相似。对比科普中的昆虫照片，我们也可以找出图像所依据的大自然中的原型。下面，我们用图像对比和列表的方式进行直观阐述。（图表3-1）

图3-105 普龙克花园系列粉彩盘 乾隆时期 瓷器 高：4cm 直径：27.8cm 底足：15.6cm 科恩收藏

从图表中，我们可以看出：普龙克射手系列伊万里式样瓷罐上的l型蝴蝶和射手系列粉彩瓷罐上的i型蝴蝶都是来自梅里安版画中CXXIX蝴蝶纹样，它们的自然原型是朱砂蛾；花园系列粉彩咖啡壶上的k型和盘子上的d型都是源自梅里安版画中CXXII蝴蝶纹样；射手系列粉彩瓷罐上的j型和射手系列伊万里式样瓷罐上的m型，以及花园系列粉彩瓷盘上的b型蝴蝶同属于梅里安版画中CXVI蝴蝶纹样。由此可以看出，虽然普龙克的设计只有四种瓷器样式，却衍生出很多系列产品，从而增加了很多品种。这是因为模件化母题在组合使用时的适应性，其优越之处在于：它容许画工根据容器的不同进行自由组合，以创造一种令人愉悦的整体之美；同

图表3-1 普龙克系列瓷器装饰纹样与梅里安版画中昆虫图像对比

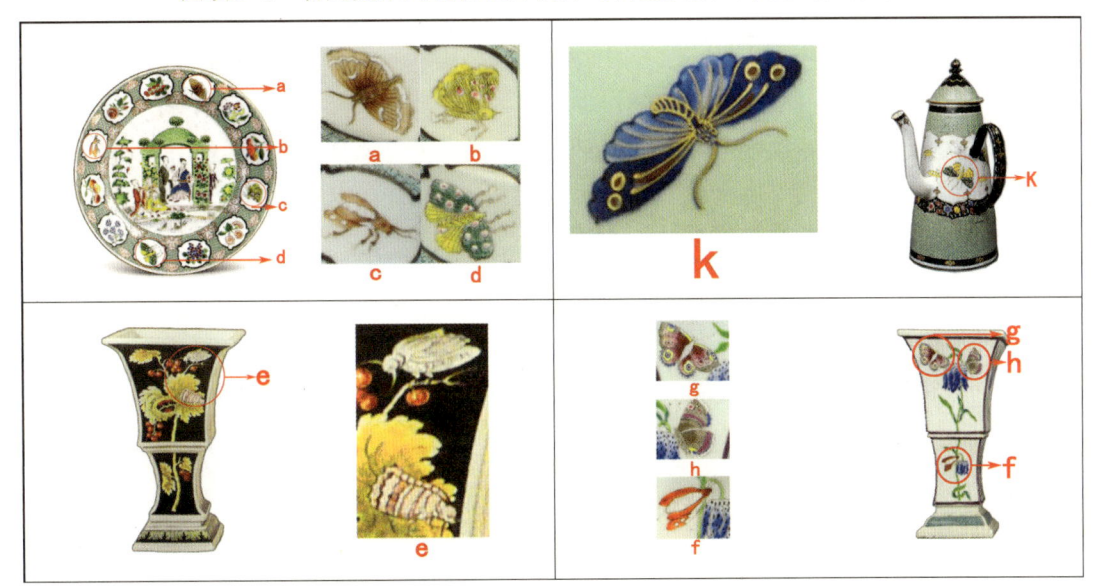

第三章 雍乾时期外销粉彩瓷的装饰设计

193

续表

梅里安的昆虫图	瓷器上的昆虫纹样	昆虫照片
CXI	a	Ringed China-mark moth Parapoynx stratiotata（L 1758）
CXLII	e	Figure of Eighty moth Tethea ocularis（L 1767）
XXVI	g	Peacock butterfly Inachis io（L 1758）
XCI	h	Red Admiral butterfly Vanessa atalanta（L 1758）

续表

梅里安的昆虫图	瓷器上的昆虫纹样	昆虫照片
CXXIX	I i	Cinnabar moth Phalaena（Tyria）jacobaeae（L 1758）
无版画	c f	Cinnabar moth Phalaena（Tyria）jacobaeae（L 1758）
CXXII	d k	
CXVI	j m b	
CXLI	n	
CXLIX	o	

第三章 雍乾时期外销粉彩瓷的装饰设计

195

时这种组合方式也便于使用者辨认出其同属一套瓷器。

二、中心模块化组合结构

中心模块化组合结构，指的是器物装饰模块的构成方式。器物中的主体图式模块在视觉最佳视区，其辅助纹饰模块在瞬息视区和有效视区。按照器物的形体，我们可以区分出立体器物（如罐子、瓶子等）和平面器物（如盘子、碟子等）。下面以罐子和盘子这两种器型为例，分开作类型比较，分析器物装饰模块的秩序感和节奏感。

（一）罐子的多层次通景装饰结构

多层次式结构的装饰，是按一定的规律把器物自上而下或自内而外分割成若干部分，依据器物造型特点分别进行装饰的一种方法。通景指图式的上下、左右几个面是相通的，图案呈连续性排列。罐子的多层次通景装饰结构，指的是主体装饰纹样是通景结构，辅助纹饰是多层次分布排列的装饰结构。当一件器物使用了多层次式布局，就意味着它有了一定的条理和秩序，即便装饰复杂多样也不觉得杂乱无序，它总能给人以视觉上的清晰感和明确感。

图3-106和图3-107这两个乾隆年间的粉彩罐同样有八层装饰纹样。笔者在搜集资料进行类型比较分析的时候，发现即使是同一种器型的罐子，它们的装饰方法也会有细微的差别。如图3-106和图3-107这一组罐子，盖子均为兽形装饰，且都有较高的颈部，浑圆饱满的肩、腹部，以及向里收缩的罐身下半部。两个罐子的造型是将军罐的变形，但在装饰规律上却有细微的变化。笔者把以下图例中的所有罐子纹饰分层为：A.兽型盖柄；B1和B2分别是盖子和罐身上绘有的通景纹饰；C1、C2、C3、C4、C5是罐身上的辅助纹饰。本以为粉彩装饰的罐子也会像青花瓷罐一样依照窄、宽、窄、宽或者是宽、空白、宽、空白等规律进行排列，但实际上，装饰纹样发展到清代，特别是乾隆以后，其繁缛已经到了纹饰堆填的地步了，多一条边饰或少一条边饰对陶工来说完全看心情。他们常年从事瓷绘工作，有些程式化的东西已深入骨

图3-106 粉彩罐 乾隆时期 瓷器 高：131cm
康德收藏

图3-107 粉彩罐 乾隆时期 瓷器 高：134.5cm
口径：28.8cm 足径：31.5cm 阿姆斯特丹国立博物馆藏

髓。他们清楚地认识到"对比"是绘画的基本准则，即宽和窄、粗与细的对比，这样画面才会有层次感和节奏感。因此，我们在观察以下案例的时候可以看到，同样是八层的装饰纹样，其宽边纹饰和细边纹饰虽然分布不一样，但是整体的秩序是一致的。

图3-106的A区为兽形盖柄，接着是盖子的通景装饰区B1。C1、C2为瓶沿口的辅助纹饰区。C3为颈部纹饰区，C4为肩部纹饰区，颈部和肩部纹饰很相似，但是花型有区别。B2覆盖瓶身的通景装饰是整个瓶子的中心装饰区。C5为瓶足辅助纹饰区。图3-107和图3-106的差别是：图3-107比图3-106瓶沿口的纹饰少了一层，但是肩部纹饰多了一条窄边。从图示里看，这两个罐子肩颈部位的装饰节奏是一样的，呈C1、C2、C3、C4排列，但是边饰的所在位置是不一样的。

图3-108和图3-109这组粉彩罐同样是八层装饰。图3-108的

第三章 雍乾时期外销粉彩瓷的装饰设计

197

图3-108　粉彩罐　乾隆时期　瓷器　高131厘米
康德收藏

图3-109　粉彩罐　乾隆时期　瓷器　高：150cm
康德收藏

A区为兽形盖柄，紧接着就是一条细细的辅助纹饰区C1，然后是盖子的通景装饰区B1。C2展示的是瓶沿口的辅助纹饰：一条绿色的锦地边饰。C3呈现的是颈部纹饰，C4呈现的是肩部纹饰——锦地花卉纹伴有四个开光，每个开光里都有花卉图案。B2区展示瓶身的通景装饰，是整个瓶子的中心装饰区。C5为瓶足辅助纹饰区。图3-109和图3-108的差别之处是图3-109的A区盖柄下面直接是B1区的通景花卉纹饰。图3-108的肩颈部位装饰节奏是：窄边饰——较宽边饰——最宽边饰，而图3-109的肩颈部位装饰节奏是窄边饰——宽边饰——窄边饰。两个瓶子的肩部纹饰都伴有开光：图3-108的肩部纹饰较宽，像云肩的造型，开光也较大；图3-109的肩部边饰是一条窄边伴有小开光。

第三组罐子图3-110和图3-111的装饰节奏是一样的。A为兽形盖柄。B1为盖子通景装饰区。C1为瓶沿口的辅助纹饰区。C2是

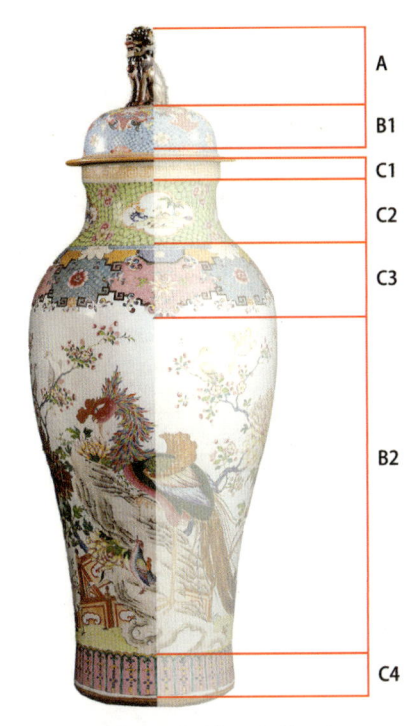

图3-110　粉彩罐　乾隆时期　瓷器　高：135cm
埃德蒙德罗斯柴尔德收藏

图3-111　粉彩罐　乾隆时期　瓷器　高：153cm
康德收藏

瓶颈的装饰纹样区。C3是肩部的装饰纹样区。B2的瓶身为通景装饰区，即整个瓶子的中心装饰区。C4为瓶足辅助纹饰区。

（二）盘子的中心模块结构

1.对称与均衡结构

对称与均衡是构图中常用的两种方式，它们都是为了保持物体外观的均衡，以取得稳定的视觉效果。构图中的对称不是绝对意义上的对称，它只是平衡画面的一种形式。如图3-112采用了均衡结构，以花架和站立的仕女为均衡的中心线。为了使画面保持均衡，设计师在坐着的仕女后面放置了罐和缸，使画面有了一种动态又不失平衡的格律感。图3-113构图上采用对称结构，瓷盘的视觉中心是一瓶鲜花，花瓶的右下方散落了两颗荔枝，花瓶左边则是两朵菊花，这是利用数量与质量的比重关系平衡画面，进而营造出稳定、沉静、端庄的画面氛围，同时使得盘面的中心图样有了对称感。

图3-112　粉彩盘　乾隆时期　瓷器
高：2.6cm　口沿直径：16.3cm　阿姆斯特丹国立博物馆藏

图3-113　粉彩盘　乾隆时期　瓷器
高：3.6cm　口沿直径：20cm　阿姆斯特丹国立博物馆藏

2."S"形结构

"S"形是一条有规律的定型曲线，它能使画面从前景向中景和后景延伸，以构成纵深方向的空间关系。这种结构比较生动，富有空间感。17世纪末18世纪初，欧洲的宗教怀疑主义逐渐深入和扩大，启蒙思想开始破坏人们信仰的基础。巴洛克浑厚的庄严令人厌烦，一场艺术革命正在悄然进行。欧洲的洛可可艺术就在这种情势之下产生了。中国的自由曲线，以及由此构建起的曲线装饰构图与变化多端的洛可可装饰风格不谋而合。这种轻巧而富有变化的艺术风格旨在突破一切粗犷、呆板和夸张的形式塑造。

图3-114中的瓷绘主题是中国传统民间题材——渔家乐。从前景的人物到后景的草房子呈现出"S"形曲线构图，从而使画面有延伸感。这种构图方式在山水风景题材中被广泛使用。图3-115的粉彩盘上画梅花折枝，画面中心是由牡丹、菊花、梅花构成的花卉组合图案，梅花的枝干呈"S"形贯穿其中，激活了画面的动态韵律，使花卉有种迎风飘扬的姿态，为画面平添了些许活力。折枝也是花卉盘中常用的构图方式，如折枝牡丹、折枝梅花、折枝桃纹等。

3.适合纹样结构

图3-116和图3-117两个粉彩盘的装饰结构是相同的。盘子有

图3-114　粉彩盘　乾隆时期　瓷器
直径：23cm　馆藏不详

图3-115　粉彩盘　雍正时期　瓷器
直径：21cm　科恩收藏

图3-116　粉彩盘　乾隆时期　瓷器
直径：31.8cm　馆藏不详

图3-117　粉彩盘　乾隆时期　瓷器
直径：39.4cm　馆藏不详

两层边饰，离中心图式最近的为窄边饰，贴近盘沿口的是较宽的边饰。宽边饰为锦地开光，中心装饰是圆形的适合纹样。中心图式的花卉组合进行了变形处理，以适合圆形结构。

4.满构图

在西方，画面的构图要符合"近大远小，近实远虚"的透视关系，而中国则以"疏可跑马，密不透风"的准则去"经营位置"，考虑画面的结构、布局、留白、组织、呼应等关系。图3-118无论是中心图式还是边饰，均无多少留白。盘子的中心图式是忙碌的人群以及船上穿龙袍的皇帝。众人忙碌，皇帝悠闲，人物动静态形成对比，刻画细腻，装饰主题丰富。盘子的边饰和中心图式相呼应，边饰中绘制了男人和女人的爱情场景，开光周边是满花地。整个图盘的装饰都突出了繁花盛开、天气大好、皇帝出游、热闹喧哗的场景。图3-119的粉彩盘描绘的是郊外园林。两个孩童中，一个双膝跪地，手捧酒杯向一位贵妇人敬酒，另一个手捧酒坛，静待一旁。贵妇旁有两名侍女陪同。这一画面旨在传递孝道文化。该盘的中心画面构图饱满，满塘的荷花填充着图像的空白。瓷盘的边饰有四层，贴近中心画面的一层的边饰是锦地开光，第二层是窄边锦地纹，第三层是满花地开光纹饰，第四层是一条细窄的锦地纹。边饰和中心图式组合成一个满花满景的粉彩瓷盘。

5. 放射性结构

放射性结构是以图像主体为核心，景物呈现向四周扩散发射的构图形式，其效果可使人的注意力集中到画面中心，而后又有舒展、开阔、扩散的作用。图3-120和图3-121这两个粉彩茶蝶以中心圆形纹样向外发散扩张，发散的路径呈现横向和纵向两种方式。横向为以中心的圆形花式为点，呈圆圈纹一圈一圈向外发散、扩张；纵向为以中心的圆形花式为点，呈四周发射线状向外扩张。这种装饰结构使得视觉中心集中，装饰纹样有节奏、有张力。

图3-118　粉彩盘　乾隆时期　瓷器　直径：43cm　科恩收藏

图3-119　粉彩盘　雍正时期　瓷器　直径：32cm　阿姆斯特丹国立博物馆藏

图3-120　粉彩茶碟　雍正时期　瓷器
直径：20cm　科恩收藏

图3-121　粉彩茶碟　乾隆时期　瓷器
直径：23cm　馆藏不详

三、开光模块化组合结构

开光是瓷器中常见的装饰技法，笔者之前在分析边饰纹样形式时已经作了解释。这种源自中国古建筑的"开窗"技法，在立体器物（如罐子、瓶子等）和平面器物（如盘子、碟子等）的装饰结构上有着不同的体现。下面我们以罐与盘两种器型为例，分开作类型比较，分析开光在器物装饰模块中的秩序和节奏。

（一）罐子的开光结构

笔者依据现有的资料把罐子接开光结构分为两种形式进行类型比较：第一种是横向、纵向结合的开光结构，第二种是中心开光结构。

1.横向、纵向结合的开光结构

这种开光的结构形式是根据罐子的造型特点而形成的。瓜棱形的罐子，其本身就自带开光形式。罐子的盖、颈、身等部位，凡是面与面的转折处都有纵向分割线，再加上横向装饰线和器物部位的分割线，使器物具有了横向、纵向结合的开光结构。

图3-122是雍正时期的一个粉彩六棱罐。罐子一共有九个装饰区。A区是兽形盖柄，B1、B2、B3、B4为中心开光装饰区，C1、C2、C3、C4为辅助纹饰区。从中心开光分布区域来看，B1是盖子上的六个开光，里面分别绘制了荷花、兰花、牡丹、菊花

图3-122　粉彩六棱罐　雍正时期　瓷器　高：94.6cm　科恩收藏

等。B2为六个颈部的开光，每个开光里面分别绘有一名男子从事着不同的活动。B3是位于视觉中心处的开光，开光面积也是最大的。六个开光分别以花卉和仕女图交错排列。B4是罐足部位的开光，每个开光里面绘制了不同的花鸟图案。在辅助纹饰的四个区域里，C2是位于罐子肩部的云肩纹饰区，所占面积最大，纹饰图案最复杂，为花满地纹饰。其余三个辅助纹饰C1、C3、C4是窄边锦地纹。这个罐子装饰设计巧妙，其利用罐子自身结构特点，把罐子从盖、颈、肩、腹再到足，一共划分为三十个装饰面，除了肩部区域纹饰相同外，其他二十四个面的装饰纹样各不相同。画工的精细、装饰设计的巧妙都证明了这个罐子是雍正年间的精品。

图3-123是乾隆时期的一个粉彩瓷罐。这个罐子的装饰主题以人物为主，盖、颈、身几处开光的描绘均为仕女婴戏的题材。其中盖子的六处开光位置所绘制的仕女图式和《雍正十二美人图》中的人物造型一致。该罐为一对，共计十二处开光，由此看来，盖子的图式原样就来自《雍正十二美人图》。罐子的颈部开光处描绘的是婴戏纹样，孩童在院子里欢快地玩耍。罐身的开光是长菱形，且面积较大，从罐子的肩部一直开光到罐子的足部，里面绘制的是仕女

在深闺里捕碟、下棋、看书、品茗等。这个罐子和图3-122的罐子最大的区别是，它的盖子和沿口用加厚唇边，并绘有锦地纹来突出唇边的设计。

图3-124是乾隆时期的一个粉彩六棱罐。我们从尺寸上可以看出这个罐子比前两个罐子的器型要小，属于瘦长型。设计师在该罐的装饰设计中，加大了罐身的开光面积，同时减去了肩部纹饰。由于罐子的造型拉长了颈部，因此颈部的开光装饰面积也相应增大。

图3-123　粉彩瓷罐　乾隆时期　瓷器　高：68.5cm　科恩收藏

图3-124　粉彩六棱罐　乾隆时期　瓷器　高：63.5cm　科恩收藏

盖子的六个面分别做了小开光，从而减少了开光面积，增加了边饰纹样。除了造型和装饰形式上的调整外，这个罐子和上述两个罐子在装饰特点上最大的不同是欧式化的边饰，即各种卷曲的蔓草纹以及迈森瓷器中常用的金色蕾丝花纹被大面积地使用。而上述两个罐子的装饰是中国传统纹样，没有任何西方元素。

图3-125是乾隆时期的一个粉彩六棱罐。这个罐子的造型以及装饰特点都和图3-124一样，只是在肩部增加了一圈小开光纹饰。虽然青花纹饰部分是中国传统锦地纹，但是开光边上卷曲的线条样式却是欧式的。18世纪70年代，中国外销瓷中的欧式元素越来越多，除了画面主体部分是欧式的人物、花卉、自然风景、建筑园林等，就连边饰纹样也越来越多地呈现为欧洲风格。

2. 中心开光结构

中心开光结构指的是在器物的视觉中心点设计开光的位置，开光面积较大，装饰形式也相对简单的结构。图3-126是雍正时期的粉彩瓷罐。罐子分为七层装饰区，A区是盖柄装饰区，B1、B2是中心开光区域，C1、C2、C3、C4是辅助装饰区。B2的开光区域最大，叶形开光里面绘有张生偶遇莺莺的故事。B1的叶形开光里

图3-125　粉彩六棱罐　乾隆时期　瓷器　高：64cm　科恩收藏

也绘有人物图式，它和罐身的开光无论是在装饰形式上还是在内容题材上都相互呼应。

图3-127是乾隆时期的粉彩瓷罐，与图3-126的器型一致、装饰形式相似。不同之处在于，瓶身的开光比上图多了四处。

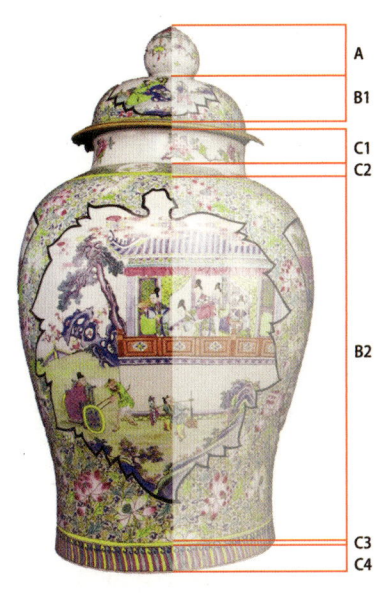

图3-126　粉彩瓷罐　雍正时期　瓷器　高：84cm　科恩收藏

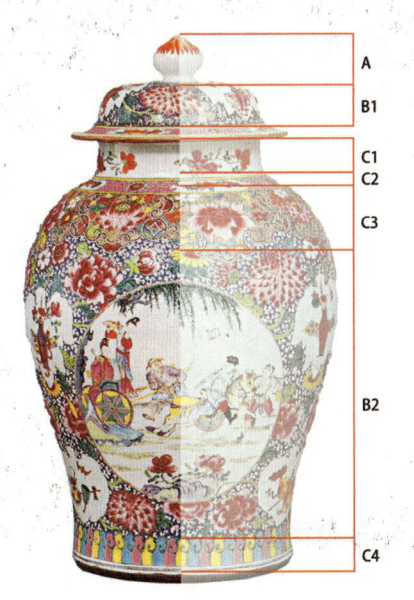

图3-127　粉彩瓷罐　乾隆时期　瓷器　高：60.5cm　科恩收藏

第三章　雍乾时期外销粉彩瓷的装饰设计

207

（二）盘子的开光结构

盘子的开光有两种形式：一种是在边饰上开光，另一种是在器物中心开光。由于在边饰上开光在前文已阐述分析过，故下文只阐述分析在器物中心开光的结构形式。

1.树叶形开光结构

图3-128和图3-129这两个盘都是乾隆时期的粉彩盘。盘子中心有叶纹开光，开光处绘有花卉图案。17至18世纪，叶形开光非常多见，有的是在器物边饰部分做叶形开光，有的是在器物中心位置做叶形开光。由于欧洲人对叶纹饰的喜爱，在18世纪后半叶，烟叶纹饰曾广泛流行了一段时期，直到19世纪早期，这股风潮才开始消退。

2.花瓣形开光结构

图3-130和图3-131这两个盘都是雍正时期的粉彩盘。盘子中心有花瓣形开光，开光里绘有人物和花卉题材的装饰图案。

3.开光组合结构

开光组合指的是对多处开光进行规整化组合，并以此装饰器物

图3-128　粉彩盘　乾隆时期　瓷器　直径：39.2cm　馆藏不详

图3-129　粉彩盘　乾隆时期　瓷器　高：39.5cm　科恩收藏

表面。图3-132是乾隆前期的一个粉彩盘。瓷盘的中心图式由五个花瓣形开光组合而成。正中心的花瓣形开光最大,其中绘有牡丹,其余四处是等大的小开光,绘有牡丹、菊花、百合花等。图3-133是雍正末期乾隆前期的一个粉彩瓷盘,瓷盘的中心图式由五处开光

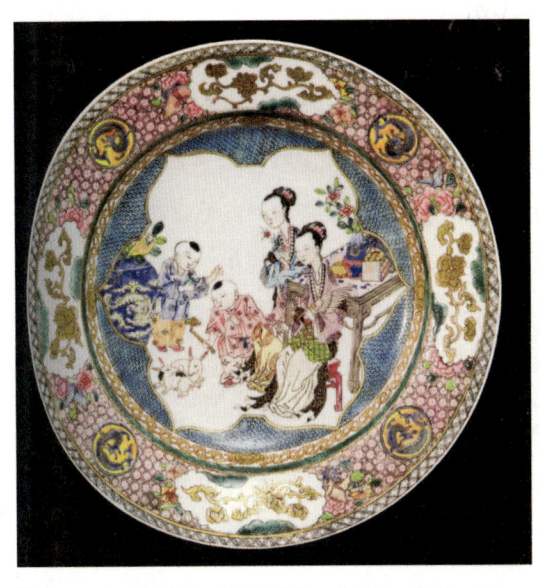

图3-130　粉彩盘　雍正时期　瓷器　直径：23cm
科恩收藏

图3-131　粉彩盘　雍正时期　瓷器　直径：39.5cm
科恩收藏

图3-132　粉彩盘　乾隆时期　瓷器　高：3.8cm　口沿
直径：19.8cm　科恩收藏

图3-133　粉彩盘　1730—1745年　高3.6cm　口沿直径：
20.8cm　阿姆斯特丹国立博物馆收藏

第三章　雍乾时期外销粉彩瓷的装饰设计

209

组合而成。其中正中心的花瓣形开光最大，其他四处如意开光以斜对角的方式围绕在中间的花瓣形开光周围。

四、自由组合模块化结构

选取一件外销瓷器上的简单烟叶纹作为标准型，我们会发现，所有这一类的模块组合都是在这个标准型上进行设计组合——叠加、变形、换位的。瓷器上烟叶纹的出现时间集中，绝大多数外文资料把有这类纹饰的瓷器出现时间断定为1770年左右，目前还无法精准断定它最初的设计原型具体是什么式样。笔者所选的标准型的主花是大朵的木槿花，第二主花是粉色的茶花，次要的配花是菊花和太阳花。主花上面的两片大叶子是烟叶，它有着明显的叶茎，主花下面有木槿花的枝干和叶子，如图3-134。

（一）在标准型上做叠加、变形的设计

烟叶纹不单独作为画面的装饰纹样，而常与三类花型组合成装饰模块。这三类花型分别为木槿花型、罂粟花型、小花型。其中小花型一般用作配饰花型，在边饰位置点缀画面。我们从图3-135中可以看出，这是一个伊万里风格的烟叶纹瓷盘。烟叶的颜色有四种，即釉下青花饰金、釉上红、釉上蓝、釉上黄。盘子纹饰的第一主花是木槿，第二主花是罂粟，还有红、黄小花做配花，盘子边沿有一圈小花做边饰。然而作为主花的木槿和罂粟的图形模块又有很多变形体，多种花卉及其变体与烟叶模块构成瓷器的装饰主体。

图3-134 烟叶纹粉彩瓷 图片来源：Pierre L. Debomy：Tobacco Leaf and Pseudo

木槿花（图3-136）为锦葵科木槿属落叶灌木。花单生于枝端叶腋间，花梗长4—14mm，被星状短绒毛；小苞片6—8，线形，长6—16mm，宽1—2mm，密被星状疏绒毛；花萼钟形，长14—20mm，密被星状短绒毛，裂片5，三角形；花钟形，淡紫色，直径5—6cm；花瓣倒卵形，长3.5—4.5cm，有单瓣、复瓣、重瓣几种，呈皱缩卷折状，外面疏被纤毛和星状长柔毛；雄蕊柱长约3cm；花柱枝无毛。木槿花模块在烟叶纹陶瓷上常以三种形式出现，详见图表3-2。

以上图表3-2中的图片截取了烟叶纹外销瓷上的木槿花卉模块。笔者按照模块的形式变化把其分成三种。

形式一是比较常见的木槿花模块形式。花瓣的造型有点像牡丹，花瓣有阳面、阴面，以红、黄两种颜色区分，雄蕊联合成圆筒状，包围着中间的雌蕊。形式一中的五种花型是一样的，细致对比会有细微差别。b型花的花蕊较长，伸出花瓣外，花秆是黄色。e型花的花瓣设色粉红，花瓣的明暗关系更强烈，亮面直接使用白色，花蕊设色淡绿色。形式一的花头特征一致，花瓣狭长，锯齿边缘圆润，花型饱满。

形式二中木槿花的花瓣逐渐收缩，呈尖状，每一片花瓣中间出现明显的茎，f型的花蕊呈三角形，白色，中间的长蕊超过花瓣。g型的花蕊呈黄色的圆形。h型的花蕊呈亮黄色圆形，有长花蕊。i型和j型也都有长花蕊，但两者花头颜色不同。i型是红色花瓣，白

图3-135　伊万里样式中的烟叶瓷　　图3-136　木槿花

色花蕊，黄色花瓣茎。j型是粉红色花瓣，绿色花蕊，没有明显的花瓣茎。

形式三中木槿花的花瓣呈尖状，花瓣茎明显，有长花蕊，但是中间的那一圈雄花蕊瓣化，花瓣是复瓣和重瓣，锯齿纹深刻，有点像叶子。k和l型是红色花头，m型是粉色花头。

罂粟花模块常用来做烟叶纹中的第二主花，形态比第一主花木槿花要小，设计分布的位置在装饰画面较偏的部位。罂粟花也有做主花的情况出现，如图表3-3中形式三中e.l就是烟叶纹瓷器中的主花形式。形式一的花型设计突出了罂粟花白色雄蕊特征，花瓣近圆形或近扇形，色泽艳红。形式二和形式三的花型设计更图案化，色泽粉红，花头近圆形，突出子房球形的特征，配色丰富艳丽。

图表3-2 外销瓷中木槿花模块的图案形式

形式分类	图片
形式一	 a 　b 　c 　d 　e
形式二	 f 　g 　h 　i 　j
形式三	 k 　l 　m

图表3-3　外销瓷中罂粟花模块的图案形式

形式分类	图片
形式一	a.1　b.1　c.1
形式二	d.1
形式三	e.1

（二）花卉、烟叶模块的构图设计

1. Ⅰ型构图

画面由烟叶、木槿花、罂粟花、小花以及小花环组合而成。图3-137中Ⅰ型构图的所有瓷盘都是以木槿花作为第一主花，是尺寸最大、位置处于最中心的一朵；罂粟花作为第二主花，尺寸稍小，位置稍偏一点；在画面留白处的边缘用小花环装饰，留白处饰以小花。这一类型瓷盘的构图形式是烟叶纹外销瓷中常见的模式，画面装饰是伊万里风格。

2. Ⅱ型构图

Ⅱ型构图所有瓷器的画面以烟叶、木槿花、罂粟花和小花组成满饰图案形式。在乾隆时期官窑粉彩瓷器上，这种满饰图案形式比较常见，如"万花锦地"的装饰纹样。这种装饰一般色彩艳丽，营造出了繁花似锦、满目热烈的视觉效果。在图3-138中，不同颜色的烟叶进行重复、叠加形成画面第一层装饰，在其基础上以木槿

图3-137　Ⅰ型构图

图3-138　Ⅱ型构图

花、罂粟花和小花穿插，形成画面的二层装饰。这一类型的构图利用烟叶的堆叠以及花朵的穿插，形成画面的空间层次。

3. Ⅲ型构图

图3-139这两个盘子的装饰形式是"主题纹饰+边饰纹样"构图形式。这一类构图由烟叶和花卉组合而成，并作为主题纹饰位于画面的中心位置。其主体画面讲究"计白当黑"，以体现富有中国传统审美特征的意味。烟叶的造型呈现出中国绘画的特点，讲究出

图3-139　Ⅲ型构图

枝，强调枝干和叶子的穿插，造型灵巧而生动，富有节奏感。边饰由窄边、宽边以三层或四层等不同组合方式构成，宽边饰由花卉组成的纹样有三组、四组、整圈不等。这种构图方式既灵活又有韵律感，体现出浓郁的中国风，是外销瓷常见的装饰设计形式。

（三）烟叶和鸟类的模块组合设计

花鸟是中国画的一大门类，也是陶瓷装饰题材中的一大主题。早在唐朝时期，长沙窑高温釉上彩绘瓷器中，就出现了花、鸟纹饰图案；元、明、清时期，从青花到釉上彩瓷，花鸟题材都是重要的纹饰之一。在外销瓷烟叶纹和鸟类装饰模块组合中，锦鸡、凤凰、鸳鸯是常见的纹样。由于清代"图必有意，意必吉祥"的装饰特点，这三种鸟各有寓意。锦鸡寓意"加官晋级"，锦鸡和花卉组合寓意"吉祥富贵"（图3-140），鸳鸯成双成对地出现是爱情的象征。图3-141瓷盘上的一对鸳鸯戏水于莲池中，有"鸳鸯戏荷""莲池鸳鸯"之说；鸳鸯和桂花组合，有"鸳鸯贵子"之说。这些寓意都有祝福新人婚姻美满、早生贵子之意。图3-142缸上的鸟纹饰是凤凰。凤凰是一种瑞鸟，有公母之分，凤代表阳，凰代表阴，阴阳之和在中国的象征文化体系中有"和美"之意。同时，凤凰亦被称为万鸟之王，所以在中国封建社会时期，凤凰图案只能出现在皇家后宫中供皇后使用，就连一般的嫔妃也是不能使用此等图案的。

第四章　雍乾时期外销粉彩瓷发展的历史路径与动因

图3-140 锦鸡与烟叶、花卉的组合

图3-141 粉彩烟叶瓷盘（鸳鸯与烟叶、花卉的组合） 1770年 瓷器 长33厘米 宽26厘米 乔治·威尔士收藏

图3-142 烟叶凤凰纹粉彩缸 1770年 瓷器 直径39厘米 高27厘米 英国科恩收藏

（四）烟叶和人物的模块组合设计

烟叶和人物的组合模块实例较少。图3-143的盘子纹饰由木槿花、烟叶和中国女子构成装饰图案的中心。画面中的女子身穿汉族服装，以竹篙撑船。女子脚下的荷叶被设计成贝壳造型，像一叶小舟。画中女子图像的来源应该是中国神话中的何仙姑。在《八仙过海》故事中，何仙姑就是脚踩莲瓣过海。外销瓷中的很多人物图像都是以中国神话和话本、小说中的人物为原型。

图3-143 人物与烟叶、花卉的组合

第三节 雍乾时期外销粉彩瓷装饰设计的艺术特征

一、图式符号的绘画性语言表达

粉彩瓷之所以区别于青花、五彩等陶瓷工艺，就在于其图式符号更强调一种绘画性的语言表达。粉彩基于中国传统工笔画以写实为主的艺术方式，无论人物、花鸟、山水都源于自然万象，并可以逼真地还原事物的本来面貌。粉彩在注重中国传统的笔墨表达、意境营造、位置经营以外，还糅合了西方的光影处理、空间表达以及具象描绘等绘画特点。因此，无论在中国还是西方，人们都能通过粉彩瓷器上的图式符号与表述语言，了解其所叙述的故事内容。

粉彩艺术继承了中国工笔画当中"线"和"染"的技法，使自身有了较强的"绘画性"。粉彩画工具与工笔画的绘画工具一样，均以毛笔为主，笔又分为勾线笔和染笔。粉彩调色的介质也可以和工笔画一样用水调和，同时，基于粉彩画自身的绘制特点，其颜料还可以用乳香油和樟脑油调和。两者的相似性还体现在粉彩艺术与工笔画对线的运用上，两者均将线作为其最基本的表现语言，并且一般使用中锋，追求"线"的工整、细腻、严谨。客观世界中并没有单纯的线，以线造型是中西方共同的艺术表现手段，它源自对客观物象的艺术提炼。中国与西方原始社会时期的岩画都是用线来呈现事物的。两者除了以线造型外，都是通过笔的各种变化（用笔力度的轻、重、提、按，运笔速度的快、慢、顿、挫，运笔方向的反、正、转、折，行笔方法的中锋、侧锋、逆锋、散锋、勾、擦等）来表现对象的质感、量感、空间感、动态感，从而使线本身也具有了独特的审美价值。

我们可以将雍正时期粉彩故事盘（图3-144）和明代查士标所画的《秋山行旅图》（图3-145、图3-146）两件作品的局部进行对比。从中可以看出，粉彩艺术中对山石的空间处理，也是通过线条的疏密来组织其阴阳向背，营造出空间感的。这种用线的技法在中国画里叫"皴法"。在中国画中，不同山石给人的体积感就是通过不同的皴法塑造而成的。近景中的山石需要强调结构及轮廓，通过线条的粗细来处理山石的转折关系；远景的山石则通过淡料渲染而成，以实现空间的虚实感。树，同样是中国山水画的重要组成部

图3-145 秋山行旅图（局部1） 明代 查士标

图3-146 秋山行旅图（局部2） 明代 查士标

图3-144 粉彩故事盘（局部） 雍正时期 瓷器 高：4cm 直径：27.7cm 中国园林博物馆藏

分。画树主要突出的是姿态，重点在于画树的枝干穿插，尤其要注意线条的抑扬顿挫，如此方能画出树的苍劲与生命力。

工笔画设色和粉彩采色的原理相同，关键在于一个"染"字，即通过渲染技法，描绘物体的阴阳向背，使其富有立体感，而这种立体感同样是西方绘画一直遵循的定律。在染的过程中，两者设色均须由浅入深，颜料逐次递增，并且注意深浅部位的衔接与过渡。由于工笔画和粉彩在工具、手法等方面大致相同，其呈现出的艺术效果也基本一致，都有色彩艳丽明快、意境空灵清雅的艺术效果。但是，两者的区别也是非常明显的：粉彩工艺是一门泥与火的艺术，其工序比工笔画要复杂许多。

意大利文艺复兴以后，人们开始追崇人性的解放和对科学的探索。在绘画方面，"透视法"引发一连串的革命性突破，画家据此法创作出大家都能理解、预先想象得出结果的艺术作品，这就意味着画家可以通过"透视法"设计画面，使生动的形象和场景真实地出现在虽为二维平面却具有三维空间感的绘画作品中。在人物形象的绘画中，人体的骨骼与结构关系受到了重视。著名画家达·芬奇和雕塑家米开朗琪罗都在人体解剖、医学等领域有过卓有成效的研究，为的就是能准确刻画人体的结构关系。欧洲各国在对科学的追崇和自然的探索这条道路上一直坚持走下去，这种严谨的自然科学价值观一直延续到现在。1761年，中国景德镇生产的一组瓷器中的盖碗上，用荷兰文写着"装饰有解剖学图案的惨剧，普吕恩·皮拉，1761年"（geschilderteen The servies van de Annatomi door Pleun Pira 1761）（图3-147）①，这个叫皮拉的订制人很可能是位医生，也很可能是位画家。这套餐具的图案来源可能有很多种，例如：托马斯·巴托林（Berthelsen Bartholin）在1662年出版的英文版本《解剖学》（Human Anatomy）、1685年霍福特·彼得鲁（Govert Bidloo）在阿姆斯特丹发表的《人体结构解剖》（Anatomia Humani Corporis）等论著。如图3-148所示，这件现收藏于美国温特图尔博物馆的瓷盘图像就来自彼得鲁的书。

① 余春明：《一瓷一故事》，南昌：江西美术出版社，2017年，46页。

图3-147　墨彩盘　乾隆时期　瓷器　尺寸不详　美国温特图尔博物馆藏

图3-148　墨彩盘　乾隆时期　瓷器　尺寸不详　美国温特图尔博物馆藏

二、绘画语言的装饰性

粉彩装饰自出现以来，就不断从其他绘画艺术与工艺美术中吸取营养，如中国工笔画的渲染、西洋版画的刻版、年画的图案化处理等，都在与粉彩材料和工艺结合的过程中，对粉彩艺术形式的嬗变以及形成装饰性的语言产生了极重要的影响。明末清初的画家龚贤说："古有图而无画。图者，肖其物貌其人写其事。画则不必……"[1]根据这个观点，我们可以把所有的画都归属于一个更大的图的范畴，那么一切材料载体上的绘画都能被看作是图在视觉材料（如：纸、陶瓷、织物等）上的构建装饰秩序。这种装饰的秩序可以从平面器物和立体器物中分别展现。

中国画常借用"疏可跑马，密不透风"这句话来强调疏密、虚实之对比关系，并以此反对绘画元素的平均罗列。图3-149是雍正时期粉彩人物故事盘，其特别之处在于边饰采用通景的构图叙事手法。盘子的中心图样描绘的是一个中国民间故事。画面中离观众最近的是一个车夫，他趴在推车上，卷起袖子和裤脚露出了手臂和小腿。他的头朝向男女主人翁并看着他们，似乎在等待。紧接着是一对男女，他们应该是一对情侣。男子是书生打扮，一身红袍，头上戴着帽子，女子是一身富家小姐的打扮。男子的右手搭在女子的手上，两人似乎在说话，且有依依不舍的神态。男子的后方有一位少年做书童打扮。他扎着两个发髻，右手牵着马的缰绳，左手撑着腰，

[1]（清）龚贤：《云来深树图》题跋。

图3-149　粉彩人物故事盘　雍正时期　瓷器　直径：55厘米　乔治·威尔士收藏

脸朝向男女主人翁。地上放着行李和雨伞，表明男主人应该要出远门。不远处的亭台里有一位女子，穿着不及小姐华丽，应该是小姐的贴身丫鬟。她端着酒壶和酒杯，应该在准备为男子饯行。远处背景有湖面、假山、牡丹、柳树、栏杆等，这应该是在湖边郊外。整个场景出自民间故事《西厢记》，描写了崔莺莺在长亭为张生赶考送行的故事。图样中心各个模块（人物、花卉、山石、动物）分布得疏密有序、节奏连贯。盘子的边饰通景图样就是中心图样的二部曲。边饰采用密集满绘的手法，与中心图样的疏密有序形成对比。整个通景图样描绘了一位书生在赶路途中所发生的事情，延续了崔莺莺送张生赶考的故事。这种独有的设计布局方式，以及分段陈述的绘画语言，正是视觉文化中图像呈现的一种方式。

装饰器皿的设计还体现在对三维空间陶瓷器皿的图像处理上。在陶瓷绘画中，绘画的语言表达应该体现在陶瓷装饰形式上。陶瓷器物上的绘画性装饰，不同于单独存在的绘画形式，它是在三维空间的立体造型上进行图像描绘，所以其图像从属于器物的造型，而不可独立地自由发挥。它应该根据造型的起伏变化，选择最佳的装饰部位，以满足器物可供人多视角欣赏的独特要求。

图3-150是乾隆时期的一个粉彩图瓶。瓶子分为瓶颈和瓶身两个部分。瓶颈有三处开光，瓶身由两处大开光组合而成。瓶子纹饰描绘的是由室内到室外再到室内的大场景画面。瓶身下半部分描绘的是两名妇女在室内打谷子，另外三名妇女带着一个孩子在院子里聊天。有一名穿着红衣服、绿裤子的孩子在院子门口探着脑袋，像是在找人。院子的大门外有两头水牛在河里嬉水。不远处的田地里，一群人在忙着收割稻子、拉牛耕田、插秧等。这种情况在现实生活中是绝对不可能出现的，因为这些农作活动不可能出现在同一时空当中。我们理解画面的叙事方式是为了表现一年四季的繁忙景象。瓶颈的开光部分绘制的是一群孩童在室内下棋。瓶身和瓶颈的两处开光使空间转移得到了平滑的过渡，这种方式扩大了叙事场景，让人感觉这是隔着河与田野的两户人家的场景。这种叙事方式不但没有让人有凌乱的感觉，反而使画面的节奏变得紧凑而富有变化。

图3-150　粉彩图瓶　1750—1769年　瓷器　高：35cm　科恩收藏

第四章

雍乾时期外销粉彩瓷发展的历史路径与动因

第一节 雍乾时期外销粉彩瓷发展的历史路径

一、雍乾之前釉上彩绘的发展概述

粉彩是釉上彩绘中的一种陶瓷彩绘形式。宋、金时代釉上红绿彩出现之后,几百年的时间里,我国的釉上彩瓷绘制技术得到飞速的发展,例如:宋定窑釉上红彩、金彩,金磁州窑釉上红绿彩瓷,元景德镇釉上红绿彩和金彩,明官窑洪武釉上红彩,永乐矾红填绿彩,宣德斗彩,成化青花双钩廓填斗彩,嘉靖采用黑彩替代青花勾线的"大明五彩",中国伊万里瓷,清康熙古彩(硬彩)、珐琅彩、粉彩,清末时期出现的浅绛彩,民国时期的新彩等,可谓品种繁多、姹紫嫣红。

中国最早记载釉上彩颜料的文献为明嘉靖王宗沐的《江西大志·陶书》①,随之清代《南窑笔记》《陶冶图说》以及朱琰的《陶说》、蓝浦的《景德镇陶录》等陶瓷古籍都涉及了釉上彩绘颜料。

在中国,红绿彩中的红彩、绿彩和黄彩都是中国陶匠依据烧陶经验配制出来的釉上彩绘颜料。红彩又称为"矾红",在《大明会典》中就有记载:"嘉靖二年,令江西烧造瓷器,内鲜红改为深矾红。"②红彩是用红料与铅按照1:5的比例进行混合,调以带少量

---

① 江建新:《中国釉上彩瓷史略》,北京:文物出版社,2015年。

② (明)李东阳等:《大明会典》,江苏广陵古籍刊印社影印刊本,卷二〇一。

牛胶的水使用，然后又在800℃左右的温度下烤花而成。据日本佐藤雅彦在《中国陶瓷史》中的研究，铅粉在800℃左右温度下会熔化，使用铅料的意义在于将色元素颗粒黏合在釉面上。在立体的体视显微镜（又称实体显微镜）下可以发现，矾红在底釉上少有润湿性，有凝集倾向。我们在射偏光显微镜（又称岩相显微镜）下可以看到，在铅玻璃基体中，氧化铁超细颗粒悬浮之上，并没有熔化。所以，矾红为不透明状。[①]在行业认知中，矾红是不能和其他颜色混合、覆盖的，要不然会出"毛病"，即被其他颜色"吃掉"（不显色）。因此，我们看到大多数用矾红绘制的图案都是用矾红勾线的，这一点在红绿彩和五彩瓷上都能看到。但是外销瓷中出现了以珠明料和矾红调和而成的麻色进行勾线的样式。绿彩，在红绿彩中多作为色地或填绘花叶之用。由于绿彩中有卵石粉这类硅类物质，在低温烤花时会呈现出透明状玻璃感的釉面，所以用在大块色彩的填绘上，会有一种清澈的明亮之感，与白釉和红彩相配更显亮丽。绿彩以铜作为主要着色元素。1706年，来中国的法国耶稣会传教士殷弘绪在写回家乡的信中提到了绿彩的配制为"一两铅料中添加三钱三分卵石粉和大约八分之一钱铜花片研磨而成"[②]。据研究，康熙以前，我国釉上黄彩为氧化铁着色的铁黄。[③]殷弘绪在信中说："制备黄料，就往一两铅料中调入三钱三分卵石粉末和一分八厘不含铅粉的纯质红料。"[④]我们从信中所阐述的内容看出，黄彩的调配是基于红彩之上产生的，并且与绿彩一样，成分含有卵石末，颜料也是呈现玻璃透明状的，因此适用于做底色和填绘花瓣和花叶。红彩、绿彩和黄彩是我国自主研发的陶瓷彩绘颜料，成色稳定，装饰效果好，其中红彩（矾红）可用于填绘和勾线，使用范围较广。这三种彩也是中国彩瓷的基本色彩，大明五彩、康熙古彩、粉彩的色料都与之有紧密的关系，它对中国釉上彩绘技术的发展影响深远。

装饰效果比较接近，但是在工艺和工序上又有些差别的三种彩瓷工艺分别是斗彩、五彩和填彩。清代《南窑笔记》一书中记载：

---

① （日）佐藤雅彦：《中国陶瓷史》，东京：平凡社，1978年。

② unknown author, *Masterpieces of Chinese Art from the Institute of Chincago*, Chicago: Art Institute of Chicago, 1989, P1-79.

③ 江建新：《中国釉上彩瓷史略》，北京：文物出版社，2015年。

④ 同②。

"先于坯上用青料画花鸟半体复入彩料凑其全体名曰斗彩；填者，青料双钩花鸟人物之类于坯胎成后复入彩炉填入五彩名曰填彩；其五彩，则素瓷用彩料画填出者是也。"⑤据此可以理解，斗彩是在坯胎上用青花料先画出花或鸟的一部分，而空出另一部分待烧制成瓷后再用釉上彩料绘制，这个"斗"就是"拼、凑"的意思。常见的斗彩图案有青花料画的叶子，红彩或黄彩绘的花头和花心，或是矾红画的鸟身，青花绘制的鸟冠或翅膀等部位。"填彩"，顾名思义是"填充颜色"的意思，是先在坯胎上用青花料双钩线条绘制纹饰的轮廓线，再在其中填彩而成，像龙纹、莲纹等常见的纹饰都会用此工艺。但是自从釉上黑彩（珠明料）烧制成功后，釉上五彩逐渐取代了以上两种工艺成为釉上彩瓷装饰的主流。

1610年，日本在朝鲜陶工的帮助以及地方政府的干预下，吸收了许多中国的制瓷技术，制作出了日本瓷器。1650年，日本进入了制瓷的成熟时期，并且逐步形成了自己固有的装饰风格。1670年左右，日本柿右卫门窑尝试在乳白色细腻的白瓷上绘制精美的彩色图案，烧制出"柿右卫门样式"瓷器。从1650年开始，日本的制瓷技术日趋成熟，烧瓷规模达到量产，并且烧造质量也接近中国。欧洲市场对日本瓷的青睐，让日本瓷开启了大规模外销之路。1690年左右，日本瓷开始用釉下青花与釉上彩结合装饰，再在图案上施绘金彩，形成明艳、华贵的"金襕手"风格。这种风格的瓷器与当时欧洲正在流行的洛可可之风趣味一致，受到欧洲市场的欢迎和追捧。由于日本出口到欧洲的精品瓷器是从伊万里港口运出的，因此就有了"伊万里瓷"的称号。我们从日本伊万里瓷的装饰风格不难看出，日本对中国制瓷技术和装饰手法理解深刻、借鉴到位，能融会贯通。伊万里上的青花、彩绘以及金彩工艺都是中国最为古老的装饰技术。据宋代周密《志雅堂杂抄》《癸辛杂识》两书记载："金花定碗用大蒜汁调金描画，然后入窑烧之，永不复脱。"⑥将这种加了铅粉研磨而成的箔金粉末，加入大蒜汁调和后用于瓷器的描绘，再将所绘瓷器经低温窑烧制，然后用玛瑙打磨而成金彩工

⑤（清）佚名：《南窑笔记》，江苏古籍出版社影印《美术丛书》本，2044页。

⑥（明）陶宗仪等：《说郛》，上海：上海古籍出版社，1986年，1008、1299页。

艺，装饰效果极强，它在出口外销的中国伊万里瓷和五彩及粉彩瓷上大量出现，以至景德镇陶工至今都在使用这种工艺。日本伊万里瓷的这种色彩明艳、图案繁缛，饰金之后绚烂夺目、雍容华贵的风格，成功迎合了欧洲人的审美趣味，这无异于给欧洲市场打了一剂兴奋剂。这一时期，由于正值中国明清朝代更替之时，又加上"三藩之乱"，中国社会动荡不安，常年战乱使得中国瓷业萧条无比，中国政府又进一步加强海禁，瓷器出口数量锐减，中国瓷器根本没有办法供给欧洲。作为东西方瓷器贸易的霸主——荷兰东印度公司，正是于此时把进口市场移向日本，希望用日本瓷器替代中国瓷器以满足欧洲及其他地区的需求。1684年，清政府颁布了解禁令，景德镇瓷器才得以重返外销之路。而此时，海外市场已经普遍认可了日本伊万里瓷器。于是，景德镇窑反过来又开始仿制这类瓷器，并且在画工、品种还有坯胎质量上，都超越日本伊万里瓷，最主要的是中国伊万里瓷器要比日本伊万里瓷器价格便宜，并且交货周期短，生产量大。最终，中国把瓷器出口第一的位置又重新争夺了回来。1686年，荷兰东印度公司在档案里记录道："价格如此贵以至于我们不敢也不能同意这个价格，以免将来担责任，因为荷兰售价只有这个瓷器的一半价格。"[1]1750年，荷兰东印度公司尝试向日本发样订购瓷器，但记录显示"离谱的不合理的价格"，因此交易未达成。[2]景德镇瓷器价格竞争的优势取决于景德镇陶工对陶瓷工艺掌握的成熟度。经过千年洗涤，中国的陶瓷工艺趋于成熟并稳定发展。在朝代更迭、皇帝继任的过程中，中国陶工为了满足统治阶层的审美需求，取悦统治者的特权心理，在陶瓷成型和装饰工艺上不断地追求创新求变、追古存新，使工艺在传统的基础上求高求难，发展到乾隆年间，陶瓷工艺已经攀登顶峰。

17世纪，法国利摩日的铜胎珐琅传入中国，康熙皇帝甚是喜欢。18世纪初，康熙皇帝督促清宫造办处研发出在玻璃胎、瓷胎和紫砂胎上画珐琅的工艺。对比中国传统彩料，古陶瓷研究专家江建新总结了珐琅彩的色料成分的四个特点：第一，在中国传统彩料

---

[1] David S.Howard, *A Tale of Three Cities (Canton, Shanghai & Hong Kong): Three Centuries of Sino-British Trade in the Decorative Arts*, London: Sotheby's, 1997, P233.
[2] 同上。

中，五彩或粉彩均不含硼，而珐琅彩的色料中含有大量的硼；第二，中国传统彩料中唯粉彩含砷，五彩没有砷，而珐琅彩含砷；第三，珐琅彩中的黄彩采用氧化锑为着色剂，在康熙前，无论五彩中的黄色还是低温色釉中的黄色，均采用氧化铁为着色剂；第四，珐琅彩中的胭脂红是用胶体金着色的金红，这种彩在康熙以前没有出现过。③我们从以上色料特点及成分中可以看出，珐琅彩瓷是一种欧洲技术在中国陶瓷上的移植，而且这种彩料也促成了康熙粉彩的创烧。

③ 江建新：《中国釉上彩瓷史略》，北京：文物出版社，2015年。

康熙粉彩有三种颜色受珐琅彩的启发和影响：其一是"玻璃白"，它以含砷元素的白信石掺入铅熔块玻璃粉等溶剂中，制成一种白色粉末，并且烧成后呈现出乳白色玻璃状，因此，俗称"玻璃白"；其二是"胭脂红"，它也是与珐琅彩料一样以金为着色剂而制成的红，俗称"金红"；其三是"锑黄"，这是以锑为着色剂制成的黄色。粉彩出现之后，瓷器一改康熙时期刚健、粗犷的画风，而使用中国工笔画的渲染技法，层层尽染、有浓有淡，突出阴阳向背，追求明暗、浓淡的立体效果。康熙时期的粉彩处于初创阶段，色料较为粗糙，胎体也不如雍乾时期的白、薄、光滑，制作比较粗率，砂底无釉。纹饰和施彩的风格简朴，以云龙和花卉为主，如故宫博物院藏的"清康熙粉彩花卉纹水丞"。康熙时期，粉彩署官窑款的传世品很少，有少数折枝花果碗署"大明成化年制"款，其釉面微显亮青色，色彩虽然淡雅，但是较雍正时期仍显浓丽厚重。④康熙年间是中国彩瓷发展最为快速的时期，三类主流彩瓷（五彩瓷、瓷胎画珐琅、粉彩瓷）在此时期相继问世、发展，并对世界陶瓷界产生了深远的影响。总结这一时期瓷器的主要成果：第一，这一时期的陶瓷在大明五彩的基础上发展了康熙五彩的硬朗风格；第二，融汇中外，成功把法国铜胎画珐琅的技艺移植到瓷器载体上，发展了瓷胎画珐琅的彩瓷新品种；第三，致力于研究新彩料，不断创新和发展，成功研制了在白瓷上运用中国工笔画法，直接绘制彩色图案的洗染技法，使其具有浓淡分明、阴阳向背的艺术效果。康熙皇帝

④ 同上。

是一位励精图治的皇帝。他收复台湾，致力于中国领土完整；抵抗外敌，击退沙俄军队的侵袭；平定三藩，解决叛乱；肃清朝堂，处置权臣；解除海禁，重启通关贸易。这样一位有着雄才伟略的皇帝对瓷器的美学理解，与崇尚清淡古朴"文人审美"的雍正不同，当然也没有乾隆富丽堂皇的"贵族审美"之倾向。康熙的审美品位是独特的，比之前辈更有一种人格的魅力：大气、挺拔、雄伟、广阔。在瓷胎画珐琅、粉彩瓷烧成之前，景德镇的外贸出口瓷以青花瓷为主，且数量多，出口范围广。随着珐琅彩瓷和粉彩瓷的发展与普及，其贸易体量逐渐与青花瓷并驾齐驱。

二、雍乾时期粉彩瓷的发展概述

粉彩瓷的发展经历了康熙年间创烧的初探期，雍正年间的成熟、发展期，乾隆年间的高峰期这三个阶段。雍正、乾隆时期是粉彩瓷烧造成熟与发展的阶段，也是清代陶瓷繁荣发展的时期。这当然与朝廷直接干预陶瓷的设计与烧造不无关系。很多相关资料都证明雍乾两朝皇帝均有着不凡的艺术修养，可贵的是，他们既推崇汉文化，又对西洋文化持有浓厚兴趣。在自身的文化建构上，他们博古通今。在此基础上，他们势必会亲自过问瓷器的生产，包括对陶瓷的形制、釉色、纹样等都提出了自己的意见。为了保证陶瓷生产始终处于他们所要求的水平线上，他们甚至任命督窑官前去督造。皇帝的干预使得制瓷技术突飞猛进地发展。统治阶级的个人意识极大地影响了社会大众的意识：官方与民间的审美趣味及风尚皆以统治阶级为风向标；督陶官也以取悦皇帝的喜好为首要目标；深化御窑厂制度改革，提高陶瓷的生产工艺和生产质量，创新求变。在御器厂方面，一些可以产生高质量艺术成果的技术手段不再秘不示人，从而使陶瓷业的技术能力普遍得到提高；同时，督陶官在陶政管理上实行官民互利的方针，地方民窑广受其惠，从而得到很大的进步和发展。民窑也促进了瓷器外销贸易的增长。除了皇家特定的颜色和造型外，从瓷器造型、装饰纹样以及颜色搭配上，民窑都以官窑为参照实物。当然，民窑自身奔放的绘画风格、通俗易懂的民间故事题材也是其自身特色。而外销瓷除了一小部分是外国的来样加工订单外，绝大多数都是中国市场固有的瓷器。外国商人通过挑选受欧洲市场欢迎的瓷器，来满足欧洲人对中国瓷器的需求。

（一）官窑粉彩发展脉络[①]

1.清代具有严谨的官样制度，皇帝参与督制瓷器的画样及器型

早在宋代，官窑的画样就由宫廷画院设计绘制，特别是专供皇家使用的御瓷，官窑甚至是不惜工本，使用各种能工巧匠严格按照宫廷画院提供的画样制作，所制瓷器秘不外传，只供皇家宫廷享用。所以，宋朝的官窑瓷器，都被后来的元、明、清各朝帝王命令工匠仿制。

雍正《大清会典事例》记载："凡上用瓷器，照内颁式样、数目，行江西饶州府烧造解送"，"凡坛、庙、陵寝需用祭器，照太常寺图式、颜色、数目。办法江西烧造解部"。[②] 上述资料说明，当时朝廷已把御窑厂照内府或太常寺式样烧造出的御用瓷器，以及陵寝祭祀用瓷器纳入了管理制度之中。这种由内府或太常寺提交给御窑厂烧造的瓷器，会被当作蓝本，即为御窑厂制瓷的官样。[③] 目前学术界较为认同的官样分类有三种，即发往御窑厂的画样、瓷器实物官样和旋制木样。

①画样

雍正初年，宫廷画家的人数减少，创作不景气，仿古瓷多于创新瓷。雍正三年（1725）十二月初七日，郎世宁接到圣旨，曰："员外郎海望交驴肝马肺均窑缸一件。传旨：着郎世宁照样画，比缸略放高些，两头收小些，钦此。"雍正皇帝起用郎世宁这样的西洋画家也许正是为了瓷器的创新。果然"雍正四年三月，画家丁裕、詹熹、丁观鹏、程志道、贺永青、王均、叶履丰；同年七月，画家张霖、吴桂、吴棫、陈敏、彭鹤；七年十月，画家汤振基、戴恒、余秀、焦国俞等共十六人先后进入'画作'供奉。还增加了柏唐阿王幼学、金保、徐玫之子等三人。翰林画家有唐岱、高其佩、莽鹄

[①] 此节参照王光尧：《从故宫藏清代制瓷官样看中国古代官样制度》，载《故宫博物院院刊》，2006年第6期，6—28页。

[②] （清）清世宗：《大清会典事例》，文海出版社有限公司影印本。

[③] 王光尧：《从故宫藏清代制瓷官样看中国古代官样制度》，载《故宫博物院院刊》，2006年第6期，6—28页。

① 杨伯达:《清代院画》,北京:紫禁城出版社,1993年,65页。

② (清)内务府造办处:《雍正四年各作成活计清档》,转引自冯先铭:《中国古陶瓷文献集释》上册,香港:艺术家出版社,2000年,215页。

立、唐英等四人。"① 另外,谭荣、贺金昆几位以珐琅作画的画家,也被要求遵照雍正皇帝的旨意进行创作。

皇帝对瓷器烧造进行具体的干预是雍正时期一个十分有趣的现象。雍正皇帝通过瓷器画样控制瓷器的烧造,因此,他在画样的设计阶段就亲自挑选参与这项工作的画家。唐英于康熙三十六年(1697)供役于养心殿,并于雍正元年(1723)任内务府员外郎,由于擅长绘画、书法、篆刻,成为造办处画作的翰林画家。郎世宁是位意大利画家,康熙五十四年(1715)进京,在宫廷传授西洋画法,并创作了不少中西画法结合的作品,因此成为雍正、乾隆时期深得皇帝赏识和器重的一位西洋画家。造办处设有画作并拥有一批画家,他们承担着瓷器画样的工作。《雍正四年各作成做活计清档》记载:"雍正四年六月初二日据圆明园来帖内称,太监杜涛交来各样磁器二十一件随紫檀木盘二件、玉器一件。传旨:着照样画样。钦此。于六月初四日,将磁器二十一件,玉器一件、紫檀木盘二件、俱各画样完。首领太监程国用持去交太监杜涛收讫。"② 在聚集了一批杰出的画师之后,雍正皇帝开始亲自介入瓷器的装饰设计工作,由此推动了瓷器艺术的发展,超越了前代,塑造了雍正时期独有的瓷器风格。雍正皇帝还对烧制成的瓷器亲自审查,决定哪些画样继续烧造、哪些不必烧造。

雍正六年至十三年(1728—1735),唐英被派驻景德镇御窑厂,遵照宫中旨意督造各式各样的瓷器,成为雍正皇帝瓷器发展和创新的实践者。唐英因此也成为皇帝信赖且懂得瓷器烧造工艺的关键人物。由于雍正皇帝的亲自参与,雍正时期的粉彩、青花、颜色釉、珐琅彩各种彩绘瓷器工艺、创作别具一格。康熙时期,粉彩瓷器受珐琅彩的影响,已见雏形。雍正时期瓷器吸取康熙时期五彩和珐琅彩的长处,发展出了釉上彩。这种新工艺以粉材料与玻璃白在烧好的素胎上描绘,然后二次入炉烘彩。相比康熙五彩,雍正时期的粉彩淡雅柔丽,色彩更为丰富娇艳,因而取代了康熙五彩的地位,并广泛流行。粉彩的流行又使斗彩工艺制作推进一步。雍正时期斗彩工艺打破了明代釉下青花、釉上五彩拼斗的传统工艺做法，大胆加入粉彩和金彩，突破明成化以来的传统工艺，有明显的粉质感，而且颜色丰富，集历代斗彩颜色之大成。

乾隆时期瓷器器型设计精巧，无奇不有，工艺水平极高，颜色艳丽夺目，装饰手法多样，如轧道、开光、满花地等，特别是"御窑监造，尤为超越先古"[3]，使得清代的制瓷走向了一个新的艺术巅峰。乾隆皇帝对艺术品的爱好，毫无疑问是促进中国瓷器工艺发展的重要缘由。乾隆凡以往名瓷，无一不仿，尤其是宋代汝、官、哥、定、均五大名窑的瓷器，积累收藏。清宫所需的瓷器，一是仿照古瓷器做样品，传旨照样烧造；二是由宫廷画家依照旨意画样，再传旨照样烧造。瓷器画样自康、雍兴起后，到了乾隆时期更加盛行。

乾隆元年（1736）造办处设立了供御用画家创作的画院处，圆明园亦设立了如意馆。画院处可以通过首领太监传旨，由主管官员下达给指定的画家作画，完成后呈给皇上御览，不必事事经过造办处，因而具有相当大的独立性。清宫的画院，画家的人数、规模及制度都是其他任何朝代无法相比的。乾隆把自己在绘画和诗词方面的造诣，融入瓷器的创新当中，并启用造办处画院处、圆明园如意馆的院画画家进行绘画和创作。乾隆一生写下的御制诗文多达42000首，其中咏瓷的诗文就有199首，这就使得乾隆时期的瓷器经常会出现帝王的御制诗文。同时，这一时期的瓷器还时兴模仿镂金、雕玉、镶珠、景泰蓝、珐琅、象牙雕刻、竹子、木料、青铜器等工艺品，且在技术上达到了惟妙惟肖、令人惊叹的地步。[4] 珐琅彩和粉彩是乾隆皇帝非常珍爱的两种瓷器，乾隆二年（1737），造办处机构明确设立"江西烧瓷器处"（简称江西），由唐英升任淮安关监督兼管景德镇御窑厂事务。为保证烧制出精美绝伦的珐琅彩瓷器，景德镇御窑厂向宫中造办处提供了大批雪白、细腻的白瓷瓶。烧造填白瓷瓶的画样由造办处提供交予御窑厂。清宫档案有这样一段详细记载，乾隆二年（1737）五月十一日，造办处江西烧瓷器处

[3] （清）蓝浦撰、郑廷桂补辑：《景德镇陶录》十卷，光绪十七年京都书业堂刻本。

[4] 张小悦：《清宫瓷器画样的兴衰》，北京：紫禁城出版社，2007年，38页。

接旨："将瓶样画些呈览，准时交于唐英，将填白瓶烧造些来。"①稿样画好后即上交御览，这批稿件共计："画得胆瓶纸样一张、双凤耳尊纸样一张、玉环纸锤瓶纸样一张、小胆瓶纸样一张、天盘口纸样、锤瓶纸样一张。"②十月二十二日，唐英把依照画样烧造出的成品上呈宫廷，乾隆皇帝看后即令："将直口胆瓶，著唐英嗣后不必烧造。再嗣后烧造此八件填白釉瓶时，著唐英令窑上人随意画各样画样烧造些，随填白瓶一同送来。"③乾隆三年（1738），造办处遵旨一次提供烧造填白瓷瓶画样11张，唐英照画样烧好填白瓷瓶120件，乾隆命造办处全部烧成珐琅。从乾隆时期开始，珐琅彩的烧造不仅限于宫中造办处，江西御窑厂、广州粤海关也遵旨烧造。

乾隆时期，瓷器不仅追求工艺的精致与完美，也要求画样的艺术与创新相结合。乾隆八年（1743），清宫院画画家孙祜、周鲲、丁观鹏三人合作绘制出《陶冶图》20幅，唐英受乾隆皇帝之命，按瓷器烧造先后工序将20幅图加以说明。《陶冶图》除孙祜、周鲲、丁观鹏绘图，唐英编次之外，还有戴临为图书写陶冶说款。据清宫档案记录，乾隆十三闰七月二十八日，郎世宁也被传旨参照均釉双耳瓶"另画好款式瓶"。

唐英自雍正年间被派驻景德镇御窑厂督造瓷器，经不断摸索，总结出了烧造瓷器的57种工艺，并于雍正十三年（1735）写成《陶成纪事碑》。乾隆元年至二十一年间（1736—1756），唐英继续在御窑厂督造瓷器。起初唐英烧造的瓷器出现粗糙、釉水不好等问题，追求精致的乾隆毫不留情地指出："数年以来所烧者远逊于雍正年间所烧者。"④

乾隆八年（1743）闰四月，唐英"自行画样制坯，又拟造得新样瓷件一种"大获成功。被唐英称为夹层玲珑交泰瓶等九种新式瓷器，其中描金粉彩镂空立方套瓶，集粉彩、珐琅彩、镂刻、套瓶、转心等多种工艺于一体的制瓷方法，代表了当时陶瓷工艺的高水平。

① （清）内务府造办处：《乾隆二年、八年、十二年各作成活计清档》，第一历史档案馆藏。
② 同上。
③ 同上。
④ （清）内务府造办处：《朱批奏折（乾隆六年五月二十四日内务府员外郎管理九江关务唐英奏折）》，第一历史档案馆馆藏。

清代历朝非常重视祭祀，祭祀坛庙的祭器除了铜器、编竹丝、漆器等外，还有瓷器，由江西照画样烧造。乾隆时期，这些祭器作为皇朝礼器，所绘画样载入《大清会典事例图卷》。每当祭祀日快要到来的时候，坛庙或者寝陵祭祀用的祭器——爵、登、豆、簋、笾等都要更换。乾隆皇帝有时会亲自过问祭器烧造情况。乾隆十三年（1748）七月三十日，乾隆传旨："著问唐英祭器做至几成，赶得来赶不来？著伊声明回奏。钦此。"唐英回奏："祭器已做至五成，陆续送来，冬至日赶得来。"⑤

乾隆在位60年，他的情趣爱好也在发生变化。乾隆二年（1737）正月十九日，"交各样瓷碗、盘、碟共五十九样，每样上贴黄签字样、数目，共四万七千一百二十件"，传旨由唐英照数目、样式烧造。五月初一日，唐英将第一批烧造好的各式瓷器送至宫中。乾隆八年（1743），烧造御用膳碗又有新的要求，即按时令分别选用不同的吉祥花样："外面俱烧五彩各色地杖，花样各按时令分别吉祥花样，碗内仍照外面花样，俱要青花白地。年节用三阳开泰，上元节（农历）用五谷丰登，端阳节用艾叶灵符，七夕用鹊桥仙渡，万寿用万寿无疆，中秋节用丹桂飘香，九月九用重阳菊花之类。"⑥到了乾隆十二年（1747）十二月，乾隆皇帝命内务府收回原来画样，不必烧造。乾隆朝制度的完备、管理的严格、瓷器烧造数量之多，都超过其他各朝。在宫廷内，造办处的人员更加庞大，乾隆二十年（1755），造办处已设立成活计的匣作、裱作、画作、珐琅作、画院处、如意馆、做钟处等39作，成为精工细作的综合性手工业加工厂。据清宫内务府档案记载，自乾隆三十八年至五十六年（1773—1791），每年烧造宫廷瓷器数量有"三万四千三四百件不等"。⑦

②瓷器实物官样

瓷器实物官样指在御窑厂生产时作为样本的瓷器。有关档案说明，有两类瓷器可作为官样瓷器：一是清宫所藏前朝瓷器的名品，二是为皇帝所肯定的新瓷器。

⑤ 景德镇唐英研究会、景德镇陶瓷考古研究所编：《唐英与唐窑国际学术研讨会论文集》，北京：华龄出版社，2016年，265页。

⑥ （清）内务府造办处：《乾隆二年、八年、十二年各作成活计清档》，第一历史档案馆藏。

⑦ （清）内务府造办处：《内务府奏案（乾隆五十八年十一月十五日）》，第一历史档案馆藏。

① 王光尧：《从考古新材料看章氏与哥窑》，载《故宫博物院院刊》，2004年05期。

② 傅振伦：《唐英瓷务年谱长编》，载《景德镇陶瓷》，1982年02期，3页。

③ （清）内务府造办处：《乾隆二年、八年、十二年各作成活计清档》，第一历史档案馆馆藏。

④ 傅振伦：《唐英瓷务年谱长编》，载《景德镇陶瓷》，1982年02期。

⑤ 同③。

⑥ 同③。

一类官样为仿制内府旧藏，通行于明清两代的御窑厂。此风兴于明代永乐时期对哥窑瓷器的仿制①，以及对龙泉釉青瓷器的仿制，但这局限于对釉色的模仿。清代御窑厂增设了仿古作专司仿制之事。在雍正、乾隆两朝，汝釉、大观釉（官釉）、钧釉等古代釉色，已被御窑厂完美仿制。当时的御窑厂之所以能够成功地烧造仿古瓷名品，除技术因素外，应当和取之内府收藏的样本有关。雍正《记事杂录档》记载雍正七年（1729）"四月三十日，郎中海望持出成窑宝烧红白龙碗一件、酒圆一件。奉旨：将此二件交年希尧照样烧造"②；乾隆《记事档》亦记载乾隆十八年："五月二十一日，太监胡士杰交嘉窑青花白地茶盅一件，传旨交江西照样烧造十一件。"③其中所提到的"红白龙碗""花白地茶盅"等，应该都是清宫所藏的旧瓷。在发往江西的样本当中，除部分体量较大的采用画样之外，体量小者会径直将实物作为样本送去江西。④

上述记载足以说明当时所仿烧旧瓷之多、范围之广。实物样本保证了所仿瓷器的形神兼备。至于在这里出现的画样概念，我们将在后面叙述。

另一类官样即皇帝所肯定的新瓷器。应该说，这是对此前朝廷所颁官样的延续。因为御窑厂本来就是根据官样烧造瓷器的，而新烧成的瓷器即把官样变成瓷器实物。乾隆《记事档》载：乾隆十八年（1753）十一月二十五日，因皇帝比较欣赏唐英奉旨烧成的御制诗文三清茶盅，遂令"首领张玉传旨：照烧过御制诗茶吊样款再烧造八对。要红花红字白地茶吊四对，青花青字白地茶吊四对"⑤。而乾隆二十年（1755）"四月二十六日，员外郎白世秀来说，太监胡士杰传旨：着交唐英，照从前烧造过三子、五子瓶并今日所进的瓶等样款烧造五十件。要赶在七月初一日送到，赏人用。钦此"⑥。

清朝各代遵循不替的官样，主要是指通行于整个清代的器型、纹样，这当中又以日用器为主。以其为样烧造的瓷器即为大路货或桶瓷，清代档案中称此为大运瓷器。这类瓷器之所以获此名称，是因为其中大多器型与纹样历经二百多年而几乎没有变化。尽管如此，朝廷仍掌握着大运瓷器的生产，其数目与样式仍以内府的旨意为准。乾隆《记事档》载，乾隆十二年（1747）"十二月初五日，大臣海望查得乾隆二年正月间，宫殿监正侍谢成、李英传交烧造瓷器旨意一件，并样子五十九件，照样烧造瓷器四万七千一百二十件数目清单一件，交太监胡士杰转奏。奉旨：着将原样俱行缴回，不必烧造，嗣后着遵照新发去样式烧造"[7]。可惜，上述资料未能透露大运瓷器的生产是以何物为官样，但乾隆十九年（1754）《江西》中有一则档案说："二月初九日，员外郎白世秀来说，太监张永泰传旨：从前交江西做样烧造大运内瓷渣斗一件持进，交首领张玉呈进，交茶房收讫"[8]。据此，我们可认为其官样为大运瓷器的渣斗。这说明当时烧造大运瓷器，至少有一部分是以实物为官样的。

③旋转木样

内务府广木作、小器作等根据皇帝的旨意用木材旋制成的各种器物形状，称为旋制木样。这些旋制的木样作为官样的主要形式颁交给御窑厂，成为烧造瓷器的根据。"先旋木为样呈览，准时再交江西照样烧造"[9]是清宫档案中常见的语言。

旋木为样的原因有两点。其一，可以对器物的形状有更直观的把握。乾隆二十年（1755）的《各作承办活计注销底档》载："九月十六日，员外郎金辉、副崔总舒文来说，太监胡世杰交宣窑青花白地梅瓶一件（随紫檀木座）传旨：着发往江西配盖，先做木样呈览。钦此。于本月十九日，首领吕进朝将青花白地梅瓶一件配得木盖画样持进，交太监胡世杰呈览。奉旨：照样准烧造。钦此。于乾隆二十一年八月七日，郎中白世秀、员外郎金辉将江西送到宣窑青花白地梅瓶一件配得盖持进，交张永泰呈进讫。"[10]这是一则给宣德青花梅瓶配盖的档案记载，可印证前面的说法。其二，因为旧藏瓷器非常名贵，直接以此为样无法确保其安全，所以以旋木为样应该是一个不错的选择。这里有一实例：一件清宫旧藏的宋官窑大瓶，其圈足部分破损，遂把残余的圈足磨平取齐。因为此事，雍正

[7]（清）内务府造办处：《乾隆年各作成活计清档》，第一历史档案馆馆藏。

[8] 同上。

[9] 同上。

[10] 同上。

七年（1729）仿烧宋官窑穿带大瓶时，即由内务府照官样大瓶旋做木样，呈准后再发往江西。雍正七年的档案对此事记载为："四月初二日，太监刘希文交来大官窑瓶一件。传旨：做木样交年希尧，照样烧造几件。钦此。"①

2.督陶官促进了官窑瓷业的创新

清代的督陶官是具有素养的品官，他们不仅要管理御窑厂的日常生产秩序、督理瓷器的烧造，同时还肩负着开发新产品的任务。清初康熙、雍正、乾隆三朝皇帝均有着不凡的艺术造诣，而且都热衷于陶瓷的烧造与品鉴，他们任命督陶官具有明确目的性：带领御窑厂的技艺优异之人从事陶瓷的生产和研究，提高陶瓷的艺术和技术水准。臧应选、郎廷极、年希尧、唐英等是康、雍、乾时期的督陶官，他们各具艺术禀赋，潜心陶瓷工艺的创新，实施一系列行之有效的管理制度。督陶官一般任期较长，从而在时间上为其熟悉与研究陶瓷的生产工艺创造了条件。同时督陶官也具有尽心效力于皇家御窑事业的精神，这就使清代御器厂的陶瓷艺术日渐达到了登峰造极的工艺境界。

清初时期的御窑厂之所以能行之有效地管理陶工，提升工匠的劳动积极性，从而提高生产效率，是因为历任督陶官都明白"得其道则事半功倍，失其道则功废人劳"②的道理，他们以"工匠疾苦宜恤，商户交易宜平"③为宗旨，在御窑内将编役、匠籍制度尽数废除，御窑厂工匠夫役也多由雇佣匠役组成。④御窑厂内从事造型和装饰的工匠及其办事人员约为三百人，他们被依照当地窑户雇工的计价获取酬劳，一些民窑雇佣制的因素也被合理吸取，如"每制成之器，实估价值陆续进呈御览。凡工匠物料动支正项钱粮，按项给发，至于运费等项并不贻累地方，经画多方，官民称便"⑤，并且"向有上工夫派饶州属邑者悉罢之，每开窑，鸠工庀才，动支内府，按时给值，与市贾适均"⑥。这样做无疑减轻了工匠的负担，工匠的生产积极性与劳动生产率随之提高。这一政策被后续的几任督陶官一直沿用。唐英时期主持的"官搭民烧"制度是历代以来最

---

① 朱家溍选编：《养心殿造办处史料辑览（第一辑雍正朝）》，北京：紫禁城出版社，2003年，152页。

② （清）刘坤一、曾国藩等：《江西通志》，上海：上海古籍出版社，1995年，345页。

③ 同上。

④ 王钰欣：《明清两代江西景德镇的官窑生产和陶政》，北京：中华书局，1982年。

⑤ （清）吴允嘉：《浮梁陶政志》，济南：齐鲁书社，1996年，801页。

⑥ （清）朱琰《陶说》，载桑行之《说陶》，上海科学技术出版社，1993年，1页。

为彻底和稳定的。虽然从明代就有这一制度，但明朝时期的这一制度属于政府对窑工的变相盘剥，并且具有强制性。而唐英时期，御窑厂承诺给窑户的酬劳是"与市贾适均，且格外加厚"并且"窑价公发之外，填增酒食"，在此制度下，自然会取得"窑户率以致富，乐于趋事"积极效果。[7] 以上文献记载说明，清初御窑厂的制度顺应民生，符合市场经济的要求，在此制度下，陶工可以得到自己的劳动报酬，并且比在私人作坊打工的待遇还好，这就使得很多能工巧匠进入御窑厂成为新产品的开发者。重要的是，清初督陶官还注意总结经验。如唐英于乾隆元年（1736）编成的《陶冶图说》，就是对景德镇瓷器从原料鉴别到瓷器烧成的生产流程、工艺规范、技术指标、操作要点等所作出的详尽而科学的总结。而这一总结当然也是唐英以匠人为师的结果。除《陶冶图说》，唐英还在《陶成记事碑》中，把宋元明清的各种釉彩作了全面的总结。唐英的这两部陶瓷专著，至今仍具有重要的科学和史料价值，其中记载的一些技艺沿用至今仍生命不衰。

（二）民窑粉彩的发展脉络

18世纪，景德镇制瓷业有着极高的效能和灵活精细的分工，并且占据了全球的瓷器市场。景德镇的影响力不仅是因为其生产出来的精良陶瓷，也因为其生产规模的宏大与生产组织的先进。可以说，在蒸汽机时代到来之前，景德镇的这种精细分工的做法，是手工艺产业最有价值的生产模式，也是手工艺大规模集中生产最伟大的创举。唐英指出，为了保持画面水准的一致性，避免画工水平能力的参差不齐，要做到勾线者勾线、染色者染色，术业有专攻，描画轮廓、施彩填色各司其职，每名画工不必分心去学习其他工序的技术。这样每件瓷器必须依次经过二十名工匠之手才能入窑烧造。殷弘绪曾记录过："至少有七十名工匠负责为出窑的白瓷抛光、彩绘、上釉，然后才能回炉进行二次复烧。"[8] 他惊奇地说："甲只负责器缘的头道彩色线条，乙只负责描花，丙再负责上色填彩，丁可能只画山水，戊则专门画鸟或其他动物。"[9] 对比西方手工艺的生

[7] （清）唐秉钧：《文房肆考图说·古窑器考》，上海：上海科学技术出版社，1993年，791页。

[8] unknown author, *Masterpieces of Chinese Art from the Institute of Chincago*, Chicago: Art Institute of Chicago, 1989, P1-79.

[9] unknown author, *Masterpieces of Chinese Art from the Institute of Chincago*, Chicago: Art Institute of Chicago, 1989, P1-79.

产组织，景德镇的这种细密的分工比亚当·斯密所描述的欧洲制针工序分工出现得更早。现在的景德镇陶瓷作坊里，艺术瓷或仿古瓷等还是沿用这一细致分工。当然，卫生用瓷、一般日用瓷等都被机器制作取代。清代景德镇的各类劳工、匠人为陶瓷烧造提供不同的原料和技术，如采土、碾石、劈柴、编篮、结绳、木作、五金作、制桶、制砖、造窑、修窑、制作匣钵、揉土、制作陶坯、制作模型、旋转陶轮、调釉、施釉、装器入窑、添柴看火、仲介、包装、挑运和驶船等。这些各有专长的劳工、匠人是当时景德镇瓷业的主要从业者。他们之间的区别从劳动环境与劳动报酬的不同即可看出，比如：一般从业者的劳动环境都很差，作坊破烂、满是灰尘，从业者蓬头垢面，但是，负责绘饰和画珐琅、填彩的工作环境却整洁干净，工资也相对较高，并且有许多女性胜任此职。这当中模匠的待遇颇高，也受同僚的尊敬。他们的住宿也是与一般的工人分开，有单独的居住地。这种区别的出现，是因为窑厂主为了保证自己的手中持有一定数量和不同种类的模型，这样就可以保证出货速度比那些需要现做模型的商家快得多，成本也更低廉。要做到这一点，就必须由有经验、活计好的模匠于事先多做模型。由此可以看出，不管官窑还是民窑，都采用了这种精细化分工方法，瓷器从接受订单、染料的制备及供应、瓷土材料的准备、瓷坯的成型修模、彩绘图案、施釉、烧窑、看窑、包装，一直到成品运输等每个环节都环环相扣。这一做法在繁荣了制瓷业的同时，也兴旺了包装行业、运输行业、工具行业等各类辅助副业，逐步形成了一条景德镇民窑业产销链带（图4-1）。

在民窑瓷器的外销贸易中，如果某一款式可以赢得外国超级货商的青睐，中国厂商将在下一季推出更多这样的产品。有着敏锐嗅觉的中国商人看到新设计交付后，会自己订购带有不同边框的类似图案。他们这么做的原因：一是为了降低成本——订制瓷器的价格都非常高昂，如果和大批量的订单一起订制的话，价格要优惠很多；二是为了在下一季吸引其他公司的欧洲商人。这些多余订制的

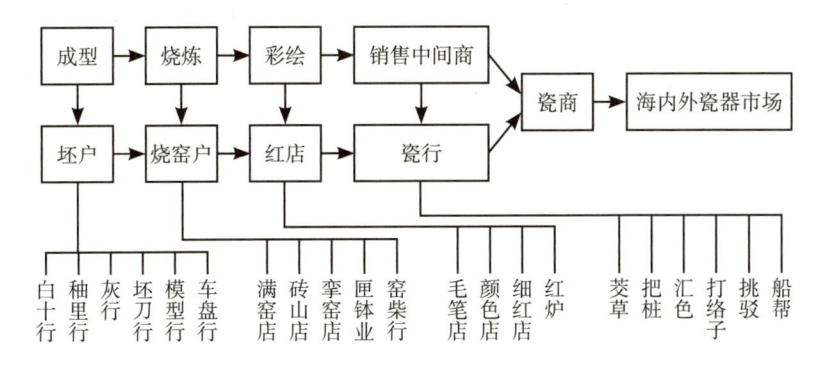

图4-1　景德镇民窑业产销链带[1]

[1] 方李莉:《景德镇民窑》,北京:人民美术出版社,2002年,186页。

外销瓷往往被中国商人放在红店的醒目位置,以便让外国客商一眼就能看到。但是这么做也有问题出现,因为欧洲对餐具的要求是将餐具或茶具、碟子与盘子、盖碗等配成一套,这是其餐桌礼仪的必然要求。然而,那些多余的订制外销瓷,是大量订单剩余的产品,它们之间并不十分配套。即使经过中国商人仔细的匹配,一些剩余的部件仍然会出现。实际上,订购杯具、茶壶、牛奶壶都是散装的,而不是成套的,这样肯定会导致不匹配,因此,东印度公司减少了这种散装订单的数量。随着时间的推移,这一政策变得越来越严格。例如,1774年订购的十多万件瓷器中,只有两种图案,而订购量最大的青花图案也就只有四种[2]。东印度公司希望运回去的是标准化瓷器,他们通过控制图案的多样性,来达到利润的最大化。

[2] David S.Howard, *The Choice of the Private Trader*, London: Sothebys Pubns, 1994.

第二节　雍乾时期外销粉彩瓷发展的社会动因

一、国内的政治、经济、文化动因

（一）政治动因

康熙五十二年（1713）至乾隆四十八年（1783）的70年间是清代社会经济繁荣和高度发展的时期。这一时期,清代社会从经济发达、政治清明、文化兴盛、人口众多等方面向全世界展示着"盛世"国家的繁荣强大。

首先，在中央集权体制下的政治制度有利于国家的管理和行政效率的优化，并给社会带来较好的治安环境。杜赫德在《中华帝国通史》中称：清朝"皇帝有着绝对的权威，他受到的尊敬是一种崇拜：他的话就是至理名言，他的圣旨仿佛来自上帝的神谕，必须得到不折不扣的执行……当官员们以使者或钦差大臣身份代表皇上时，会得到相同的礼遇。总督大人办案时也会得到同样的礼遇，因为人们并不在乎他是谁，而是在乎他代表着谁。朝廷官员、达官贵人、皇亲国戚不仅匍匐在皇帝脚下，而且对皇帝的龙椅御座、他用的每一件东西也会叩首，甚至在他的龙袍和蟒带面前都下跪"[①]。在西方人看来，清朝的制度起码有两方面的作用：一方面，它是皇帝集权可以控制中央与地方各级官吏的工具；另一方面，它也是控制宗室和外戚的重要手段。杜赫德称："自从鞑靼人成了中原之主后，皇帝将所有的王子王孙都置于自己宫内的看护之下"，使其"聚集不起任何钱财。这样就可以避免他们制造麻烦，煽动谋反"[②]。

其次，实施科举制度，以及在用人制度上注重赏罚分明。中国历来主张并实施的"学而优则仕"的制度，这是清代官僚机制得以良性运转的重要保障。曾任爱丁堡大学校长的卡莱尔就称赞过这一制度的优越性："这种尝试本身是多么宝贵！似乎整个中国，到处都在或多或少积极地寻找发现在年轻一代中成长起来的人才。"[③] 底层社会的年轻人通过读书，被选拔进社会的管理服务机构。对社会底层的年轻人来说，这无疑是一种激励，他们因此会比世家子弟的表现更突出，从而彰显出自己的智慧。可见，这种制度是有利于社会稳步发展的。在西方人看来，这既能杜绝政治上的腐败，也可优化官员的整体素质。军政、行政等管理制度方面的赏罚分明亦有利于国家的治理和发展。

（二）经济动因

康雍乾时期的财政改革，很大程度上是明代相关改革的延续。明末即实行的"摊丁入亩"政策，被带入清代，且呈蔓延之势。

---

① （法）杜赫德著，石云龙译：《中华帝国通史》第二卷（第三版修订版），转引自周宁编著：《世纪中国潮》，北京：学苑出版社2004年，219页。

② 同上，221—222页。

③ 转引自清华大学思想文化研究所：《世界名人论中国文化》，武汉：湖北人民出版社，1991年，397—398页。

这是中国传统的税收体制向近代化转型迈出的关键一步。18世纪，西方人对清朝经济方面的关注主要是税收，他们看到中国的税收一方面非常普遍，"所有田产都得缴租税，增加了皇帝的收入。城市中缴纳人头税也由来已久，人人如是"④，"即使和尚和寺庙的产业也概莫能外。因此，神也和人一样要承担国家的赋税，也必须通过缴纳人头税和一般税收，承认帝国的神圣威严"⑤；另一方面是税收普遍偏低，如白晋就对康熙、雍正、乾隆时期豁免天下钱粮的做法十分赞赏，他称："我们在两年间又目睹了下述无可争辩的事实。当时，两三个省遭受大旱灾造成的严重的歉收，使当地人民极度贫困。康熙皇帝为此甚为忧虑，恩免了这些省份的赋税（银三千到四千万两），设常平仓，但仍不能满足灾区的需要。于是康熙皇帝又向灾情最严重的地区调拨了大量粮食和巨额款项。"⑥

（三）文化动因

明末至清代，文人画走向兴盛。文人画在题材内容、思想情趣、笔墨技巧等方面各有追求。山水画盛行，水墨技法成熟，并形成了不同的风格与流派。一些规律性的绘画经验，如笔墨、构图、气韵、意境等，被文人、士大夫们讨论与总结。比如，干笔渴墨、层层积染的技法不但丰富了中国画的艺术表现力，还受到了皇帝及上层社会的喜爱。清代涌现了诸多顶级的文人画家，"四僧"就是其中的佼佼者。我们知道，皇帝本人也是颇具才华的文人，皇帝的所爱直接影响皇臣贵族的兴趣爱好。所以，在这一时期，人们十分喜爱用文人画装饰瓷器，有关诗、书、画、印兼具的作品被大量推出。文人画尚意重趣，题材以梅、兰、竹、菊、高山、渔隐之类为多。这些绘画作品表现出了强烈的文人画的意味。这种社会文化环境的影响在陶瓷行业的表现是文人画广泛渗入，官窑和民窑的差距越来越小。这是一个以文人画作为陶瓷装饰的鼎盛时期，所以，粉彩瓷器的艺术品质也在此影响下得以不断提升。

④（法）李明著，郭强、龙云等译：《中国近事报道（1687—1692）》，郑州：大象出版社，2004年，224页。

⑤ 同上。

⑥ 赵晨译，刘耀武校：《康熙皇帝》，哈尔滨：黑龙江人民出版社，1981年，19页。

二、中欧文化碰撞

17世纪以来，中外贸易与相互的文化交流一方面体现为欧洲国家的上层社会对中国文化的狂热，并以此带动了这个社会的流行风尚，使得"中国风"风靡整个欧洲；另一方面，中国皇帝对欧洲国家的科学、文化、艺术也十分感兴趣浓厚。康熙、雍正、乾隆三位皇帝都是主张吸收外来文化艺术和科学的君主。葡萄牙的传教士范尔格尔尼雷（Valguarnera）从澳门来到北京，他在康熙十二年（1673）的一封发自北京的信函中提到了康熙皇帝，说清圣祖在宫殿中经常和外国的传教士们讨论天文、机械、法律等方面的问题。在宫廷里，我们可以看到画有英国乔治三世的油画作品，以及葡萄牙的鼻烟壶、意大利威尼斯的玻璃器皿、法国利摩日的珐琅器皿等各种欧洲著名的手工艺品[①]。"康熙认为：学问不分中西，凡有用者皆吸取之，衡量学问、判断是非要以事实为取舍依据。以科学测验为判断标准的西学方法不仅是实测和实证的，而且要把事实的验证与一定的逻辑推导有机地结合起来。康熙对待西学的态度是学以致用、批判吸收，任何知识和学问都要有利于巩固封建统治并适合中国的国情。其西学观的价值取向是实用性和坚持'西学中源'说"。[②] 康熙年间，朝廷设立了"养心殿造办处"，造办处里外国的艺术家和匠师在多个部门里担任要职或兼任指导工作，如"玻璃厂的匠役长（总工程师），画院和如意馆中的画家和建筑艺术家。此外，自鸣钟（后称做钟处、造钟处）、舆图处（后称舆图房）、炮枪处、眼镜作、花炮作中的西洋烟火等作坊，都有西洋匠师指导"[③]。这些部门都与科学技术相关，这一方面说明帝王对西方的科学技术有着浓烈的兴趣，另一方面也说明帝王在当时一定深刻认识到了科学技术的重要性。由于帝王对西方艺术颇有好感，所以命人网罗西洋画家。康熙五十年（1711），江西巡抚朗廷极在奏折中记载："奉养心殿传谕，将西洋人傅圣泽送京，交与养心殿。"这位在江西的傅圣泽或许就是在景德镇描绘有关

[①] 朱培初：《明清陶瓷和世界文化的交流》，北京：轻工业出版社，1984年。

[②] 阎大伟：《论康熙的西学观》，载《江海学刊》，2006年6期，222页。

[③] 同①。

外国风景、肖像和图案的画家，由于声誉颇高，所以奉命被调往宫廷"造办处"④。

雍正皇帝延续了康熙皇帝的政策，重视外来文化。一些水平较高的西洋画家，凭借其画艺被皇帝认可，被引进宫中重用，其中最为著名的是清代宫廷画家、意大利人郎世宁。郎世宁于康熙五十四年（1715）来到中国，在宫廷内任职。他带来了西方铜版画以及绘画中的透视原理。雍正时期，为了迎合中国皇帝的欣赏品位，郎世宁已经很熟练于将西方绘画与中国画相结合，即在欧洲绘画风格的基础上融合中国画的技法，从而形成了令人耳目一新的独特画风，并向许多画家传授这一画法，如丁观鹏、张为邦、王幼学等人，都是学习了郎世宁的绘画技法之后而成为宫廷画师的。在中西文化的交流中，欧洲的铜版画也流传到景德镇的御窑厂和民窑，并成为陶工们学习、临摹的范本。乾隆时期的瓷器出现了用黑线勾勒轮廓，并且呈网格排线组织出暗面空间的绘画方式，就是汲取了欧洲铜版画的特点。有的瓷器作为皇帝回赠外国使节的珍贵礼品，也可能是郎世宁、蒋友仁⑤等欧洲画家亲自设计的。总之，18世纪东西方在艺术领域的交流中，相互之间均得到不同程度的文化启迪，产生了新的艺术成果。如中国借鉴欧洲的珐琅技术，发展了瓷胎画珐琅及粉彩等工艺技术，而雍乾时期的瓷器因为与欧洲洛可可的华丽、纤巧、精致的风格异曲同工，所以在欧洲盛行起来，迅速蔓延到许多国家。随着法国资产阶级大革命的到来，积极进取的美术家们开展了一场新古典主义艺术运动，随之浪漫主义兴起。这时期的西方绘画色彩强烈、用笔奔放，洋溢着艺术的激情。时处清代的中国已有大批西方文化传播的先驱者，他们带来了西方先进的科学技术与文化艺术。雍正时期的瓷器均经历了中西经济与文化交流的洗礼与互动。从五彩、珐琅彩、洋彩再发展到为世人关注的雍正粉彩，这一神奇般的变化，无疑是受到了西方绘画理念的影响而产生的。

④ 同①。

⑤ 蒋友仁（Bemoi），字德翎，法国传教士，生于1715年（康熙五十四年），在1744年（乾隆九年）二十九岁的时候来到澳门，后至北京。他熟悉我国的古文，曾将《孟子》等深奥难懂的著作翻译成拉丁文，对建筑、绘画、机械、数学、铸造等也很是精通。曾为乾隆皇帝研制出自动风扇和圆明园海晏堂前的喷水池。

三、海外贸易路线与欧洲贸易市场

（一）海外贸易路线

早在16世纪结束之前，欧洲的很多国家就已经把从发现商业机遇到武力征服的注意力转向了海洋。

1519年，葡萄牙贸易伸展到了广州，但中国明朝皇帝却拒绝与之发生官方的贸易接触。1557年，皇帝终于允许他们定居澳门半岛。16世纪70年代由教皇批准，西班牙和葡萄牙同意在他们之间划分世界贸易航线：所有的东线到葡萄牙，所有的西线到西班牙。这些国家海上贸易的成功鼓励了英国人和荷兰人，于是，他们不失时机地进入这个快速发展和利润丰厚的行业。经过一些探索性的冒险，1600年英格兰成立了一家垄断公司——东印度公司，这家公司的成立是为了方便伦敦的总督和商人们与东印度群岛之间进行贸易。1602年，荷兰东印度公司成立了。与西班牙和葡萄牙不同，这些公司计划发展真正大规模的海上贸易。据1654年苏拉特（Surat）报道："1644年，辛德号（Hinde）试图在澳门进行贸易，这是明朝的最后一个晚上，各种的货物都很匮乏。在城里，无论是生丝的，还是纺成的布料都买不到。事实上，除了瓷器，什么也没有。瓷器是辛德号的主要货物，而其他短缺物资都需要用黄金来购买。"[①] 由于清初政局动荡，内忧外患，清代顺治十八年至康熙二十二年间（1661—1683）一直实施"海禁"政策，这一消极保守的国策阻碍了东南沿海地区农业、手工业和海外贸易的发展，也使得清政府的财政收入减少，国库空虚，社会动荡不安。迫于内外压力，康熙八年（1669）始，沿海一些地方小规模地恢复了对外贸易。康熙二十二年（1683），三藩之乱被平息，台湾统一；康熙二十三年（1684），海禁取消，开海贸易，所谓"今海内一统，寰宇宁谧，满汉人民相同一体，令出洋贸易，以彰富庶之治，得旨开海贸易"[②]；康熙二十四年（1685），广州、松江、宁波、厦门成为外贸口岸，同期设立了4个海关，即粤海关、闽海关、江海关和浙海关，负责管理对外贸易和征收关税等事务[③]；康熙三十八年

---

① David S Howard, *The Choice of the Private Tiader*, London: Sothebys Pubns, 1994, P14.

② 《钦定皇朝文献通考（一）》卷33，载《钦定四库全书》632册，693页。

③ 陈高华、吴泰：《海上丝绸之路》，北京：海洋出版社，1991年。

（1699），清政府正式宣布广州开放对外贸易。一系列的政策下达与具体实施之后，沿海经济迅速发展起来。如广东澄海县，"自展复（展界开海）以来，扬帆捆载而来者，不下千百，高牙错处，民物滋丰，握算持操，居奇囤积，为海隅一大都会"④。又如宁波港口"自海禁既弛，鱼盐蜃蛤之利，遍被他郡，人尤过于力田。所谓刑罚罕用，衣食滋殖，正其时也"⑤。虽然，此时的开海贸易是有限度的，但是大批中国外销瓷就此有了源源不断销往欧洲、南亚、西亚、东非等地的机会。在17世纪末及18世纪初，英国船只在中国的舟山、宁波等地进行贸易，但在1699至1700年的广州季风时期，麦克勒斯菲尔德（Macclesfield）便成功登陆广州口岸并使其成为此后主要的贸易港口。直到1755年，其他港口偶尔也有私人贸易或与来自日本的货物往来，但到了1760年，皇帝明令禁止在广州以外的港口进行贸易。

从明中期开始，逐渐形成并初具规模的国际贸易航线有两条。第一条为广州—澳门—果阿—欧洲航线。葡萄牙人在广东打开贸易局面之后，以明朝皇帝子民的身份，服从中国明朝官府的管辖，并在此前提下经营海上贸易，大力开展中国澳门地区与印度的果阿直到里斯本的贸易。这是一条被誉为"海上丝绸之路"的航线。1500年，葡萄牙人沿着澳门（中国）—果阿（印度）—里斯本（葡萄牙）—巴西（或者先到巴西，再返回里斯本）的航线，运输与销售中国瓷器并获取了巨额利润，这在明清史中有大量的史实佐证，如"是两夷者（指葡萄牙和西班牙）皆好中国绫罗杂缯。而江西瓷器，福建糖品果品诸物，皆所嗜好"⑥。陈忠烈先生经研究指出，当时自广州至欧洲的航线，还可以从广州起航，经南海到巴达维亚（今雅加达）直横渡印度洋到好望角，然后沿大西洋非洲沿岸北上抵里斯本⑦。

第二条为广州—澳门—马尼拉—拉丁美洲航线。该航线分为两段。第一段，冬季启航于广州，经澳门出海，再经万山向东南行，至东沙群岛附近，再折东南方向，循吕宋岛西岸南下，航至菲律宾

④（清）金廷烈：《澄海县志（卷八）》影印版。

⑤（明）杨崇：《宁波府志（卷六）》，《风俗·镇海县》影印版。

⑥（明）顾炎武：《天下郡国利病书·郭造卿防闽山寇议 1Z2·卷96·福建六》，涵芬楼影印版。

⑦ 陈忠烈：《相会在星空——15~17世纪东西方的航海天文》，《岭峤春秋——海洋文化论集4》北京：海洋出版社，2003年。

马尼拉港；第二段，从马尼拉启航，经圣贝纳迪诺海峡，进入太平洋，乘六月中下旬的西南季风北行，到北纬37°和39°之间的水域之后，借西北风横渡太平洋。其间，经历了一系列的利用风向与海流航行且不断地变更航线之后，最终抵达墨西哥西海岸的天然良港阿卡普尔科和秘鲁利马港①。走完这条航线需时半年左右，若顺利三四个月亦可完成。至此，世界上最长的大三角海上丝绸之路航线得以形成。

广州—澳门—马尼拉—拉丁美洲这一新的远洋航线的开辟使中国得以与全球各个国家和地区实现往来贸易。中国的丝货、瓷器和茶叶是这条航线贸易的主要商品。由于行驶于这条航线的多是西班牙的大帆船，故"中国—马尼拉—阿卡普尔科大帆船贸易"，简称为"马尼拉中国大帆船贸易"。于是起步于汉代的海上陶瓷之路，经唐、宋、元日趋发达，迄于明代，达到了高峰。

（二）欧洲的贸易市场

1639年以前，贸易公司出资建造船舶，但是对伦敦公司来说，因为内战，贸易低迷，租船是更为经济的做法。船舶的载重量通常为500吨。自1660年起，随着私人拥有船只数量的增加，为船只和私人货物提供资金的船东对船长的任命有了很大的影响。因此，直到18世纪末，如果一位船长退休或去世，他的亲属很可能会接替他的职位。对商人来说，他们会和伦敦公司合作，委托造船商建造一艘船。然后，他们会与公司协商货物的运输价格，其中包括支付给船员的部分货物免费津贴。由于伦敦公司的管理发展成熟，以至于威廉国王创办了一家新公司——"东印度群岛贸易的英国公司"，这导致了更多的英国船只在广州进行贸易。1708年，两家英国公司合并，正式更名为"尊敬的东印度公司"。这也许是世界上最大的贸易公司，拥有大多数的殖民地和庞大的常备军，其巨大的影响力从东南亚一直延伸至欧洲。在18世纪的大部分时间里，公司向股东们支付的股息高达12%，远远高于正常回报，因此其股价远高于发行价格②。（表4-1、表4-2，图4-2至图4-4）

---

① David S.Howard, *The Choice of the Private Trader*, London: Sothebys Pubns, 1994.

② David S Howard, *The Choice ofthe Private Tiader*, London: Sothebys Pubns, 1994, P20.

表4-1　18世纪英国对华瓷器贸易表

时间	商船号	数量	金额
1700年 瓷器和茶叶	"麦士里菲尔德"号	53箱 1147.46两白银	1730—1735 直径：39.2 1730
1701年	"特林鲍尔"号	10万个瓷杯	1.2万两白银
1704年	"肯特"号		3500两白银
1716年	"苏姗娜"号		5.4万两白银
1717年	"埃塞克斯"号	305000件瓷器	22000英镑
1717年	"汤森"号	305000件瓷器	
1720年	"埃塞克斯"号	112箱及500捆瓷器	
1721年	"麦士里菲尔德""莫里斯""弗兰西斯""卡多根"四艘英国商船	840000件瓷器	
1722年	英国东印度公司	400000件瓷器	
1723年	"蒙塔古"号	485箱瓷器	
1724年	"麦士里菲尔德"号	150多箱瓷器	4600两白银
1728年	"麦士里菲尔德"号	150箱瓷器	
1728年	"凯撒"号	100箱瓷器	
1729年	"林恩"号（船长的私人订单）	30箱7桶450捆瓷器	318英镑
1730年	"威尔斯特公主"号（船长的私人订单）		1785两白银
1733年	"温德姆"号船长	20箱、21盒另加1200捆瓷器	2725两白银
1734年	"格拉夫顿"号和"哈里森"号	24万件另加240箱瓷器	9000两白银
1736年	"诺曼顿"号	285箱瓷器	
1736年	"里奇蒙"号	389箱瓷器	
1736年	"沃波尔号"和"威尔斯特公主"号	455箱瓷器	
1738年	"萨斯克斯号"和"温切斯特"号	400箱瓷器	
1739年	"沃波尔"号和"霍顿"号	425箱瓷器	
1739年	"哈林顿"号	280箱瓷器	
1740年	"温切斯特"和"埃梅莉亚公主"号	400箱瓷器	
1741年	英国商船	789箱瓷器	
1771年		454担瓷器	
1772年		1211担瓷器	

续表

时间	商船号	数量	金额
1773—1774年		4095担瓷器	
1777—1778年		348吨瓷器	

附：本表是参考以下资料制作而成

1. (美)马士：《东印度公司对华贸易编年史（1635—1834）》，广州：中山大学出版社，1991年，第97、109、141、155、156、158、165、176、178、190、194页。
2. 翁舒韵：《明清广东瓷器外销研究》，暨南大学论文，2002年。
3. 孙锦泉：《华瓷西传对欧洲的影响》，载《四川大学学报》，2001年第3期。

表4-2 18世纪法国对华瓷器贸易表

时间	商船号	数量	金额
1700年	"安菲托里脱"号	华瓷160箱，数万件瓷器	
1703年	"安菲托里脱"号	140箱瓷	
1734年		154箱另加200捆	
1740年	"康地"号	瓷器130箱	
1741年		华瓷600箱	
1743年		华瓷126箱又345包	
1722—1747年		300万件华瓷	
1761—1775年		200万件	
1776年			200000珐琅
1777—1778年		100吨	

附：本表是参考以下资料制作而成

1. 朱培初：《明清陶瓷与世界文化的交流》，北京：轻工业出版社，1984年，60—61页。
2. 维尔纳·桑巴特：《奢侈与资本主义》，上海：上海人民出版社，2005年，174页。
3. 李金明：《明清时期中国瓷器文化在欧洲的传播与影响》，载《中国社会经济史研究》，1992年第2期。

18世纪瑞典东印度公司对华瓷器贸易图

1731年成立到1813年解散82年间	时间	数量
	1741年	800箱瓷器
	1745年	60多万件瓷器
	1750—1755年	1100万件瓷器
	1764年	1170担瓷器
	1771年	985担瓷器
	1772年	1887担瓷器
	1773—1774年	2015担瓷器
	1777—1778年	99吨瓷器
	1783年	84箱瓷器
	1784年	4465担瓷器

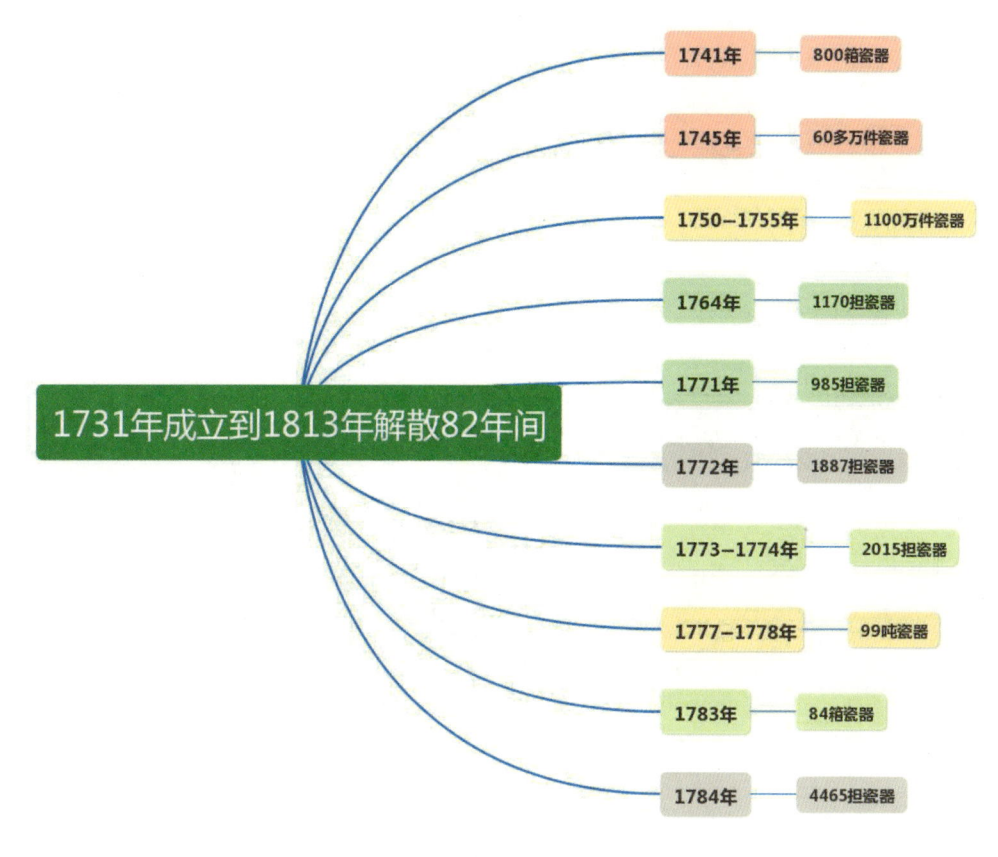

图4-2　18世纪瑞典东印度公司对华瓷器贸易图

附：**本图是参考以下资料制作而成**

1. 周文姬，陈伟：《西方人眼中的东方陶瓷艺术》，上海：上海教育出版社，2004年，第108—109页。
2. 李晓：《明清景德镇外销瓷演变特点及其原因》，载《荣宝斋》，2009年第1期，200—211页。

1729—1740年荷兰对华瓷器贸易

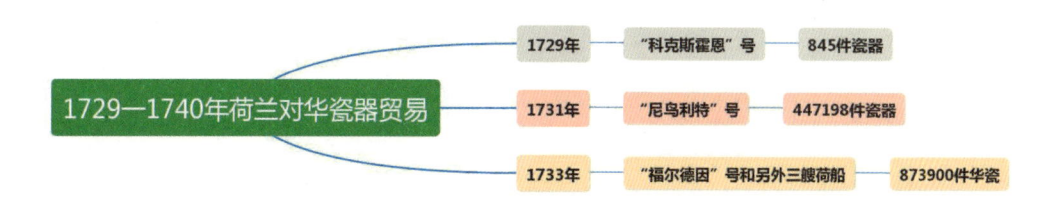

1729—1740年荷兰对华瓷器贸易	时间	船名	数量
	1729年	"科克斯霍恩"号	845件瓷器
	1731年	"尼乌利特"号	447198件瓷器
	1733年	"福尔德因"号和另外三艘荷船	873900件华瓷

图4-3　1729—1740年荷兰对华瓷器贸易图

附：**本图是参考以下资料制作而成**

1. 钱江：《十七至十八世纪中国与荷兰的瓷器贸易》，载《南洋问题研究》，1989年第1期。

18世纪30年代至80年代

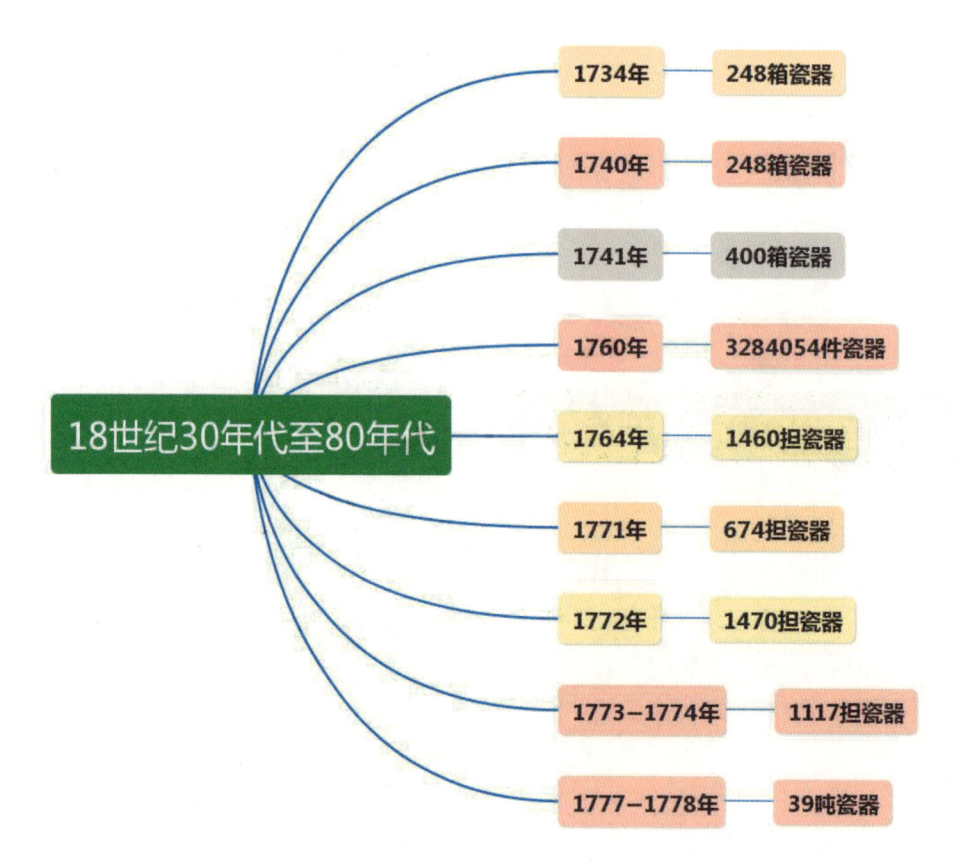

1734年	248箱瓷器
1740年	248箱瓷器
1741年	400箱瓷器
1760年	3284054件瓷器
1764年	1460担瓷器
1771年	674担瓷器
1772年	1470担瓷器
1773—1774年	1117担瓷器
1777—1778年	39吨瓷器

图4-4　18世纪丹麦对华瓷器贸易图

附：本图是参考以下资料制作而成
1. 周文姬，陈伟：《西方人眼中的东方陶瓷艺术》，上海：上海教育出版社，2004年，第108—109页。
2. 李晓：《明清景德镇外销瓷演变特点及其原因》，载《荣宝斋》，2009年第1期。

由以上数据可知，18世纪20至70年代是中国对英国、法国、瑞典、丹麦、荷兰等欧洲国家瓷器贸易的高峰期。这些国家与中国进行瓷器贸易所带来的利润，超过了工业革命之前它们在欧洲进行贸易所带来的利润。因为一艘船从中国带回的产品是无法从其他渠道获得的。而且作为奢侈品，这些产品几乎可以在没有竞争的情况下拍卖出高昂的价格。17世纪下半叶最重要的货物是茶叶和黄金，但后来，越来越多的瓷器被视为有用的或装饰性的器物，这在当时成为欧洲上流社会的时尚风潮，而像英国汉普顿（Hampton）和伯利（Burghley）等一些伟大的建筑里都将瓷器作为装饰品。

1784年，随着美国商船中国皇后号（China Trade）从纽约到广州的航行，美国人也加入了对华贸易。在此之前，从事中国瓷器贸易的批发商是从欧洲的拍卖会上购买了瓷器以后，再运往美国东海岸的各个城市。正是由于美国对欧洲市场的这种依赖，以及不仅要对瓷器，还要对茶叶、丝绸和其他商品征税，导致了1775年的战争。战争结束后，美国的主要港口准备直接与中国进行贸易而不通过任何大公司。

第三节　景德镇陶瓷产业的壮大与工艺技术的提升

清朝前期，康熙皇帝一系列安邦定国的措施及雍正皇帝的励精图治、治国安民的举措，使得中国基本走向一个社会稳定、经济繁荣的局面，外国人来华贸易数量迅速增长。传统手工业在此时也得到了繁荣发展，市场经济活跃，瓷器的对外出口供不应求。景德镇御窑厂从雍正四年（1726）重新恢复生产，当时共设23座，工匠无定数。乾隆五年（1740）左右，在厂办事人役有300余人[①]。官方制瓷的要求更为严格，御窑厂的管理制度更加规范。在康、雍、乾三任皇帝的扶植，以及朗廷极、年希尧、唐英等几任督陶官的苦心经营下，制瓷业进入鼎盛时期。皇帝亲自选派督陶官管理瓷务，这些督陶官由地方官巡抚监管，在他们的管理下，"官窑瓷器博采众长，一面模仿古代名瓷，一面发明新意，工良器美，艳称一时"[②]。康熙年间的五彩、青花、素三彩，雍正、乾隆年间的粉彩、斗彩、珐琅彩，以及各种颜色釉，都攀至历史的高峰。康熙时期的民窑，其产品质量普遍较高，一些民窑精品甚至超越了官窑，即所谓"康窑彩画，往往官窑不如客货，亦一奇也"[③]。康熙时期的瓷器绘画粗犷、霸气。民窑中大多数是人物题材，又以刀马旦故事纹饰居多。

康熙晚期，景德镇御窑厂在五彩瓷的基础上，结合西方引进的珐琅彩工艺，研制出一种新型的釉上彩绘工艺——粉彩。粉彩娇艳

[①] 据《中国近代手工业史资料》卷一，105—106页，111页）。每年解运数约有八至九万件，正常年产量当可达到十多万件。景德镇陶瓷业于雍正乾隆年间，"民窑二三百区"，因"官民竞市"，"日渐著盛"，全镇"业陶数千户"。

[②] 中国硅酸盐学会：《中国陶瓷史》，北京：文物出版社，1998年，88页。

[③] 江西省轻工业厅：《景德镇陶瓷史稿》，北京：生活·读书·新知三联书店，1959年，205页。

夺目，盛行于清宫内廷，历朝流行不衰，并且一经问世就赢得了广阔的海外市场。粉彩瓷在雍正时期，其造型、胎釉、彩绘图案都达到彩瓷的最高水平，装饰图案丰富多变，且比五彩的立体感更强，所以逐渐取代了康熙五彩的地位，成为釉上彩瓷的主流。雍正时期珐琅彩瓷器，技术发展成熟，艺术水准最高。《匋雅》一书对雍正珐琅彩瓷评价甚高："雍正珐琅彩有四绝焉：质地之白，白如雪也，一绝也。薄如卵幕，口嘘之而欲飞；映日或灯光照之，背面能辨正面之笔画彩色，二绝也。以极精之显微镜窥之，花有露光，鲜盆娥细，睫有茸毛，且茎茎竖起，三绝也。小品而题极精之楷篆各款，细如蝇头，四绝也。"[1]史料记载，雍正六年（1728），清宫造办处的匠师烧炼出国产珐琅料，而同时，雍正宫廷造办处比康熙时期的进口颜料增加了许多品种："雍正六年七月十二日，据圆明园来贴内称：本月初十，怡亲王交西洋珐琅料：月白色、白色、黄色、绿色、深亮绿色、浅蓝色、松黄色、浅亮绿色、黑色，以上共九样。旧有西洋珐琅料：月白色、黄色、绿色、深亮蓝色、浅蓝色、松黄色、深亮绿色、黑色，以上共八样。新炼珐琅料：月白色、白色、黄色、浅绿色、亮青色、蓝色、松绿色、亮绿色、黑色共九样。新增珐琅料：软白色、香色、浅松黄色、藕荷色、浅绿色、酱色、深葡萄色、青铜色、松黄色，以上共九样。"[2]因此，这一时期的粉彩画面装饰更为精致，采用白地施彩，格调更高。雍正皇帝通过瓷器画样的方式直接控制瓷器的烧造，《清宫内务府造办处档案总汇》中的《雍正四年各作成做活计清档》记载："雍正四年六月初二日据圆明园来帖内称，太监杜涛交来各样磁器二十一件随紫檀木盘二件、玉器一件。传旨：着照样画样。钦此。于六月初四日，将磁器二十一件、玉器一件、紫檀木盘二件、俱各画样完。首领太监程国用持去交太监杜涛收讫。"[3]许多史料都可以证明，雍正不但亲自参与瓷器装饰设计，而且对烧制成的瓷器要亲自审查，决定哪些画样继续烧造，哪些不必烧造。雍正皇帝个人的审美情趣，对这时期瓷器的造型、绘画风格起到重要作用。上有所好，下必趋

[1] 江西省轻工业厅陶瓷研究所：《景德镇陶瓷史稿》，北京：生活·读书·新知三联书店，1959年，216页。

[2] 中国历史第一档案馆等：《清宫内务府造办处档案总汇》，北京：人民出版社，2005年，99—101页。

[3] 同上。

之。正是在这种情形下，景德镇御窑厂的督陶官年希尧、唐英才不惜工本、竭尽所能，争取以精良的瓷器烧造博取皇帝的欢心。康熙以来，匠籍虽然废除，但官府常以"当官""应官"进行科派，"不愿出官者，勒令出银帮贴"，这对广大手工业者来说，当然是沉重的经济剥削。雍正二年（1724）工匠当官差制度废除，"将设立总甲，出票官买，派工侍候，严行禁止"，从而在国家层面放松了对手工业者的人身束缚和经济剥削。此外"清雍正时，乃下解除贱民之谕，宣布四民平等，于是居于贱民之陶工，藉帝王之威力，一跃而为工艺家，脱离其贱民之地位，而所谓上等人之士大夫，亦渐肯加入其中，运其巧思，故雍正瓷业，受此影响，颇有进展"④。该制度提高了陶瓷工匠的社会地位，激发了其生产积极性。雍正时期的民窑制瓷工艺也由此得到了进一步的提升。瓷器品种、题材、造型、纹饰、釉彩都取得了前所未有的成就。景德镇陶瓷行业在长期实践中形成了细密的流水线式的生产作业模式，这种一体化的产销链条，使各生产部门有了细致分工以及协调合作。每一位工匠只专注某一固定的工种，以保证每个环节都能达到精益求精的地步，从而赢得更广阔的海外市场。法国传教士登退科尔也称赞说："景德镇者，周围十方里之大工业地也，人口近百万，窑约三千，昼间白烟掩盖天空，夜则红焰烧天。"⑤由此可见当时景德镇制瓷业在此制度下所呈现的繁盛景象。雍正时期瓷器上所绘花卉、虫鸟十分逼真，瓷器造型丰富，胎面洁白细润，纹饰清新雅致，器型和纹饰的结合十分完美，为乾隆瓷的造型工艺奠定了基础。

在前两任皇帝的励精图治下，乾隆初期，清朝的政权进一步得到巩固，社会经济空前繁荣，社会安定，人口增加，是封建社会的鼎盛时期。乾隆时期的瓷器同样是既保留中华传统文化的精髓，又有西方艺术的滋养。这方面的官窑成就显著。据《景德镇陶录》记载："仿肖古名窑诸器，无不媲美；仿各种名釉，无不巧合；萃工呈能，无不盛备；又新制洋紫、法青、抹银、彩水墨、洋乌金、珐琅画法洋彩；天蓝、窑变等釉色器皿。土则白壤而埴，体则厚薄

④ 中国硅酸盐学会：《中国陶瓷史》，北京：文物出版社，1998年，92页。

⑤ 余家栋：《江西陶瓷史》，开封：河南大学出版社，1997年，442页。

唯腻，厂窑至此，集大成矣。"① 成书于乾隆时期的朱琰的《陶说》记述了当时制瓷业的盛况。在景德镇的发展史当中，督陶官唐英的功劳最不容忽视。唐英在督理景德镇御窑厂窑务期间（1737—1754），凡是窑厂之事，无论大小，都将亲力亲为：组织研发团队，在陶务上力求开拓创新；悉心钻研陶瓷工艺，编撰陶瓷技艺专著；总结制瓷经验，传承景德镇瓷业的生产技艺。在唐英的主政下，景德镇御窑厂规模日渐庞大，培育出大量管理人才和能工巧匠，也为民窑输送了大量人才。御窑厂的高端人才有的在民间开办作坊，承接制瓷业务，有的去了较大的民窑当管理人才。在此期间，无论官窑还是民窑，瓷器烧造的工艺水平均突飞猛进，出现了官民窑竞市的局面。

乾隆时期的官窑瓷器中粉彩、珐琅彩和青花瓷器的数量，在占比上势均力敌。这个时期的瓷器，一方面将西方艺术中的洛可可风格植入其中，形成了极具时代特色的新技法，使粉彩可以力压五彩和斗彩的光芒，成为瓷上彩绘之最；另一方面，陶瓷设计追求造型奇巧，工艺复杂，于是出现了"轧道"装饰工艺和"转心瓶""转颈瓶"等颇具奇思妙想的造型。许之衡在《饮流斋说瓷》中有这样的描述："瓶之腹际玲珑剔透，两面洞见而瓶内更有一瓶兼能转动，似美术雕刻之象牙球者然。若是者，名曰转心乃内府珍赏殊品也。陶雅名为套环转动之瓶，颇嫌名称烦，古物保存所则标其名曰转心今从之。"②

① 蓝浦：《景德镇陶录》卷五"景德镇历代窑考"，载周思中主编：《中国陶瓷名著校读》，武汉：武汉大学出版社，2016年，232页。

② 许之衡著，叶喆民译注：《饮流斋说瓷译注》，北京：紫禁城出版社，2005年，118页。

结论

本书以清雍乾时期外销粉彩瓷的造型设计和装饰研究为核心，采用图像学、叙事学以及艺术设计学的理论和方法，对这一主题进行了系统的论述。本书系统梳理了清雍乾时期外销粉彩瓷的造型设计和装饰艺术发展的历程，深入分析了其特征，提出了外销粉彩瓷作为文化的使者，成为中西文化交流的典型之物，不仅为中西文化的交流和融合做出了贡献，而且折射出中国传统工艺文化通过输出和反馈而吸收域外文化的历史过程。

将中国陶瓷外销史放到一个更宏观的视域中去观察，我们就会发现，中国陶瓷外销史实际上是一个宏大而漫长的世界性的文化交流事件。而在这一大事件中，若寻找一个可以在世界范围内被广为认同的聚焦点，那么这个点非雍乾时期的外销粉彩瓷莫属。

我们可以从两个认知角度来理解上述结论。

一是雍乾时期外销粉彩瓷的产地是中国，其设计与生产者大多亦是中国的工匠，这是一条明晰而纯粹的中西文化互动的动态线。但是，本文聚焦此点，又拉开视线，将雍乾时期外销粉彩瓷放置在一个更大的文化、历史背景中可以发现：雍乾时期外销粉彩瓷所含有的多重文化因子绝非一条所谓中西文化互动的动态线可以描述的。实际上，雍乾时期外销粉彩瓷是一个非常复杂的物质文化与精神文化的构建过程，应该强调，这一过程不是单线条的动态存在，而是由几条纠结交错的复线构成。所谓复线，可解析为设计线、生产线、贸易线、市场线、消费线。每一条线自成周期，并合股成为陶瓷的多种文化交织的生命线。从这个意义上说，雍乾时期外销粉彩瓷的出现，自然不是一人之力，不是几人之功，也不是囿于中国窑厂之内的独造。雍乾时期的外销粉彩瓷与其他陶瓷生产的最大不同就是，它是在一个相当宽广的并且突破了人种、身份与文化地理、时空界限的文化平台上的共同创造。

二是雍乾时期外销粉彩瓷的意义还在于在中西文化的相互映衬中，尤其是在中西陶瓷文化的比照下，雍乾时期外销粉彩瓷在世界的范围内代表着一个陶瓷工艺的高峰，而这个高峰可以从几个方面进行进一步描述。

第一，制度文化的高度。所谓制度文化，即在雍乾时期外销粉彩瓷生活过程中所体现出来的保障机制。

第二，技术文化的精度。在工艺层面，粉彩瓷的制作融合了拉坯、模印、锥刻、雕塑、镶嵌、旋削等多种传统陶瓷技艺，这些技法的精湛运用极大地增强了粉彩瓷的工艺价值，并对其艺术特征的展现起到了至关重要的作用。这种对工艺细节的极致追求，不仅体现了中国陶瓷工匠们卓越的制瓷技艺，也是工匠精神的生动展现。

第三，审美文化的宽度。审美文化的宽度是雍乾时期外销粉彩瓷成功的关键。它从设计阶段开始，即由可代表当时最高审美品质的人群介入，如中国宫廷画院画家、西方著名画家及设计师，甚至由皇帝亲自参与其中，从而保证了雍乾时期外销粉彩瓷在审美上的高度。笼统言之，它融合了中西方多重审美文化风格，如在中国文化方面，雍乾时期外销粉彩瓷将中国的庙堂文化、民间文化、士人文化与宗教文化等融汇于一炉，西方文化元素也是西方多种文化的复合。

第四，传播文化的广度。作为外贸商品的外销粉彩瓷器，其设计必须基于市场需求，不断在造型和装饰艺术上进行创新和改良，以提升制瓷技术，确保在市场上占有一席之地。作为艺术的表现形式和文化交流的桥梁,这些瓷器通过海上丝绸之路传至欧洲,推广了中国文化,促进了中外文化的交流与融合。它们受到广泛欢迎,使得"China"不仅代表了中国,也成为中国瓷器在国际上的标志性名称。从17世纪左右开始,欧洲开始了大量的对华贸易,到了18世纪中欧贸易的黄金时代,粉彩逐步取代了五彩在彩瓷中的地位,与青花瓷并列成为中国瓷器出口量最大的两个品种。

希望本书以清雍乾时期外销粉彩瓷为主题的研究,能为今天的"一带一路"建设和传承创新中国陶瓷文化提供思想资源和历史经验。

参考书目

一、中文书目

1. 古籍

（清）唐英：《陶冶图说》，清道光刻本

（清）内务府造办处：《雍正四年各作成活计清档》，中国第一历史档案馆藏

（清）陈浏：《匋雅·上卷》，民国静园丛书本

（清）张九钺：《南窑笔记》，桂林：广西师范大学出版社，2012年

（法）殷弘绪：《殷弘绪关于景德镇的两封信》，景德镇：景德镇陶瓷馆文物资料组编印，1978年

2. 专著

彭泽益：《中国近代手工业史资料》，北京：中华书局，1957年

朱培初：《明清陶瓷与世界文化的交流》，北京：轻工业出版社，1984年

李国桢、郭演仪：《中国名瓷工艺基础》，上海：上海科学技术出版社，1986年

叶文程：《中国古外销瓷研究论文集》，北京：紫禁城出版社，1988年

陈高华、吴泰：《海上丝绸之路》，北京：海洋出版社，1991年

耿宝昌：《明清瓷器鉴定》，北京：紫禁城出版社，1993年

杨伯达：《清代院画》，北京：紫禁城出版社，1993年

李家治：《中国科学技术史·陶瓷卷》，北京：科学出版社，1998年

薛永年、杜鹃：《清代绘画史》，北京：人民美术出版社，2000年

铁源：《清代粉彩瓷器》，北京：华龄出版社，2001年

李文跃:《景德镇粉彩瓷绘艺术》,南昌:江西高校出版社,2004年

王光尧:《中国古代官窑制度》,北京:紫禁城出版社,2004年

陈伟、周文姬:《西方人眼中的东方陶瓷艺术》,上海:教育出版社,2004年

袁宣萍:《十七、十八世纪欧洲的中国风设计》,北京:文物出版社,2006年

熊寥、熊微编注:《中国陶瓷古籍集成》,上海:上海文化出版社,2006年

庄吉发:《雍正事典》,台北:远流出版公司,2005年

铁源、李国荣:《清宫瓷器档案全集(卷一)》,北京:中国画报出版社,2008年

许晓东:《康熙、雍正宫廷与地方画珐琅技术的互动》《宫廷与地方》,北京:紫禁城出版社,2010年

廖宝秀:《华丽彩瓷——乾隆洋彩》,台北:台北故宫博物院,2008年

张发颖:《唐英督陶文档》,北京:学苑出版社,2012年

周文姬、陈伟:《西方人眼中的东方陶瓷艺术》,上海:上海教育出版社,2004年

孔六庆:《中国陶瓷绘画艺术史》,南京:东南大学出版社,2003年

严建强:《十八世纪中国文化在西欧的传播及其反应》,杭州:中国美术学院出版社,2002年

周一良:《中外文化交流史》,郑州:河南出版社,1987年

黄启臣:《广东海上丝绸之路史》,广州:广东经济出版社,2003年

沈福伟:《中西文化交流史》,上海:上海人民出版社,1985年

嵇若昕:《交会的灿烂火花》,台北:台北故宫博物院,2005年

王光尧:《清代御窑厂述略》,北京:紫禁城出版社,2007年

刘毅:《从档案资料看清朝盛世时期官窑的特点》,天津:天津人民出版社,2012年

汪凌川:《粉彩工艺与艺术风格的演变》,南昌:江西高校出版社,2016年

郭成康:《如意馆里的西洋人》,北京:学苑出版社,1994年

景德镇陶瓷学院:《陶瓷彩绘》,南昌:江西轻工业出版社,1959年

中国硅酸盐学会:《中国陶瓷史》,北京:文物出版社,1982年

中国古外销陶瓷研究会:《中国古代陶瓷的外销(1987年福建晋江年会论文集)》,北京:紫禁城出版社,1988年

江西省轻工业厅陶瓷研究所:《景德镇陶瓷史稿》,北京:生活·读书·新知三联书店,1959年

台北"故宫博物院"编:《清宫中珐琅彩瓷特展》,台北:台北"故宫博物院",2010年

(英)M·苏立文著,陈瑞林译:《东西方美术的交流》,南京:江苏美术出版社,1998年

(英)柯玫瑰:《英国维多利亚和阿尔伯特国立博物院藏中国清代瓷器》,南宁:广西美术出版社,1995年

(英)简·迪维斯:《欧洲瓷器史》,杭州:浙江美术学院出版社,1991年

(英)简·迪维斯著,熊寥译:《欧洲瓷器史》,杭州:浙江美术学院出版社,1991年

(日)三上次男著,李锡经、高喜美译:《陶瓷之路》,北京:文物出版社,1984年

(德)雷德侯著,张总译:《万物》,北京:生活·读书·新知三联书店出版,2005年

(德)杰拉德·普林斯著,徐强译:《叙事学——叙事的形式与功能》,北京:中国人民大学出版社,2013年

(德)利奇温:《18世纪中国与欧洲文化的接触》,北京:商务印书馆,1991年

(美)马士著,中国海关史研究中心译:《东印度公司对华贸易编年史(1635—1834)》,广州:中山大学出版社,1991年

(美)戴维·波普诺著,李强译:《社会学》,北京:中国人民大学出版社,1999年

(美)W.J.T 米歇尔著,陈永国译:《图像学——形象、文本、意识形态》,北京:北京大学出版社,2012年

(美)罗伯特·芬雷著,郑明萱译:《青花瓷的故事》,台北:猫头鹰出版社,2011年

(牙)爱德华·史密斯著,朱淳译:《世界工艺史》,杭州:浙江美术学院出版社,1993年

3.论文

钱江:《十七至十八世纪中国与荷兰的瓷器贸易》,载《南洋问题研究》,1989年01期

李金明：《明清时期中国瓷器文化在欧洲的传播与影响》，载《中国社会经济史研究》，1992年02期

周思忠：《清宫瓷胎画珐琅的艺术及历史研究（1716—1789）》，载《清华大学学报》，2007年02期

高纪洋：《中国古代器皿造型样式研究》，载《苏州大学学报》，2012年09期

陆军：《中国古陶瓷饰纹发展史论纲》，载《中国艺术研究院》，2006年08期

耿东升：《十六至十八世纪景德镇外销瓷的欧洲艺术风格》，载《收藏家》，2005年10期

黄纪阳：《明清华瓷外销研究》，载《南昌大学学报》，2007年06期

李金明：《明清时期中国瓷器文化在欧洲的传播与影响》，载《中国社会经济史研究》，1999年02期

刘昌兵：《海外瓷器贸易影响下的景德镇瓷业》，载《南方文物》，2005年03期

路宇澄：《从中欧瓷器之比较看欧洲瓷器的东方情结》，载《艺术百家》，2009年06期

汪庆正：《"粉彩"即"洋彩"考》，载《上海博物馆集刊》，1981年00期

张临生：《试论清宫画珐琅工艺发展史》，载《故宫季刊》，2008年17期

孙锦泉：《华瓷西传对欧洲的影响》，载《四川大学学报》，2001年03期

朱家溍：《清代画珐琅器制造考》，载《故宫博物院院刊》，1982年03期

詹嘉：《明清时期景德镇陶瓷对欧洲文化艺术的影响》，载《陶瓷研究》，2002年17期

谢明良：《17至18世纪中国欧洲贸易中的瓷器》，载《故宫文物月刊》，2001年36期

张临生：《试论清宫画珐琅工艺发展史》，载《故宫季刊》，1983年17卷03期

（德）伊瓦·斯托贝：《德雷斯顿的中国瓷器收藏》，载《中国历史文物》，2005年04期

（德）乌里奇·皮奇：《瓷器—德国及欧洲接受中国文化的一面镜子》，载《中国历史文物》，2005年04期

（日）木村中信：《中国陶瓷的样式》，载《文化史学》，1956年Ⅱ期

周丽丽：《关于洋彩与粉彩的讨论——兼述清代各朝官窑粉彩的特征》，载《上海博物馆集刊》，2005年

郭葆昌：《珐琅彩瓷》，参加伦敦中国艺术国际展览会瓷器目录，清室善后

委员会编，1936.

二、外文书目

1.英文图书

G.C.Williamsom. *The Book of Famille Rose*. London: Methuen, 1927.

Dr.George C.Williamson. *The book of Famille Rose*. CHARLES E, Vermont & Tokyo, Japan: Tuttle Company, Inc. Rutland, 1970.

Daniel Nadler. *China toorder – Focusing on the XIXth Century and Surveying Polychrome Exprot Porcelain*. Ohio: Vilo International, 2001.

Thomas V.Litzenburg , Jr.and Ann T.Bailey. *Chinese export porcelain in the Reeves Center Collection at Washington and Lee University*. Chippenham: Third Millenium Pub Ltd, 2003.

David S.Howard. *A Tale of Three Cities Canton, Shanghai & Hong Kong*. London: NatWest Markets & Sotheby's Institute, 1997.

Maura Rinaldi. *French and Swidd Armorials on Chinese Export Porcelain of the 18th Century*. Eastbourne: Bamboo Publishing Ltd, 1989.

Arjun Appadurai. *The social life of things Commodities in cultural perspective*. Cambridge: Cambridge Univerasily, 1986.

Clare Vincent. *Some Seventeenth – Century French Painted Enamel Watchcases*. New York: Metropolitan Museum journal, 1987.

David S.Howard. *A Tale of Three Cities（Canton, Shanghai & Hong Kong）：Three Centuries of Sino – British Trade in the Decorative Arts*. London: Sotheby's, 1997.

Patrick Conner. *The China Trade 1600 – 1860*. Brighton: The Royal Pavilion Ant Gallery and Museurns, 1986.

Myers, Henry. *A Western Views of China and the Far – East*. Hong Kong: Asian Research Service, 1982 – 1984.

Craig Chunas. *Chinese Export Art and Design*. London: Victoria and Albert Museum, 1987.

ColinJones,. *Madame De Pompadour: Images of a Mistress*. London: Yale University Press, 2002.

Seattle Art Museum. *Porcelain Stories*. Washington: University of Washington Press, 2000.

Siren, Oswald. *China and Gardens of Europe of the Eighteenth Century*. Washington: Dumbarton Oak Research Library and Collection, 1990.

Eleanor von Erdberg. *Chinese Influence on European Gargen Structures*. New York: Hacker Art Books, 1985.

Jarry, Madeleine. *Chinoiserie: Chinese Influence on European Decotative Art 17th and 18 Centuries*. London: The Vendome Press, New York: Sotheby Publications, 1981.

Tod und Nachruhm Fnedrichs des Streitbaren. In: *Mit Schwert und Kreuz var Kurgu'stenmacht: Friedrich der Streitbare, Markgrafvon Meigen und Kurfirst von Sachsen（1370 - 1428）*. Hrsg, v. Jutta Charlottevon BlokAusst - Kat. Artistzimmer, Grünes Gewölbe, Staatliche Kunstsammlungen Dresden, München 2007.

Ebelmen and M. *Solvetat. Annales de Chimie et de Physique*. Paris: Masson et cie, 1986.

2.法文图书

Ebelmen and M.Solvetat, *Annales de Chimie et de Physique*, Paris:Masson et cie，1986.

后记

《瓷韵流光——雍乾时期外销粉彩瓷的造型设计与装饰艺术研究》这本著作是基于我的博士论文的提炼与完善。身为江西人，我自小接触陶瓷。我们当地有一句俗语：无瓷不成家。每逢家里有人结婚时，聘礼、嫁妆中一定会有瓷器，我常常看到它承载祝福被送入千家万户。但是在2013年报考景德镇陶瓷大学设计学博士之前，我从来没有学习过陶瓷史，也没有研究过其工艺。在备考的2年时间里，我精读了由中国硅酸盐学会著的《中国陶瓷史》，带着这本书去了景德镇、汝州、禹州等瓷器窑口以及河南博物院、浙江博物馆、景德镇中国陶瓷博物馆等地调研，才把这本书给读懂了、读透了，也就对陶瓷研究产生了兴趣。

在攻读博士期间，导师宁钢为了让我能更加深入地了解陶瓷的造型工艺和绘画技巧，要求我必须上陶瓷艺术专业硕士班的课去学习陶瓷绘画、拉坯、施釉、烧窑等工艺技术。景德镇陶瓷大学在这方面有得天独厚的条件，我跟着中国工艺美术大师、国家技能大师学习了陶瓷绘画、造型等技艺，这使得我的博士论文研究有了扎实的行业背景。研究期间，我查阅了各大馆藏文献做了大量的摘录笔记，并前往法国、意大利、德国的各大博物馆进行调研。拙著就是这一学习、研究的成果之一。

讹误之处，在所难免，祈望广大读者和专家们给予批评和指正。

万芬芬
2024年11月22日